A. R. Habershon - Vorbilder

A. R. Habershon

VORBILDER

Christus im Alten Testament

Christliche
Verlagsgesellschaft
Dillenburg

CIP-Titelaufnahme der Deutschen Bibliothek

Habershon, Ada. R.:
Vorbilder: Christus im Alten Testament/A. R. Habershon. —
Dillenburg: Christl. Verl.-Ges., 1989

Einheitssacht.: The Study of the Types <dt.>

ISBN 3-921292-76-X

Originaltitel: The Study of the Types

Umschlaggestaltung und Foto: Dieter Otten, Bergneustadt
Druck: Druckhaus Gummersbach
Printed in West-Germany

Inhalt

Kapitel Seite

Vorwort

Der Stoff zu diesem Buch ist bei den verschiedensten Gelegenheiten, wie Bibelstunden, Konferenzen und Tagungen über biblische Themen von vielen Brüdern gemeinsam erarbeitet und hier nun zusammengetragen worden. Über das Thema der ‚Vorbilder und Hinweise' ist in den Kreisen der Gläubigen schon viel geschrieben worden. Deshalb ist das Anliegen dieses Buches auch nicht zuerst, eine Erklärung der einzelnen Vorbilder der Schrift zu geben, sondern vielmehr zu versuchen, das Interesse am Studium der Schrift als einem Ganzen zu wecken und die Bedeutung des Vergleichens des einen mit dem anderen zu betonen. Das ist dann nicht nur der sicherste Weg, zur Deutung zu kommen, sondern auch deshalb in sich wertvoll, weil dadurch der Beweis geliefert wird, daß *ein* Geist der Autor der gesamten Schrift ist. Alle hier wiedergegebenen Studien sind nur sehr unvollkommene Umrißzeichnungen aus der Vogelperspektive. Zu viele Einzelheiten da hineinzufüllen, würde in vielen Fällen bedeuten, den Blick für die Hauptaussagen der Bilder zu verlieren. Aber wenn der eine oder andere Leser durch die Lektüre veranlaßt wird, selbst in der Schrift weiter und tiefer zu forschen, dann wird er die endlosen Schönheiten herausfinden, die ihn von allen Seiten umgeben.
Es bleibt unmöglich, alle Kanäle zu erwähnen, durch die uns viel Kostbares vom Gehalt der Vorbilder zuströmt. Wir lesen ein Buch, hören eine Ansprache oder irgendein Gedanke leuchtet uns auf. Wir machen uns darüber vielleicht eine Notiz, die Wahrheit wird uns eigen. Andere Gedanken werden über das gleiche Thema geäußert; wir fügen sie unserer Notiz hinzu und vergessen leicht und schnell, woher und durch wen sie kamen. Wenn es gottgeschenkte Gedanken sind, ist letzteres nicht von Belang, denn beim Bibelstudium ist das, was nur aus der menschlichen Sphäre kommt, nicht wert, an andere weiterzugeben. Wenn jedoch Gott uns die Augen bei unserem Forschen öffnet und uns wundervolle Wahrheiten zeigt, dann sollten wir anderen weitergeben, was

wir gesehen haben. Wenn sie dann selbst forschen und die gleichen Wahrheiten erkennen, vergessen sie bald, wer sie ihnen zuerst gezeigt hat. Der, welcher Gold findet, mag unbekannt und bald vergessen sein; aber das Gold geht von Hand zu Hand, und viele werden bereichert.

Der, den die Vorbilder darstellen wollen, ist nicht bloß irgendein Mensch, sondern Jehova-Gott — der große *Ich-bin*; und das Zentralereignis, das vorgeschattet wird, ist das feierlichste, was sich in der gesamten Menschheitsgeschichte findet.

Wenn wir deshalb die Vorbilder und Hinweise der Heiligen Schrift betrachten und den schwachen Versuch unternehmen, über sie mehr Klarheit zu gewinnen, dann stehen wir auf ‚heiligem Boden'.

Wenn etwas in den folgenden Seiten gegen die Gedanken Gottes steht, dann möge Er es vergeben und auch vergessen machen. Was aber von Ihm stammt, das wolle Er in Gnaden benutzen, um viele Leser zu einem tiefergehenden und ehrfurchtsvolleren Studieren Seines Wortes anzuregen, damit auf diese Weise Sein Name verherrlicht werde.

1. Einleitung

Die Betrachtung der alttestamentlichen Vorbilder ist eines der interessantesten und größten Gewinn bringenden Anliegen des Bibelstudiums und zugleich auch nötig, um das Wort Gottes richtig zu verstehen.
Das Alte Testament wird oft als eine bloße Sammlung von Geschichten angesehen, die den Ursprung des Volkes der Juden beschreiben und orientalische Sitten und Gebräuche erläutern, nützlich, so meint man, um sie Kindern sonntags zu erzählen, aber von wenig praktischer Wichtigkeit hinsichtlich geistlicher Belehrung.
Die Bibel kann mit jenen schön illustrierten Bänden verglichen werden, die am Anfang eine Anzahl Kupferstiche oder Holzschnitte ausgewählter Bilder enthalten. Dann folgen gedruckte Kapitel, die diese beschreiben, ihre Geschichte mitteilen oder etwas aus dem Leben des Künstlers erzählen. Wir können kaum annehmen, daß jemand versuchen wollte, solche Beschreibungen zu verstehen, ohne sich den Bildern selbst zuzuwenden. Doch so wird die Bibel oft behandelt.
Gott hat uns in den zeitlich frühen Büchern der Bibel eine Reihe von Bildern gegeben. Das Neue Testament bezieht sich oft auf sie und erklärt sie. Viele Menschen aber begnügen sich damit, das Neue Testament ohne irgend welche Bezugnahme auf die Vorbilder des Alten Testamentes zu lesen. Sie glauben nicht wie Augustin, daß das Neue im Alten enthalten, und das Alte durch das Neue erklärt ist.
»Alle Schrift ist von Gott eingegeben und nüt-

2 Timotheus 3, 16.17. ze ..., auf daß der Mensch Gottes vollkommen sei, zu jedem guten Werk völlig geschickt.« Und doch, wie viele Menschen gibt es, die nichts über Teile der Bibel wissen, die uns augenscheinlich doch zu einem bestimmten Zweck von Gott gegeben sind.

Wir haben das Vorrecht, in Tagen eifriger christlicher Aktivität zu leben. Doch kann man in »guten Werken« geschäftig sein, ohne dazu »völlig geschickt« zu sein, und so leiden die
Matthäus 26,6 ff. Werke selbst. Maria wirkte ein »gutes Werk«, als sie ihre Alabasterflasche mit Salbe zerbrach
Johannes 12, 3-4 und den Herrn salbte; es war das Ergebnis des
Lukas 10, 39 »gutes Teils«, das sie erwählt hatte, als sie »zu den Füßen Jesu saß und seinem Wort zuhörte«. Dort lernte sie wahrscheinlich Sein Vorauswissen über Seine Auferstehung kennen und
Markus 14, 8 wußte, daß, wenn sie Ihn nicht »zum voraus zum Begräbnis« salbte, sie keine spätere Gelegenheit haben würde. Gott möchte Seine Kinder immer noch an diesem Platz sehen, daß sie in demütiger Abhängigkeit von Ihm lernen, was Er sie lehren möchte. Er will nicht, daß wir das Alte Testament lesen wie altrömische oder griechische Geschichte, sondern daß wir durch sorgfältiges Studium unter Seiner Weisung Seine Beweggründe herausfinden, die Ihn leiteten, die berichteten Ereignisse zu wirken oder zuzulassen.

Die Entwicklung und der Erfolg christlicher Werke ist einer der hellen Züge der Tage, in denen wir leben; aber wir wir können unsere Augen nicht schließen vor mancher dunklen Seite des Bildes. Auch anderes wächst da mit auf, und es gibt darunter erkennbare Fortschritte in der Ausbreitung ungesunder Lehre. Viele geben die einfachen Wahrheiten von Gottes

Wort auf. Die Inspiration der Schriften wird von allen Seiten angegriffen. Die Lehre von der Versöhnung durch Stellvertretung Christi wird geleugnet und geringgeachtet, während andere Dinge, die dem Wort entgegen sind, gepredigt werden. Dies könnte nicht so häufig der Fall sein, wenn die alttestamentlichen Vorbilder sorgfältiger erforscht und mehr verbreitet würden. »Die Vorbilder-Lehre des Alten Testamentes«, sagt Sir Robert Anderson in seiner »Buchstäblichen Auslegung der Schrift«, ist das ABC der Sprache, in welcher die Lehre des Neues Testaments geschrieben ist; und da viele unserer großen Theologen zugestandenermaßen unwissend sind im Blick auf die Vorbilder-Lehre, brauchen wir uns nicht zu wundern, wenn sie nicht immer die sichersten Exponenten der Lehren sind.«

Zudem ist der persönliche Verlust derjenigen groß, die nicht für sich selbst diesen Teil der Bibel erforschen. Und doch begegnen wir oft solchen, die seit Jahren Christen sind, sogar Bibellehrer sein wollen und haben doch dem Studium der Vorbilder nie ihre Aufmerksamkeit geschenkt.

Es gibt viele Gründe für diese Vernachlässigung. Manche denken, Vorbilder seien zu schwer. Andere sagen, das Studium sei phantastisch; wieder andere, es sei uninteressant. Aus dem einen oder anderen Grund verzichten sie auf den reichen Schatz, den sie sonst empfangen würden. Die kostbaren Lehren aus Gottes Wort liegen nicht alle an der Oberfläche. Wir müssen graben, um sie zu finden. Wie das erste Abteufen eines Schachtes mag das Werk am Anfang mühsam sein und braucht deshalb

Fleiß. Aber wenn wir auf eine reiche Goldader gestoßen sind, werden wir belohnt mit einem Vorkommen von ungeheurem Reichtum.
Es ist sehr wichtig zu verstehen, was mit einem Vorbild gemeint ist. In 1. Korinther 10 wird uns im Blick auf die verschiedenen Wüstenerfahrungen der Kinder Israels gesagt, daß »alle diese Dinge jenen als Vorbilder widerfuhren«. Paulus erklärt, daß der Bericht über diese Ereignisse uns in der Bibel zu einem besonderen Zweck vermittelt ist, nämlich, um uns bestimmte Unterweisungen zu geben. Diese Stelle scheint alles zu umfassen, was Gottes erlöstes Volk auf seiner Reise vom Ort der Knechtschaft bis ins verheißene Land erlebte, und wir dürfen daraus schließen, daß andere Teile der Geschichte des Volkes uns zu gleichem Zweck gegeben sind. Aber obwohl dies geistliche Belehrungen sind, haben diese Ereignisse wirklich stattgefunden. Manche, die ihren Glauben an die wörtliche Eingebung der Heiligen Schrift aufgaben, möchten uns glauben machen, daß trotz der geistlichen Bedeutung dieser alten Geschichten, sie doch nur Überlieferungen und Fabeln seien, nicht aber Berichte wirklicher Begebenheiten. Sie seien lediglich sinnbildlich zu verstehen und nicht wörtlicher zu nehmen als z.B. Bunyans »Pilgerreise«. Uns genügt es, daß der Herr Jesus selbst und ebenso die Schreiber des Neuen Testamentes die alten Geschichten als wahrhaftige Berichte tatsächlicher Begebenheiten angesehen haben.
Auf gewisse biblische Personen ist deutlich im Neuen Testament als Vorbilder Bezug genommen. Sie waren wirklich lebende Menschen, nicht mythische Gestalten, die nie gelebt hätten. Der Bericht ihrer Geschichte will uns of-

fensichtlich über Den belehren, dessen Kommen sie vorschatten. Die Geschichte Josephs ist ein auffallendes Beispiel hiervon. Wenn wir in sein Leben als Bild sehen »von den Leiden, die auf Christus kommen sollten, und von den Herrlichkeiten danach« und von der Erlösung, die Er bewirkt, so verstehen wir, warum ein so großer Teil des 1. Buches Mose der Geschichte Josephs gewidmet ist. Er ist vielleicht das vollständigste Vorbild unseres Herrn, das wir finden können; und, im Gegensatz zu so vielen Helden des Alten Testamentes, scheint kein Flecken auf der Seite seines Lebens das Bild zu verderben.

1 Petrus 1, 11

Aber neben vorbildlichen Ereignissen und Personen gibt es noch eine andere sehr wichtige Klasse von Vorbildern, nämlich alle die Dinge, die ausdrücklich von Gott in Verbindung mit dem Dienst der Stiftshütte und des Tempels befohlen waren, und die in jeder Einzelheit deutlich als Vorbilder gegeben worden sind, »wodurch der Heilige Geist dieses anzeigt« — Belehrungen über unseren Herrn und Sein Werk. Manche möchten uns glauben machen, daß die hebräische Religion, wie sie in den Büchern Mose beschrieben ist, nur von den heidnischen Völkern ringsum entlehnt war. Aber das sorgfältige Studium der Vorbilder läßt keinen Raum für Zweifel daran, daß der ganze levitische Haushalt göttlich eingerichtet war, um das Werk und die Person des Herrn Jesus Christus selbst abzubilden.

Hebräer 9, 8

Wir können nicht mit Sicherheit feststellen, daß etwas ein Vorbild ist, es sei denn, wir hätten Gründe dafür. Wenn wir uns um Erklärung zu keiner neutestamentlichen Stelle wenden können, oder wenn es keinen Ausdruck oder kei-

ne Ähnlichkeit gibt, die das Gegenbild anzeigen, so ist es sicherer oder korrekter, es Erläuterung zu nennen.
Als wir Northfield besuchten, betrachteten einige von uns das schöne Modell des salomonischen Tempels von Herrn Newberry, das in der Bibliothek von Moodys Seminar aufgestellt ist. Eine Dame, die unserer Unterhaltung zuhörte, sagte, sie glaube nicht an irgend eines der Vorbilder. Sie meinte, das wäre alles Phantasie. Wir versuchten ihr zu erklären, daß ein wahres Vorbild von Gott gezeichnet sei, um uns eine Belehrung zu geben. Und wenn dann im Neuen Testament bewiesen würde, daß es wirklich so sei, dann brauchten wir uns nicht zu fürchten, als phantastisch zu gelten. Wir fragten sie, ob es kein Vorbild gebe, an das sie glauben könne. »Nein, sagte sie, »keins«.
»Glauben Sie nicht, wenn Johannes der Täufer sagt: »Siehe, das Lamm Gottes«, daß er dann meint, daß alle die Lämmer, die als Opfer vor jener Zeit dargebracht wurden, Vorbilder auf den Herrn Jesus waren?« »Ja«, sagte sie, »das verstehe ich.«
»Glauben Sie nicht, wenn Petrus von Gläubigen als lebendigen Steinen spricht, die als geistliches Haus aufgebaut sind, und von einem königlichen Priestertum, daß wir die Steine des Tempels und das levitische Priestertum als Vorbilder der Gläubigen ansehen können?« »Ja, das kann ich verstehen.«
»Weiter, wenn uns in Hebräer gesagt wird, daß der Herr Jesus Christus uns einen neuen und lebendigen Weg eingeweiht hat »durch den
Hebräer 10, 20 Vorhang hin, das ist Sein Fleisch«, dürfen wir dann nicht ohne Furcht sagen, daß der Vorhang ein Vorbild Seiner Menschwerdung war, und

das Zerreißen des Vorhanges ein Vorbild Seines Todes?«
Ja, sie konnte es verstehen. Und nachdem sie fünf oder sechs sehr deutliche Beispiele als Vorbilder anerkannt hatte, empfahlen wir ihr, diese gründlich zu durchdenken. Wir sagten ihr auch, wir seien sicher, sie würde später mit diesen Betrachtungen noch Fortsetzung machen. Bald war sie wirklich sehr interessiert an diesem Studium.
Warum hören wir heute bei so vielen Konferenzen nie von einer, die einmal nur der Betrachtung von Vorbildern gewidmet wäre? Es gibt Evangelisationen, Konferenzen über die Grundwahrheiten, die göttliche Eingebung des Wortes, das Kommen unseres Herrn und andere prophetische Themen, die Einheit und Vorrechte der Kirche (Versammlung), und auch viele Zusammenkünfte zur Vertiefung des geistlichen Lebens. All das aber könnte schon im Studium der Vorbilder eingeschlossen sein. Wo können wir sonst so viele schöne Themen zur Verkündigung des Evangeliums finden wie auf alttestamentlichen Schauplätzen, wie z.B. die Aufrichtung der ehernen Schlange, das Schlachten des Passahlamms und viele andere? *Grundwahrheiten* sind deutlich erklärt und erläutert; denn Lehren wie Versöhnung, Stellvertretung, Wert des Blutes sind einfacher in den Vorbildern offengelegt als irgendwo anders in der Schrift, außer in den Berichten über Golgatha selbst, was von ihnen vorgeschattet wurde. Unser Glaube an die *wörtliche Eingebung der Bibel* kann durch dieses Studium nur gestärkt werden. Wir werden auffallende *prophetische Bilder* im Alten Testament finden; denn es ist unmöglich, die volle Schönheit vieler le-

vitischer Einrichtungen zu erkennen ohne die darstellende prophetische Wahrheit.
Im Blick auf Vorschatten, die sich auf die Vorrechte und die Einheit der *Kirche* (Gemeinde, Versammlung) beziehen, finden wir solche immer wieder in den Vorbildern angedeutet. Es ist oft erwähnt worden, daß die ‚Versammlung' nicht Gegenstand direkter alttestamentlicher Prophezeiung ist; trotzdem aber braucht sie deshalb nicht von den Vorbildern ausgeschlossen zu sein. Schon im zweiten Kapitel der Bibel finden wir die Kirche (Versammlung) vorgebildet, denn da haben wir den Bericht von der Bildung Evas und ihrer Vereinigung mit Adam, die Paulus uns in Epheser 5 als ein Bild unserer Beziehung zu Christus vorstellt. Er führt 1. Mose 2, 24 an: »Und die zwei werden
Epheser 5, 32 *ein* Fleisch sein«, und fügt hinzu: »Dieses Geheimnis ist groß; ich aber sage es in bezug auf Christus und die Versammlung«.
Bei weitem die größte Zahl der Zusammenkünfte gilt der Vertiefung geistlichen Lebens. In den Vorbildern scheint das Thema der *Heiligkeit* mehr als alle anderen nachdrücklich gelehrt zu werden.
In den Büchern Mose empfangen wir deutlicher als irgendwo anders die richtige Ansicht von Gottes Heiligkeit und unserer Bedürftigkeit. Augenzeugen des Leidens des Christus haben uns in den Evangelien Berichte gegeben von dem großen Gegenbild, dem Kreuz von Golgatha; aber ohne die Hilfe der Vorbilder würden wir kaum alle seine mannigfachen Seiten sehen. Die Einzelheiten, die uns in den kleinsten Anweisungen hinsichtlich der Opfer und der Einrichtung der Stiftshütte gezeigt werden, geben uns viele Belehrungen, stellen uns viele

Wahrheiten nachdrücklich vor Augen, die wir ohne sie nicht verstehen würden. Wir können nur mehr und mehr von Gottes Abscheu gegenüber der Sünde und unserem Bedürfnis von Reinigung von ihr lernen, wenn wir die wunderbare Vorsorge sehen, die Gott für jede Art von Befleckung getroffen hat.

So finden wir in den Vorbildern »den ganzen Ratschluß Gottes« vorgezeichnet. Ohne die volleren Offenbarungen der Wahrheit in den Briefen kann man sie nicht ganz verstehen; mit dieser Belehrung aber können wir Bedeutungen erkennen, die den Gläubigen in alttestamentlicher Zeit verborgen gewesen sind.

Apostelgeschichte 20, 27

Man hat bemerkt, die Vorbilder seien nur ein kleines Stück der Bibel, und dies ist vermutlich eine verbreitete Meinung. Aber ist sie richtig? Durchziehen sie nicht das ganze Buch und bringen uns, wenn wir sie erforschen, eine wachsende Vertrautheit mit dem Ganzen des Wortes Gottes? In den Büchern Mose und den geschichtlichen Büchern haben wir vorbildliche Personen, Begebenheiten und Einrichtungen; in den poetischen Büchern vorbildhafte Äußerungen durch vorbildliche Personen; in der Prophetie haben wir wieder Vorbild-Persönlichkeiten und vorbildhafte Ereignisse, und die Erfüllung der Vorbilder wird angekündigt. Im ganzen Neuen Testament wird fortgesetzt Bezug auf sie genommen; sie werden dort erklärt. Im Neuen Testament wird uns ihr großes Gegenbild gezeigt.

2. Gründe für das Studium der Vorbilder

Viele Gründe sprechen für das Studium der Vorbilder im Wort Gottes.

2.1. Gott selbst legt großen Wert auf sie. Sein Geist hat sie entworfen. Wir lernen aus dem Brief an die Hebräer, daß beim Bau der Stiftshütte jede Einzelheit von Ihm geplant war. Wenn Er z.B. vom »Vorhang« spricht, der das Heilige vom Allerheiligsten trennte, sagte der Schreiber, »wodurch der Heilige Geist anzeigt, daß der Weg zum Heiligtum noch nicht geoffenbart ist, so lange die vordere Hütte noch Bestand hat.«

Hebräer 9,8

Jener Vorhang hatte Bedeutung. Er war nicht nur aufgehängt, um die zwei Teile der Stiftshütte zu trennen, sondern er sollte eine große Lehre vermitteln. Andere Einzelheiten der Stiftshütte und aller Vorbilder sind gleichfalls bedeutsam, und obwohl nicht alle ebenso deutlich erklärt sind, können wir mit Hilfe des Heiligen Geistes, des Verfassers, versuchen, Seine darin enthaltenen Hinweise zu erfassen. Ohne solch einen Lehrer könnte die Schwierigkeit des Studiums uns allerdings abschrecken; aber wir haben des Herrn Zusage: »Er wird euch alles lehren und euch an alles erinnern«, »Er wird euch in die ganze Wahrheit leiten.« »Von dem Meinen wird er nehmen und euch verkündigen.« Wenn wir in den Evangelien lesen, daß der Vorhang zerriß, und wir uns an die Stelle im Brief an die Hebräer erinnern, die davon redet, daß der Vorhang aufgehängt war, so mögen wir an den Rand unserer Bibel schreiben: »Wodurch der Heilige Geist dieses anzeigt, daß der Weg zum Heiligtum« *jetzt* geoffenbart wor-

Johannes 14, 26; 16, 13. 14

den ist. Eine unsichtbare Hand riß den Vorhang »von oben bis unten« in zwei Stücke; nicht von unten nach oben, denn dann könnte es scheinen, als ob der Mensch etwas damit zu tun gehabt hätte. Es war Gott selbst, der das Vorbild vervollständigte und dem Bild die Endstriche hinzufügte. Matthäus 27, 51

Zeigt uns das nicht die außerordentliche Bedeutung, die Er auf Vorbilder legt, daß Er in solch einem Augenblick nicht vergißt, durch das Zerreißen des Vorhangs zu erklären, daß der verschlossene Weg durch den Tod Seines Sohnes jetzt geöffnet ist? »Der Ausgang, den Er in Jerusalem erfüllen sollte«, war der Gegenstand der Unterhaltung gewesen, als Mose und Elia mit dem Herrn Jesus Christus auf dem Berg der Verklärung sprachen; nachher muß der ganze Himmel mit dem beschäftigt gewesen sein, was auf Golgatha stattfand. Doch die Vorbilder waren nicht von Gott vergessen. Lukas 9,31

So genau sind all ihre Einzelheiten, daß jede durch das große Gegenbild, als der Herr Jesus kam, erfüllt werden mußte. Sie sind nicht nur Bilder von lang vergangenen Ereignissen, die wir mit dem vergleichen können, was nachher geschah, sondern sie waren die Pläne, mit denen die darauffolgenden Ereignisse übereinstimmen mußten. So lesen wir im Bericht des Johannes von der Kreuzigung: »Als sie aber zu Jesus kamen und sahen, daß er schon gestorben war, brachen sie ihm die Beine nicht; . . . Denn dies geschah, auf daß die Schrift erfüllt würde: ‚Kein Bein von ihm wird zerbrochen werden'.« Diese Aussage findet sich in der Verordnung des Passah, wo deutlich festgestellt ist, »und ihr sollt kein Bein an ihm zerbrechen«. Johannes 19, 33. 36 2 Mose 12, 46

2.2. Unser Herr legte großen Wert auf die Vorbilder. Immer wieder nahm Er Bezug auf sie und zeigte, wie deutlich sie auf Ihn hinwiesen. Welch eine erstaunliche Bibelstunde muß Er den zwei Jüngern auf dem Weg nach Emmaus
Lukas 24, 27 gehalten haben, als Er, »von Mose und allen Propheten anfangend, ihnen in allen Schriften das erklärte, was ihn betraf«. Von daher beantwortete Er Seine eigene Frage: Mußte nicht
Lukas 24, 26 der Christus dies leiden und in seine Herrlichkeit eingehen?« Die Leiden und die Herrlichkeit waren vorhergesagt sowohl in den Vorbildern wie in der direkten Prophetie, und es war kein Wunder, daß die Herzen der beiden Männer auf dem denkwürdigen Spazier-
Lukas 24, 45 gang in ihnen brannten, wie es auch später, am gleichen Abend, den übrigen erging, als »er ihnen das Verständnis öffnete, um die Schriften zu verstehen«. Die Ereignisse, die eben stattgefunden hatten, waren alle dort vorgeschattet. Aber die Jünger hatten die alt vertrauten Stellen nicht verstanden, bis Er ihnen zeigte,
Lukas 24, 44 wie »alles erfüllt werden mußte, was über ihn geschrieben stand in dem Gesetz Moses' und den Propheten und Psalmen«. Wer das Studium der Vorbilder vernachlässigt, kann nicht erkennen, wie viel von Christus im Gesetz Moses und den alten Schriften geschrieben ist.

Im Buch der Offenbarung wird der Herr Jesus hauptsächlich als das Gegenbild aller Opfer gesehen. Nicht weniger als achtundzwanzig Mal wird von Ihm als dem Lamm gesprochen. Auch im 5. Kapitel, wo der Apostel erwartet, den Löwen aus dem Stamme Juda in Seiner Kraft hervortreten zu sehen, erscheint Er als das geschlachtete Lamm; und der geliebte Jünger sieht Ihn wieder, wie er Ihn zuerst an dem denkwürdigen Tag gesehen hatte, als Johannes der

Täufer auf »das Lamm Gottes« hinwies, »wel- Johannes 1, 29
ches die Sünde der Welt wegnimmt«.

2.3. Christus spricht nicht nur von den Vorbildern, sondern die Vorbilder sprechen von Ihm. Wenn wir »in der Gnade und Erkenntnis un- 2 Petrus 3, 18
seres Herrn und Heilandes Jesus Christus wachsen« möchten, können wir nichts Besseres tun, als zu erforschen, was sie uns von Seiner Person und Seinem Werk erzählen. Er sagt, als Er auf Erden war, zu den Juden: »Wenn ihr Mose glaubtet, so würdet ihr mir glauben, denn er Johannes 5, 46
hat von mir geschrieben«. Mit Ausnahme einiger Stellen wie 5. Mose 18, 15-19, wo das Kommen des Messias klar vorausgesagt ist, sind es Vorbilder, in denen Mose von Christus geschrieben hat. Sie alle sprachen von Ihm: die Stiftshütte, die Opfer; die Feste erklären die verschiedenen Seiten Seines Werkes für uns. Und wie »in seinem Tempel alles von Herr- Psalm 29, 9
lichkeit spricht«, so auch in jedem einzelnen dieser frühen Vorbilder.

2.4. Ein anderer Grund, diesen Teil des Wortes Gottes wertzuschätzen, ist der hohe Platz, der den Vorbildern durch die Schreiber des Neuen Testamentes eingeräumt ist. Es wird Bezug auf sie genommen als auf »die Schriften», Johannes 10, 35
und wir wissen, daß »die Schrift nicht aufgelöst werden kann«. Die Vorbilder und Schatten des Alten Testamentes mußten erfüllt werden im Neuen Testament. Z.B. lesen wir in 1. Kor. 15, 4, daß Christus »auferweckt worden ist am dritten Tag, nach den Schriften.« Ist die Auferstehung Christi in den Vorbildern nicht einfacher prophezeit als irgendwo anders? Im Weben der Garbe der Erstlinge »am ande-

ren Tag nach dem Sabbath«, der unmittelbar
3 Mose 23, 11 dem Passah folgte (3. Mose 23), ist dieser Tag vorhergesagt. Aus einem anderen Vers wissen wir (in 1. Kor. 15), daß sich dies auf Seine Auferstehung bezieht, denn Paulus spricht von dem
1 Korinther 15, 23 »Erstling Christus« und fährt fort, »sodann die, welche des Christus sind bei seiner Ankunft«.

2.5. Es gibt viele Stellen im Neuen Testament, die wir nicht verstehen können, wenn wir nicht wenigstens in gewissem Umfang mit den Vorbildern vertraut geworden sind. Der Brief an die Hebräer besteht fast ganz aus Bezugnahmen auf das Alte Testament: wie das Wesen jetzt, Christus, als besser erwiesen ist als die Schatten früher — besser als Mose, als Josua, als Abraham, als Aaron, als die erste Hütte, als die levitischen Schlachtopfer, als die ganze Wolke von Zeugen in der Vorbilder-Galerie des Glaubens; und endlich ist Sein Blut als besser erwiesen als das Blut Abels.

Wir vergessen manchmal, daß die Schreiber des Neuen Testaments Schüler des Alten Testaments waren, daß es ihre Bibel war, und daß sie natürlicherweise immer wieder auf die Vorbilder und Schatten anspielten in der Erwartung, daß auch ihre Leser mit den Vorbildern vertraut seien. Wenn wir diese Anspielungen nicht sehen, verlieren wir viel von der Schönheit ihrer Aussagen, und können sie nicht richtig verstehen. Z.B. sagt Petrus in Apostelgeschichte 3, wenn er von des Herrn Wiederkunft
Apostelgeschichte 3, 21 spricht, »Welchen freilich der Himmel aufnehmen muß bis zu den Zeiten der Wiederherstellung aller Dinge«; und wir werden hier die Deutung ganz verfehlen, wenn wir nicht das Vorbild

sehen, auf das er sich offensichtlich bezieht. Wir lesen in 3. Mose 25, daß beim Blasen der Jubelposaune »ein jeder wieder zu seinem Eigentum kommen soll . . . und zu seinem Geschlecht«. Und »im Jubeljahr soll das Feld wieder an den kommen . . ., welchem das Land ursprünglich gehörte (3. Mose 27, 24). Dies wird für Israel stattfinden, wenn ihr Messias erscheint. Das Land wird ihnen wieder gehören, und der Sohn Davids wird zu Seinem Geschlecht und zu Seinem Land zurückkehren. Dies ist ein Beispiel dafür, wie man die wichtigste Auslegung einer Stelle verfehlen kann aus Mangel an Kenntnis des alttestamentlichen Vorbildes, auf das der Schreiber sich bezieht. Ohne diese Vorkenntnis werden auf solchem Boden oft alle möglichen Arten von Theorien aufgebaut, die nicht bibelgetreu sind.

3 Mose 25, 10

Apostelgeschichte 3, 21

Im Johannes-Evangelium haben wir fortgesetzte Bezugnahmen auf Vorbilder. Im ersten Kapitel wird unsere Aufmerksamkeit auf das Lamm Gottes gelenkt, und unsere Gedanken gehen sogleich zurück zu all den Lämmern, die zuvor geschlachtet worden waren: von Abels Lamm in 1. Mose 3 an bis zu dem letzten, daß im Tempel geopfert wurde. Im Schlußvers des Kapitels wird offensichtlich auf Jakobs Leiter Bezug genommen. In Vers 14 ist Christus als das Gegenbild der Stiftshütte gezeigt, denn es heißt, daß »das Wort Fleisch wurde und unter uns wohnte«; während in Kapitel 2 Er sich selbst mit dem Tempel vergleicht, wenn Er sagt: »Brechet diesen Tempel ab, und in drei Tagen werde ich ihn aufrichten«. In Kapitel 3 sehen wir Ihn in der ehernen Schlange; in Kapitel 4 vergleicht Er sich mit Jakobs Brunnen; in Kapitel 6 erzählt Er uns, daß Er das wahre Man-

1 Mose 28, 10 ff.

na sei; in Kapitel 7 werden wir an den geschlagenen Felsen erinnert, denn Er selbst war der Fels, aus dem Ströme lebendigen Wassers flossen. In den Kapiteln 8 und 9 ist Er das Licht der Welt; in Kapitel 10 das Gegenbild aller Hirten des Alten Testaments; in Kapitel 12 das Weizenkorn, das die Garbe der Erstlinge hervorbrachte; in Kapitel 13 haben wir das Waschbecken, und in Kapitel 15 den wahren Weinstock im Gegensatz zu dem Weinstock, den Er aus Ägypten gezogen hatte. So wird in fast jedem Kapitel ein alttestamentliches Vorbild vor uns gestellt.

Vergleichen wir das Evangelium Johannes nur mit einem Vorbild, mit der Stiftshütte, so scheint sich das Evangelium, wie bemerkt worden ist, in drei Höfe einzuteilen. In den ersten 12 Kapiteln haben wir unseres Herrn Dienst auf Erden, den äußeren Hof, zu dem alles Volk Zutritt hatte. In den Schlußversen von Kapitel 12 finden wir Seine letzten Worte an Außenstehende. Wie in der Stiftshütte das zuerst Sichtbare der Altar und das Lamm waren, so haben wir im Eingangskapitel das Lamm Gottes, das die Sünde der Welt wegnimmt. In Kapitel 13 bereitet Christus Seine Jünger für den Dienst im Heiligtum vor durch die Benutzung des Waschbeckens. In den Kapiteln 14, 15 und 16 sehen wir Ihn mit ihnen in der Stiftshütte (Heiligtum). Er lehrt sie vieles über den Heiligen Geist, der vorgebildet ist durch das Öl und den Leuchter, über das Gebet *in* Seinem Namen, das durch den Weihrauch auf dem goldenen Altar vorgebildet ist; während wir im 17. Kapitel den Hohenpriester allein im Allerheiligsten sehen.

2.6. Wir haben bereits herausgestellt, daß die Vorbilder das gesamte Spektrum neutestamentlicher Lehre abzudecken scheinen. Sie sind nicht nur im Neuen Testament enthüllt, sondern das Neue Testament ist in sie eingehüllt.

2.7. Dieses Studium gibt uns ein sicheres Gegenmittel für das Gift der sogenannten ‚Bibelkritik'. Wenn wir die göttliche Absicht jedes einzelnen Vorbildes anerkennen, auch wenn wir ihre ganze Belehrung nicht voll verstehen mögen, und wenn wir glauben, daß eine Unterweisung in jedem verzeichneten Vorfall liegt, so werden wir die Angriffe der modernen Kritik nicht fürchten; sie können uns nichts anhaben. Wir mögen nicht klug genug sein, um zu verstehen, was die Kritiker sagen, oder auf ihre Kritik zu antworten. Aber wenn unsere Augen geöffnet worden sind, um die Schönheit der Vorbilder zu sehen, dann werden die Zweifel, die solche Schreiber uns einflößen wollen, uns nicht stören. Wir haben dann Nützlicheres zu tun, als ihre Werke zu lesen. Wenn leider so viel von dieser zerstörenden Kritik verbreitet ist, können wir nichts Besseres tun, als alle, auch die jüngsten Christen, dazu auffordern, das Vorbilder-Studium des Wortes Gottes aufzunehmen. Denn obwohl Gott dies oft vor Weisen und Verständigen verborgen hat, hat Er sie doch Unmündigen geoffenbart. Matthäus 11, 25
‚Bibelkritik' und das Studium der Vorbilder können nicht zusammengehen, denn niemand, der die geistliche Unterweisung alttestamentlicher Bilder empfangen hat, glaubt oder möchte beweisen, daß die Bibel nicht das wäre, was sie zu sein beansprucht: ganz und gar Gottes Wort.

3. Doppelvorbilder

Hebräer 10, 1 Vorbilder sind nur »Schatten der zukünftigen Güter und nicht der Dinge Ebenbild selbst«. Daher geben sie, wie alle Schatten, nur eine unvollkommene Darstellung, so daß wir es oft nötig haben, mehrere zusammen zu betrachten, um einen klaren Begriff vom Wesen selbst zugewinnen.

Gegenstände werfen verschieden geformte Schatten, da das Licht in verschiedenartiger Richtung auf sie fällt. Durch Vergleiche aber können wir einen richtigen Umriß zeichnen, auch wenn der Gegenstand selbst außer Sicht ist. Wenn Schatten in einigen Einzelheiten abweichen, während sie in anderen übereinstimmen, können wir schließen, daß, obwohl der Gegenstand derselbe ist, das Licht in verschiedenartiger Richtung darauf geworfen wird und Schatten offenbart, die von entgegengesetzten Seiten fielen. So ist es bei den Vorbildern.

Manchmal können wir im gleichen Vorbild verschiedene Seiten der Wahrheit finden, die durch zwei ähnliche Dinge dargestellt ist. So gibt es
3 Mose 14 in der Reinigung des Aussätzigen *zwei Vögel*. Einer wird über lebendigem Wasser geschlachtet, der andere soll ins freie Feld fliegen — offensichtlich Tod und Auferstehung Christi vorbildend.

3 Mose 16 Am Versöhnungstag gab es *zwei Ziegenböcke*. Der eine, das Los des Herrn, wurde getötet und sein Blut innerhalb des Vorhangs gebracht; der andere, der Sündenbock (hebräisch: Asasel, Abwendung), trug die Ungerechtigkeit der Kinder Israel in ein ödes Land, in die Wüste. — Der erste spricht von Gottes Forderungen, der zweite von des Menschen Not.

In anderen Fällen finden wir, um das Bild zu vervollständigen, zwei Vorbilder nahe miteinander verbunden, die einander in vieler Hinsicht ähnlich sind, aber verschiedene Wahrheiten betonen. Zum Beispiel mußten die Kinder Israel auf der Reise von Ägypten nach Kanaan das *Rote Meer* und den *Jordan* durchschreiten. In beiden Fällen wurde für sie ein Weg gebahnt, um auf dem Trockenen zu gehen. In 2. Mose 13, 17 wird uns gesagt, daß sie den Weg durch das Land der Philister hätten gehen können. So hätten sie das Durchschreiten des einen wie des anderen nicht nötig gehabt. Aber der Grund wird uns mitgeteilt, weshalb Gott sie nicht diesen Weg führte: »Denn Gott sprach: Damit es das Volk nicht gereue, wenn sie den Streit sehen, und sie nicht nach Ägypten zurückkehren«. Wenn das Rote Meer sich nicht zwischen ihnen und Ägypten erstreckt hätte, hätten sie sich leicht zurückwenden können. Dies ist offenbar der Schlüssel zu der Wahrheit, die uns das Hindurchgehen durch das Rote Meer lehrt. Beide, das Durchschreiten des Roten Meeres wie der Durchgang durch den Jordan, sprechen zu uns von dem Tod und der Auferstehung Christi; aber Ersteres redet von der Befreiung *aus* Ägypten, Letzteres vom Eingang *in* das Land.

2 Mose 13, 17

Und wiederum, als sie durch den Jordan schritten, wurde den Kindern Israel gesagt, daß sie *zwölf Steine* zum Gedächtnis aufrichten sollten, einen Stein für jeden Stamm. Diese zwölf Steine sollten in der Mitte des Jordan und zwölf auf der anderen Seite aufgeschichtet werden. Die Steine bilden offensichtlich in ihrer zweifachen Erscheinung die Stellung des Gläubigen vor. Die in der Mitte des Todesflusses erzählen uns davon, daß wir mit Christus gestorben, und die am Land, daß wir in Ihm auferstanden sind.

Ein sprechendes Bild ist auch die Nahrung Israels, das *Manna* und das *alte Korn*. In Johannes 6 erklärt der Herr, daß Er selbst das Brot sei, das aus dem Himmel herniedergesandt war. Das Manna stellt deutlich Christus im Fleisch dar, in Seiner Menschwerdung, die Versorgung für Wüstenbedürfnisse; während das alte Korn des Landes und die Ernte, die reif war, als sie den Jordan durchzogen, und von der sie drei oder vier Tage später aßen, nachdem sie die Garbe der Erstlinge gewoben hatten, von Christus in Seiner Auferstehung reden.

Wenn wir diese und andere Doppelvorbilder betrachten, müssen wir die zwei Teile Seite an Seite stellen, um die volle Bedeutung zu erfassen. Weil man diesem Plan nicht folgt, werden oft Fehler in der Auslegung gemacht. Ein Vorbild hebt nicht das andere auf, denn sie sind oft beide zu gleicher Zeit wahr. Wir können uns noch vom Manna nähren, obwohl wir zugleich das alte Korn haben.

Es gibt Lehrer, die nur aus der *Wüsten*-Erfahrung Israels Lehren ziehen und nicht sehen, daß unsere Stellung auch im *Land* ist, um als Sieger Schritt für Schritt in Besitz zu nehmen, was uns in Christus gehört. Andere verweilen gänzlich bei der Stellung im Land und erklären, daß wir gar nicht in der Wüste sein sollten. Sollten wir nicht lieber beides annehmen? Wie jemand gesagt hat: »Wir sind, was unsere Leiber betrifft, in Ägypten, was unsere Erfahrungen angeht, in der Wüste, und durch Glauben im Lande«. Wir werden von Petrus als »Fremdlinge und Pilger« bezeichnet, die eine Wüste durchwandern; und zugleich sind wir, nach Epheser, im Land, in den himmlischen Örtern in Christus. Bald, wenn der Glaube zum Schauen geworden ist, werden wir auch, was unsere Leiber und unsere Erfahrungen betrifft, im Land sein, in den himmlischen Örtern.

In dem zweifachen Zeichen, das Gott dem Mose gab, um ihn, als er vor Pharao treten sollte, zu beruhigen, lag wahrscheinlich eine Vorschattung von Gottes Macht über Sünde und Satan. Der *Stab*, der zur Schlange wurde, und, wenn Mose sie ergriff, wieder zum Stab, spricht von 2 Mose 4, 2-7
Gottes Macht über Satan; die *Hand* aber, die aussätzig und nachher geheilt wurde, redet von Macht über Sünde. Gottes erlöstes Volk sollte befreit werden von diesen beiden Feinden.

Die *Stiftshütte* und der *Tempel* geben uns verschiedene Sichten von Gottes Wohnungen. In 1. Mose 22 haben wir ein Doppel-Vorbild unseres Herrn Jesus — zuerst in *Isaak* selbst und dann in dem *Widder*, den Gott stellte.

Es gibt einen auffallend vorbildhaften Vorgang in 5. Mose 21, der, wie schon gesagt, ein Bild von der großen Untersuchung Gottes hinsichtlich Seines Sohnes darstellt. Ein *Erschlagener* wird auf dem Feld gefunden, und es muß nachgeforscht werden, wer der Schuldige ist. Wenn die Stadt, die dem Erschlagenen am nächsten liegt, verurteilt worden ist, so wird die *Färse* (junge Kuh) geschlachtet, um ihre Schuld wegzunehmen. Hier haben wir sicherlich ein anderes Doppel-Vorbild, denn des Herrn Tod ist vorgeschattet in dem erschlagen Gefundenen wie auch in der Färse. Das erstere redet von der Schuld der Mörder; das andere, wie der Schuld begegnet worden ist.

Wenn wir die Persönlichkeiten im Alten Testament betrachten, die Vorbilder unserem Herrn Jesus Christus in Seinen verschiedenen Diensten sind, werden wir immer wieder finden, daß sie zu Paaren zusammengestellt scheinen. Zum Beispiel haben wir zwei Hohepriester, zwei Könige und zwei Propheten, die, getrennt und gemeinsam, Vorbilder sind und in ihrem Leben nahe miteinander verbunden waren. *Aaron* und *Eleasar* bilden den Herrn beide vor als Hohenpriester, und in mancher Hinsicht waren ihre Dienste verschieden. Auch als Aaron noch lebte, wurden gewisse Dinge Eleasar im Dienst der Stiftshütte zuerkannt. In 4. Mose 20, 26 haben wir den Bericht vom Tod Aarons und von der Bekleidung des Eleasar an seiner Statt, was den

Hebräer 7, 16

großen Hohenpriester darstellt, der jetzt lebt »nach der Kraft eines unauflöslichen Lebens«. Eleasar scheint daher das Vorbild des Hohenpriesters im Auferstehungsleben zu sein, in der Kraft des Heiligen Geistes, denn er stand ganz besonders mit dem Öl in Verbindung, das den Heiligen Geist vorbildet. Zu seinem Dienst gehört »das Öl zum Licht zu stellen und das wohlriechende Räucherwerk und das beständige Speisopfer und das Salböl, die Aufsicht über die ganze Wohnung zu führen (4. Mose 4, 16). Er war der »Fürst der Fürsten Levis« (3,32), der uns an den Herrn Jesus erinnert, der als Auferstandener der Erzhirte ist. Die zwei Ordnungen des Priestertums, das *Aarons* und das *Melchisedeks*, sind uns im Brief an die Hebräer als Vorbilder des Priestertums des Herrn vorgestellt.

David und *Salomo* geben uns verschiedene Sichten Seines Königtums. David, der Hirten-König, der Sieger über Goliath, der Flüchtling und Wanderer war und nachher über alle sei-

ne Feinde triumphierte, spricht zu uns von den Leiden und von der Verwerfung des Gesalbten Gottes und endlich von Seinen Siegen. Salomo, Matthäus 12, 42
auf den der Herr in Matth. 12 als einem Vorbild von sich selbst Bezug nimmt in seiner Herrlichkeit und Weisheit, seinem Reichtum und seiner Friedensregierung, bildet die tausendjährige Regierung unseres Herrn vor. Obwohl Friedefürst, liest Salomo bei Besteigung des Throns »aus seinem Reich« in Adonija, Joab uns Simei »alle Ärgernisse zusammen, die das Gesetzlose tun«, wie der Größere als Salomo tun wird, wenn Er in Seiner Herrlichkeit kommt (Matthäus 13, 41). Auch in ihrer Verbindung mit dem Tempel brauchen wir das Doppel-Vorbild. David traf Vorbereitungen für das Gebäude und kaufte den Platz, während Salomo das Werk ausführte. Wenn wir beide nur getrennt betrachten, ist das Bild unvollständig. Dann haben wir zwei große Propheten, *Elia* und *Elisa*, die in ihrem Leben sehr nahe miteinander verbunden und beide Vorbilder von Christus waren, wie Er selbst es in Luk. 4, 25-27 zeigt. Elia fastete vierzig Tage. Er weckte einen Toten auf und verrichtete viele andere Wunder. Er stieg zum Himmel auf und ein doppeltes Teil seines Geistes wurde seinem Nachfolger zuteil. Elisa heilte den Aussätzigen, erweckte einen Toten, speiste die Menge und sogar aus seinem Grab kam ein Toter leben- 2 Könige 13, 21
dig. Elias Name bedeutet: ‚Jahwe ist Gott', der Name Elisas ‚Mein Gott ist Heil'. Ihre Namen geben offenbar den allgemeinen Charakter ihres Zeugnisses an: der erstere den des Gerichts, der letztere den der Gnade.

So finden wir in den Vorbildern von Christus als Prophet, Priester und König Beispiele davon, wie Charaktere zusammengestellt sind, um uns verschiedene Seiten des gleichen Bildes wiederzugeben. Wir könnten noch viele hinzufügen, solche wie z.B. die zwei Führer *Mose* und *Josua*; doch die, auf die wir bereits hingewiesen haben, genügen, um uns erkennen zu lassen, wie sehr wichtig es ist, Vorbilder, die so deutlich miteinander verbunden sind, sowohl zusammen als einzeln zu betrachten.

Weil es davon viele gibt, müssen wir uns weiterhin bei unserem Forschen daran erinnern, daß eine große Zahl, wenn auch nicht alle Vorbilder, wahrscheinlich eine *doppelte Bedeutung* haben. Eine Auslegung erschöpft nicht alles, was zu lernen wäre. Wir halten daher fest, daß sie, wie auch viele andere Teile des Wortes Gottes, auf verschiedenartige Weise ausgelegt werden können.

Zum Beispiel stellt bei den soeben erwähnten Personen, wo Elia der Meister und Elisa der Schüler ist, Elia Christus dar und Elisa den Diener. Und jeder von denen, die Christus vorschatteten, ist auch als einzelner Gläubiger voller Belehrung für uns. Eine weitere Erläuterung dieser Doppelbelehrung haben wir in der Flut und der Arche. Rettung für alle im Innern der Arche ist eine beliebter Gegenstand des Evangeliums und mit Recht. Noah fand Gnade in Gottes Augen und Sicherheit, nicht in sich selbst, sondern an dem ihm von Gott angewiesenen Zufluchtsort. Das erste »Komm« in der Bibel ist Gottes Einladung an Noah, ein »Komm« der Rettung. Es ist wohl vergleichbar mit dem liebenden Wort des Herrn: »Kommet her zu mir«. Aber aus seiner Bezugnahme auf die Tage Noahs in Matth. 24 lernen wir, daß das Gericht von damals in einem anderen

Matthäus 11, 28

Sinn verstanden werden kann, nämlich als die Gerichte darstellend, die bei Seinem Kommen in Herrlichkeit über die Erde hereinbrechen werden. Denn »gleichwie die Tage Noahs waren, also wird auch die Ankunft des Sohnes des Menschen sein«. Die Flut war unerwartet — so wird Sein Kommen sein. Es gab Untergang für alle, die nicht auf sie vorbereitet waren. So wird es sein, wenn der Herr auf diese Erde zurückkommt. »Denn gleichwie sie in den Tagen vor der Flut waren: sie aßen und tranken, sie heirateten und verheirateten sich, bis zu dem Tag, da Noah in die Arche ging, und sie es nicht erkannten, bis die Flut kam und alle wegraffte, also wird auch die Ankunft des Sohnes des Menschen sein.« Wir hören hier nichts von großen Sünden; wichtig ist: sie waren nicht vorbereitet.

Matthäus 24, 37

Matthäus 24,38.39

Dann folgt der oft angeführte Vers: »Einer wird genommen und einer gelassen«. Wenn wir diesen Satz in seinem Zusammenhang betrachten, erkennen wir, daß die, welche in jenen Tagen genommen werden, durch Gericht weggerafft werden wie in den Tagen Noahs, und die, welche gelassen werden, für die Segnung (Tausendjähriges Reich) zurückgelassen werden. In seiner ersten Bedeutung bezieht sich daher dieser Vers augenscheinlich nicht auf das Kommen des Herrn in die Luft für Seine Kirche, sondern auf Sein späteres Kommen mit Seinen Heiligen auf die Erde.

Matthäus 24, 41

Wir können noch eine dritte Bedeutung in der Flut und denen sehen, die sicher durch sie getragen wurden; die Szene beleuchtet »die Zeit der Drangsal Jakobs« und die Bewahrung des gläubigen Überrestes. Es wird uns in Offenb.

Jeremia 30, 7

12 gesagt, daß »die Schlange aus ihrem Mund Wasser warf, wie einen Strom hinter dem Weib her, auf daß sie sie mit dem Strom fortrisse«. Der Eingangsvers des Kapitels erinnert uns an Jakobs Traum. Die Frau wird von vielen als Israel darstellend verstanden, und die Zeit ihrer Verfolgung, die mit solcher Genauigkeit in den Versen 6-14 erwähnt ist, als die der großen Drangsal entsprechende unmittelbar vor des Herrn Wiederkommen auf die Erde. Ein Überrest von Israel wird durch die Drangsal hindurch bewahrt werden, wie Noah und seine Söhne durch die Flut hindurch bewahrt wurden; während die Kirche (Gemeinde) weggenommen worden sein wird, wie Henoch aufgenommen wurde, ehe die Flut über die Erde kam. Viele glauben, daß dies die Lehre von Offenb. 3, 10 sei; und daß ‚bewahrt zu werden *vor* der Stunde (der Versuchung)', bedeuten muß, fortgenommen zu werden, bevor sie schlägt.

Andere Vorbilder sind zu finden, die sowohl eine darstellende (prophetische) Auslegung haben, als auch von allgemeiner Anwendung sind. Es gibt eine jüdische Seite, die alle die levitischen Verordnungen durchläuft; und viele von diesen werden so in der Belehrung prophetisch, während sie zu gleicher Zeit voll von kostbaren Wahrheiten für uns heute sind. Wenn wir z.B. Joseph als ein Vorbild von Christus betrachten, erkennen wir, daß wir alle kommen dürfen, um unsere Hilfe aus seinen Vorratshäusern zu ziehen. Wir verstehen aber auch, daß Josephs Behandlung seiner Brüder die Art und Weise vorschattet, in welcher die Brüder des Herrn nach dem Fleisch zuletzt anerkennen werden, daß sie »schuldig« waren »wegen ihres Bruders«.

1 Mose 42, 21

Stephanus erzählt uns, daß »Joseph beim zweiten Mal von seinen Brüdern wiedererkannt wurde«. Das erstemal, als sie nach Ägypten hinabgingen, um Getreide zu kaufen, erkannten sie den nicht, der ihnen seine Vorratshäuser geöffnet hatte; als sie aber wieder durch eine siebenjährige Hungersnot in seine Gegenwart getrieben wurden, machte er sich selbst ihnen bekannt. Als der Herr kam, von dem Joseph ein Vorbild war, erkannten Seine Brüder Ihn nicht. »Er kam in das Seinige, und die Seinigen nahmen ihn nicht an.« Wenn Er aber das zweitemal zu ihnen kommt, »wird die Decke weggenommen«, und es heißt: »Sie werden auf mich blicken, den sie durchbohrt haben, und werden über ihn wehklagen . . . und bitterlich über ihn leidtragen.«

Apostelgeschichte 7, 13

Johannes 1, 11

2 Korinther 3, 16

Sacharja 12, 10

So haben wir nicht nur Doppel-Vorbilder — solche, die Seite an Seite gestellt werden müssen, um ihren Aussagewert vollständig zu erfassen —, sondern auch solche mit doppelter Bedeutung. Eine jüdisch prophetische Auslegung in ihnen zu sehen, beraubt sie in keiner Weise ihrer tiefen geistlichen Belehrung für heute, sondern zielt auch darauf ab, den Nachweis zu erbringen, daß die Bibel das göttliche Buch ist.

4. Die Gruppierung der Vorbilder

Es gibt viele geeignete Arten, die Vorbilder in Gruppen zusammenzustellen. Zum Beispiel finden wir oft, daß solche, die sonst sehr verschieden sind, ein Detail gemeinsam haben. Wenn dies so ist, dann dürfen wir auch annehmen, daß die Belehrung, durch diesen einen Punkt mitgeteilt, in jedem Fall die gleiche ist. Und wenn wir dann alle solche Vorbilder zusammenstellen, wird die gewollte Belehrung betont und vertieft.

So haben wir z.B. in der Stiftshütte und ihrem Dienst, wie auch an anderen Stellen, immer wieder die Leiden des Herrn Jesus Christus durch das Zermalmt- und Zerschlagenwerden verschiedener Materialien vorgebildet. In der Stiftshütte war das Gold für den Versöhnungsdeckel und den Leuchter nicht nur reines Gold, sondern *getriebenes* Gold. Die Gewürze für das heilige Salböl, für das wohlriechende Räucherwerk und den Weihrauch mußten *zerstoßen* werden, anders hätten sie ihren Duft nicht abgegeben; das so bereitete Würzwerk mußte zu Pulver *zerstoßen* werden (2. Mose 30,36). Salböl und das für das Speisopfer nötige waren *zerstoßenes* Öl; und für den Leuchter mußte
2 Mose 27, 20 »reines, zerstoßenes Olivenöl zum Licht« gebracht werden. Das Korn zum Speisopfer wurde aus vollen Ähren *geschlagen*; das Mehl für dieses Opfer, das davon redet, wie der Herr Jesus Christus Gott ein fleckenloses Leben dargebracht hat, war Feinmehl, genauso wie auch das Mehl für die Schaubrote. Es gab keine Unebenheit in Ihm. Der Anführer unserer Erret-
Hebräer 2, 10 tung wurde »durch Leiden vollkommen« gemacht. In allen Seinen Nachfolgern, auch in

denen, die Ihm am meisten ähnlich sind, gab
es viele Unebenheiten. Sie weisen manchen
schönen Charakterzug auf; aber gerade die Tat-
sache, daß diese Züge hervortreten, zeigt, daß
ihre Träger wahrscheinlich in der einen oder an-
deren Weise zu wünschen übrigließen. Unse-
rem Herrn war nichts hinzuzufügen. Er war in
allem vollkommen. Wie das Feinmehl war Er
vollkommen weich und ebenmäßig. Das
Zermalmt- und Zerschlagenwerden diente bei
Ihm nur dazu, dies zu beweisen. In Jesaja 28,
28 lesen wir, daß Brotkorn zermalmt und das
Manna in Mühlen gemahlen oder in einem 4 Mose 11, 8
Mörser zerstoßen wurde. Alle diese verschie-
denen Bilder reden zu uns von den Leiden un-
seres Herrn während Seiner ganzen Lebenszeit.
Gethsemane bedeutet, wie man sagt ‚Oliven-
Presse'. Das verweist nicht nur auf jene
schreckliche Nacht, die unser Herr dort zu- Johannes 18, 2
brachte, wir lesen vielmehr, daß »Er sich oft
daselbst mit seinen Jüngern versammelte«. Sein
ganzes Leben war ein Leben des Leidens, und
da dies uns in den Vorbildern immer wieder
vorgestellt wird, verstehen wir ein wenig von
der Bedeutung der Worte: »Dem Herrn gefiel Jesaja 53, 10
es, ihn zu zerschlagen«, und von dem Wunsch
Paulus', »ihn zu erkennen . . . und die Gemein- Philipper 3, 10
schaft seiner Leiden«.

Es ist auch von Interesse, Vorbilder zusammen-
zustellen, die in sich einander sehr ähnlich sind,
besonders die, die verschiedene Seiten des Le-
bens und Werkes Christi darstellen. Zum Bei-
spiel ist Er oft durch Brot oder Korn in
verschiedenartigen Formen vorgeschattet. Wir
haben schon das *Manna* und das *alte Korn* und
die *Garbe der Erstlingsfrüchte* angeschaut, ha-
ben auch das Korn und das Feinmehl im Speis-

opfer erwähnt. Er wurde auch durch das *ungesäuerte Brot* vorgebildet, das man am Passahfest aß. Es durfte kein Sauerteig sein in irgend etwas, das Christus vorbildete. Aus diesem Grund war Sauerteig im Speisopfer verboten; denn im ganzen Wort Gottes stellt er immer das Böse dar. In Johannes 12 vergleicht unser Herr sich selbst mit dem *Weizenkorn*, das, wenn es nicht in die Erde fällt und stirbt, allein bleibt; aber wenn es stirbt, bringt es viel Frucht. Beim Gedächtnismahl brach der Herr

Lukas 22, 19

das Brot und sprach: »Dies ist mein Leib, der für euch gegeben wird.« In der Stiftshütte sehen wir Ihn, in Verbindung mit Israel, durch die zwölf Brote dargestellt, während von der mit Ihm vereinigten Kirche (Gemeinde) gesagt

1 Korinther 10, 17

wird: »Ein Brot, ein Leib, sind wir, die vielen«.

Offenbarung 2, 17

Und zuletzt, in der Offenbarung, wird das *verborgene Manna* den Überwindern verheißen. Diese Vorbilder, die einander so ähnlich sind, scheinen bildhaft das ganze Leben unseres Herrn abzudecken und sogar in die vergangene Ewigkeit zurückzureichen. Das Manna, das rund um das Lager Israels fiel, stellt die Menschwerdung des Herrn Jesus Christus dar.

Johannes 6, 32. 33

Er selbst sagt: »Mein Vater gibt euch das wahrhaftige Brot aus dem Himmel. Denn das Brot Gottes ist der, welcher aus dem Himmel herniederkommt und der Welt das Leben gibt.« Aber wir sehen auch aus dieser Stelle, daß ehe Er Manna für uns wurde, Er das Brot Gottes war; denn diese Vorbilder sprechen nicht nur von dem Herrn Jesus Christus als der Nahrung des Menschen, sondern erzählen auch von Ihm als dem, an dem des Vaters Herz sich erfreute. Dieser Gedanke tritt besonders im Speisopfer hervor, von dem eine Handvoll auf dem Altar

verbrannt wurde als Gedächtnisteil für Gott. Das übrige wurde den Priestern gegeben, was uns die Gemeinschaft der Gläubigen mit Gott, die Person ihres Herrn betreffend, zeigt.
In Psalm 78 ist die Beschreibung der Gabe des Manna von besonderer Schönheit. Dort heißt es: »Gott hatte den Wolken oben geboten und die Türen des Himmels geöffnet und Manna auf sie regnen lassen, damit sie äßen, und ihnen Himmelsgetreide gegebenen. Der Mensch aß Brot der Starken, Speise sandte er ihnen bis zur Sättigung.« Ehe das Manna zur Erde fiel, war es »das Brot Gottes« — »das Himmelsgetreide«. Die Türen des Himmels mußten geöffnet, der Himmel geleert werden, damit die Erde gefüllt werden konnte. So sehen wir, daß das Manna zuerst von dem Christus spricht von Ewigkeit her, dann von dem Christus im Fleisch. Das Feinmehl, wie wir es in der vorherigen Vorbildergruppe gesehen haben, spricht zu uns von Seinem vollkommenen Leben auf der Erde und von dem Leiden, dem Er sich unterzog. Das Weizenkorn, das in die Erde fällt und stirbt, damit es viel Frucht hervorbringt, bildet deutlich Golgatha vor, ebenso das gebrochene Brot, das uns an Seinen für uns gegebenen Leib erinnert. Psalm 78, 23-25

Das alte Korn des Landes, von dem, wie wir sahen, die Kinder Israel sich ernährten, als das Manna aufhörte, scheint von Christus in der Auferstehung zu reden. Es mag auch zurückweisen auf Christus von Ewigkeit her als die für Sein Volk aufbewahrte Versorgung. Die Garbe der Erstlingsfrüchte, die sie am ersten Tag der Woche, am Morgen nach dem Sabbath, woben, prophezeite einfach Seine Auferstehung. Dieses Weben der Erstlingsfrüchte Josua 5, 12 3 Mose 23

mußte eine der frühesten Handlungen der Kinder Israel gewesen sein, nachdem sie in das Land gekommen waren. Sie konnten das alte Korn des Landes darin erst zwei oder drei Tage gegessen haben. Es wird uns gesagt, daß sie den Jordan zur Zeit der Ernte durchschritten.
Josua 5, 10 Sie lagerten in Gilgal am 10. des Monats, schlachteten das Passah am 14. und woben die Garbe der Erstlinge am anderen Tage nach dem Sabbath, der unmittelbar auf das Passah folgte. Die Garbe der Erstlinge spricht auch von Seinem Wiederkommen, denn sie vergegenwärtigt
1 Korinther 15, 23 den »Erstling, Christus, sodann die, welche des Christus sind bei Seiner Ankunft«; und die »viele Frucht«, die durch das Sterben des Weizenkorns hervorgebracht wurde, weist auch auf den Tag hin, an dem die Kirche vollendet sein
Jesaja 53, 11 wird, wenn »er die Frucht der Mühsal seiner Seele sehen und sich sättigen wird«. Das Brot, das wir beim Mahl unseres Herrn brechen, ist verbunden mit dem Tod des Herrn und Seinem Wiederkommen, denn wir gedenken Seines für
1 Korinther 11, 26 uns gegebenen Leibes und vergossenenen Blutes, »bis er kommt«. Zwischen Seiner Auferstehung und Seinem Wiederkommen haben wir Christus als die Nahrung für Sein Volk im Speisopfer, an dem die Priester teilnahmen, und im Fest der ungesäuerten Brote, das dem Pas-
1 Korinther 5, 7. 8 sah folgte. »Denn auch unser Passah, Christus, ist geschlachtet. Darum laßt uns Festfeier halten.«

Die Schaubrote und das verborgene Manna,
Offenbarung 2,17 das den Überwindern in der Offenbarung verheißen wird, erzählen von Ihm, der in Seiner Himmelfahrts-Herrlichkeit immer in der Gegenwart Gottes für uns ist. So ist in dieser

Vorbildergruppe das ganze Leben und Werk des Herrn vor uns gestellt.
Anderes könnte man dieser Liste anfügen, besonders die vielen Vorgänge, die uns Gottes Fürsorge in Zeiten der Hungersnot vorstellen, wovon wir das schönste Vorbild wohl in Josephs Vorratshäusern haben.
Sowohl Joseph als auch das Korn, das er sammelte, sind deutliche Vorschattungen von Christus — ein weiteres Beispiel der Doppel-Vorbilder, auf die wir verwiesen. Die Familiengeschichte ist voller Belehrung im Blick auf die außerordentliche Versorgung, die in ihm zu finden ist, der das »Brot des Lebens« ist. Johannes 6, 35
Das Korn, das Joseph aufschüttete, »über die Maßen viel, bis man aufhörte zu zählen, denn es war ohne Zahl« (1. Mose 41, 49), erinnert uns an »den unausforschlichen Reichtum des Epheser 3, 8
Christus«. Die geöffneten Vorratshäuser, aus 1 Mose 44, 1
denen seine bedürftigen Brüder mit allem versorgen wurden, »so viel sie tragen konnten«, geben uns im Vorbild den Reichtum des Herrn wieder, in dem alle Fülle wohnt. Er will nicht nur »unsere Säcke« füllen, sondern gibt uns noch eine Menge Vorrat von dem Feinsten des Weizens, damit unsere Scheunen mit Überfluß gefüllt seien, und wir nicht nur genug haben für unsere eigenen Bedürfnisse, sondern auch der Not anderer begegnen können.
Das Korn, das in Josephs wunderbaren Vorratshäusern aufgeschüttet war, reichte als Nahrung hin für die Hungrigen und doch blieb genug an Samen, mit dem die, welche selbst gespeist worden waren, hinausgehen und die Felder besäen konnten. Joseph sagte: »Siehe, da 1 Mose 47, 23.24
ist Samen für euch, besäet das Land ... Saat des Feldes und zur Speise für euch.« Auch wir

finden in den Vorratshäusern, die Gott uns be-
reitet hat, in dem fleischgewordenen Wort und
2 Korinther 9, 10 in dem geschriebenen Wort, »Samen, darge-
reicht dem Säemann und Brot zur Speise«.
Aber ehe Joseph die Ägypter zu diesem Dienst
ausandte, mußten sie in all ihrer Not zu ihm
1 Mose 47, 18 kommen. »Wir wollen es meinem Herrn nicht
verhehlen, daß, da das Geld ausgegangen ist...
nichts mehr übrigbleibt vor meinem Herrn, als
nur unser Leib und unser Land.« Sie waren mit
ihren eigenen Quellen am Ende. Wenn der
Mensch als armer Sünder mit sich selbst zu En-
de gekommen ist, gibt es Raum für die Fülle
Christi. Erst als der verlorene Sohn alles ver-
Lukas 15, 18 zehrt hatte, besann er sich: »Ich will mich auf-
machen und zu meinem Vater gehen«. Er wuß-
te, im Haus seines Vaters war Brot genug und
in Überfluß. Erst als die Frau, die krank am
Markus 5, 26 Blutfluß war, »alle ihre Habe verwandt hatte«,
kam sie zu Jesus und rührte den Saum Seines
Kleides an. Erst als die beiden Schuldner in Lu-
kas 7 nicht mehr bezahlen konnten, schenkte
der Herr es beiden. Wir müssen leere Säcke zu
Josephs Vorratshäusern bringen. Wie die Ägyp-
ter können wir nicht säen, würden wir nicht zu-
erst ernährt, und ebenso können wir nur das
ausstreuen, was unserer eigenen Not abgehol-
fen hat. Der wahre Joseph selbst muß das Korn
darreichen, sowohl für unseren Tisch als auch
unseren Samenkorb, wie Paulus zu den Heili-
2 Korinther 9, 10 gen in Korinth sagte: »Der aber Samen dar-
reicht dem Säemann und Brot zur Speise, wird
eure Saat darreichen und überströmend ma-
chen, und die Früchte eurer Gerechtigkeit
wachsen lassen.«

Würden wir dieses Studium noch weiter fort-
setzen, könnten wir den genannten Vorbildern

noch einige Ereignisse hinzufügen, die in Bethlehem stattgefunden haben, dem ‚Haus des Brotes'. Dort wurde er geboren, der als das Brot Gottes vom Himmel herniedergesandt war. »Du, Bethlehem-Ephrata, zu klein, um unter den Tausenden von Juda zu sein, aus dir wird mir hervorkommen, der Herrscher über Israel sein soll; und seine Ausgänge sind von der Urzeit, von den Tagen der Ewigkeit her.« In Bethlehem war es, wo Noomi, aus fernem Lande kommend, nicht eine Hungersnot, sondern eine überreiche Ernte fand, und ein reicher Verwandter von ihr, der ihrer Schwiegertochter Rut zuerst erlaubt hatte, auf seinem Feld aufzulesen, nahm diese nachher zu seiner Frau und machte sie zur Mitbesitzerin von allem, was er hatte. Bethlehem war die Stadt Davids, wo er, zu dem der Herr gesagt hatte: »Du sollst mein Volk Israel weiden«, der gesalbte König war. David hatte vordem die Schafe seines Vaters auf den Feldern von Bethlehem geweidet und bewacht, auf den gleichen Feldern, auf denen später jene anderen Hirten ihre Herden bewachten, als der Engel des Herrn die Geburt von Davids größerem Sohn ankündigte.

Lukas 2, 4
Micha 5, 1
Rut 1, 19
Rut 4, 11
2 Samuel 5, 2
1 Chronik 11, 2
Lukas 2, 11

Viel Schönes ist aus der Bedeutung der biblischen Namen zu lernen. Wir können sicher sein, daß es kein Zufall war, daß diese und andere Begebenheiten in der Stadt geschahen, deren Name ‚Haus des Brotes' bedeutet.

5. Vorbilder von Golgatha

In unserer Zeit, in der die Lehre der Versöhnung durch Stellvertretung so oft geleugnet wird, ist das Studium der Vorbilder von größter Wichtigkeit. Man hat oft gesagt, daß der »rote Faden des Blutes« sich durch das ganze Alte Testament hindurchzieht, und uns so ständig an das vergossene Blut erinnert, ohne welches es keine Vergebung gibt. In den vielen Schatten und Abbildern des Werkes von Golgatha sehen wir ein Leben an Stelle des Lebens eines anderen dargelegt, nicht nur als Beispiel selbstaufopfernder Liebe, wie die Menschen jetzt zu lehren versuchen. Von den alttestamentlichen Vorbildern her mußte der Herr Seine eigene Frage beantworten: »Mußte nicht der Christus dieses leiden?« und wenn wir sie erforschen, verstehen wir die Ursache Seiner Leiden.

Wenn die Jünger verstanden hätten, daß Er das große Gegenbild war, auf welches alle alten Bilder hinwiesen, so wäre ihr Glaube nicht erschüttert worden. Sie hätten erkannt, daß Gott den Menschen nur durch den Tod Seines Christus erlösen konnte. Es ist daher äußerst wichtig für uns, mit den alttestamentlichen Vorgängen und Verordnungen vertraut zu sein, die Seinen Tod, ja, den Tod am Kreuz vorbilden. Paulus sagt uns in 1. Kor. 15, daß »Christus für unsere Sünden gestorben ist, nach den Schriften«. Die Tatsache Seines Todes brauchte kein Zeugnis der Schrift. Den Grund dieses Todes aber konnte man nur verstehen durch das Studium der Prophezeihungen und der Vorbilder des Alten Testamentes. Alle diese letzteren aufzuzählen, erscheint schier unmöglich. Aber wenn man

auch nur die bekanntesten erforscht, wird deutlich, wie alle auf *das* große Ereignis hinweisen, das der Mittelpunkt der Weltgeschichte darstellt. Doch wie vielartig ist ihre Belehrung; jedes einzelne scheint irgend eine besondere Wahrheit herauszustellen.
Die Vorbilder, die den Tod unseres Herrn vorschatten, kann man in mehrere Gruppen aufteilen:
5.1. Das sind zuerst die, bei denen tatsächlich Blut vergossen wurde. Auch ehe die Opfer in 3. Mose angeordnet waren, sind viele Tiere als Opfer geschlachtet worden. Wir brauchen nur eine einzige Seite in unserer Bibel umzuwenden, um zu sehen, wie Gott Adam und Eva belehrt haben muß, Schlachtopfer darzubringen. *Die Röcke von Fell*, mit denen Er sie bekleidete, wiesen darauf hin, denn um sie als Kleidung zu haben, mußte der Tod von Tieren eingetreten sein. So kann Gott uns nur neue, Ihm entsprechende Kleider geben durch den Tod Christi. Im früheren Teil dieses Kapitels lesen wir, wie Adam und Eva sich selbst Schürzen von Feigenblättern machen, Kleider, die nicht für Gottes Gegenwart passend waren. Er selbst bekleidete sie mit dem, was von Christus spricht. Im folgenden Kapitel lehrt uns das von Abel geopferte *Lamm*, im Gegensatz zu den Früchten des Erdbodens, die Kain darbrachte, nachdrücklich, daß »ohne Blutvergießen keine Vergebung ist«. Es zeigt uns auch, daß wir, wie Abel schon jetzt wissen können, daß wir von Gott wegen des Lammes, das an unserer Statt geschlachtet wurde, angenommen sind. Sowohl im 3. als im 4. Kapitel des 1. Buches Mose finden wir den Weg des Menschen und den Weg Gottes gegenübergestellt. Die Feigen-

Hebräer 9, 22

blätter und die Röcke von Fell, die Frucht des Erdbodens und das Lamm sagen uns, daß das Beste vom Menschen nicht genügt, Gott aber Sein Bestes gegeben hat. Gott mußte Abel über die Notwendigkeit des Blutes belehrt haben, denn in Hebr. 11,4 wird uns gesagt, daß er »durch Glauben« das Lamm opferte, und wir

Römer 10, 17

wissen, daß »der Glaube aus der Verkündigung ist«. Gott gab Zeugnis zu seinen Gaben, aber Kains Gabe, obwohl sie schön anzusehen und die Frucht von viel Mühe gewesen sein mochte, war eine falsche Gabe. Wir lesen in Sprüche 25, 14: »Wolken und Wind und kein Regen: so ist ein Mann, welcher mit trügerischem Geschenk prahlt«. Judas sagt, indem er vom Wege Kains und seinen Nachfolgern spricht: »Diese

Judas 12

sind ... Wolken ohne Wasser, von Winden hingetrieben«. Religion ohne Christus und Seinen Tod ist eine leere, falsche Gabe.

Das schöne Bild in 1. Mose 22 betont die Gedanken von Darreichung und Stellvertretung nachdrücklich, denn der *Widder*, im Dickicht festgehalten, wurde an Isaaks Statt geopfert. Dies ist wieder ein Beispiel der Doppelvorbilder, denn sowohl Isaak wie auch der Widder sind Vorbilder von Christus auf Golgatha — Isaak, der inniggeliebte Sohn, den der Vater nicht schonte, der Widder, die Stellvertretung, die Gott selbst darreichte, und auf Grund deren Er den herrlichen Namen ‚Jahwe-Jireh', der Herr wird sich ersehen gewann. Dieses letztere Wort wird oft in Verbindung mit der Darreichung zeitlicher Bedürfnisse angeführt, doch obwohl diese in der größeren Gabe Gottes miteingeschlossen sind, wurde der Name ‚Jahwe-Jireh' doch zuerst zu der Zeit gebraucht, als Abraham erklärte: »Gott wird sich ersehen das

Schaf zum Brandopfer, mein Sohn«. Weil »er seines eigenen Sohnes nicht geschont, sondern ihn für uns alle hingegeben hat, wird er uns mit ihm auch alles schenken«. Vgl. Römer 8, 32

Eins der uns vertrautesten Vorbilder ist das des *Passahlamms*. Das ganze 12. Kapitel des 2. Buches Mose ist voll von Belehrung, der leitende Gedanke aber ist offenbar in den Worten enthalten: »Und sehe ich das Blut, so werde ich an euch vorübergehen«. 2 Mose 12,13 Gott redet hier von Erlösung durch Blut, dem einzigen Mittel der Errettung vom Zorn und erklärt auch die Notwendigkeit persönlicher Aneignung. Nicht nur das vergossene Blut, auch das gesprengte Blut wird erwähnt. Das Lamm mußte nicht nur in und für Israel geschlachtet werden, sondern das Blut mußte in ein Becken gegossen und an die Türpfosten und an die Oberschwelle gestrichen werden für den Erstgeborenen jeder einzelnen Familie.

Viele glauben an den Wert des Blutvergießens. Sie glauben, daß der Herr Jesus starb, aber sie haben sich Sein Werk nicht angeeignet. Deshalb *ruhen* sie nicht unter dem gesprengten Blut. Wenn die Israeliten nur auf der Tatsache geruht hätten, daß das Lamm getötet worden war, so hätte ihnen das keine Sicherheit geschenkt. Doch nachdem sie alles getan hatten, was Gott ihnen befohlen hatte, lebten sie sicher. Nichts als das Blut konnte den Würgengel fernhalten. Die stärksten Gebäude im Land werden extra erwähnt. Doch weder der Thron noch der Kerker waren sicher, weder Palastwachen noch Gefängnismauern konnten Sicherheit gewähren. »Es war kein Haus«, lesen wir, »in- 2 Mose 12, 30
dem nicht ein Toter war«. Und obwohl hier in der Hauptsache auf die Häuser der Ägypter an-

gespielt wird, betrifft es das ganze Land, auch die Häuser der Israeliten. Denn in jedem Heim mußte der Tod sein, entweder der Tod des Erstgeborenen oder der des Lammes.

Im 3. Buch Mose haben wir einen eingehenden Bericht von der Verordnung der Opfer, die durch die folgenden Jahrhunderte hindurch immer wiederholt wurden, bis der Herr Jesus kam, das Lamm Gottes, das Gegenbild von allen.

Das *Brandopfer*, gleich dem Opfer Abels, redet von Annahme; das *Friedensopfer*, wie sein Name sagt, vom Frieden durch den Tod eines anderen. Nachdem Frieden geschafft ist, gibt es Gemeinschaft mit Gott selbst über dem Tod des Herrn Jesus; denn den Priestern wurde erlaubt, von dem Opfer zu essen, nur ein Teil wurde auf dem Altar als Gottes Teil verzehrt, der Rest war für Aaron und seine Söhne.

Die Zeit würde fehlen, bei allen Einzelheiten des Werkes von Golgatha zu verweilen, die so wunderbar in den Opfern vor uns gestellt sind. Sie selbst bilden eine Gruppe von unerschöpflichen Vorbildern, die zusammen studiert werden müssen. An dieser Stelle haben wir nur Raum, den jeweils leitenden Gedanken jeder Opferart zu erwähnen. Das Schlüsselwort in 3. Mose 1, das Brandopfer betreffend, scheint im 4. Vers zu stehen, wo wir lesen, daß das Opfer (»annehmlich«) *»wohlgefällig«* für den Opfernden sein wird; in Kapitel 4 und 5, wo der Gegenstand *das Sündopfer* ist, ist das den Mittelpunkt bildende, oft wiederholte Wort: »und es wird ihm vergeben werden«. Diese beiden Wörter, *angenommen* und *vergeben* zeigen deutlich den hervorragenden Gedanken in beiden Opfern, in dem einen, indem es von der

vollkommenen Hingabe Christi an Gott, dem Grund unserer Annahme, redet, in dem anderen, das von Seinem Tragen unserer Sünde spricht. In beiden Fällen (Kap. 1, 4 und Kap 4, 4) wurde der Opfernde angewiesen, seine Hand auf den Kopf des Opfers zu legen, und eine erstaunliche Übertragung fand statt, aber in entgegengesetzter Richtung. Im Brandopfer ging die Annehmlichkeit des Opfers auf den Opfernden über, er war *angenommen*. Im Sündopfer ging die Sünde des Opfernden auf das Opfer über, ihm wurde *vergeben*. Es gibt viele Gläubige, die den Herrn Jesus Christus als ihr Sündopfer kennen, die aber nicht die Freude kennen, Ihn als ihr Brandopfer zu sehen, daß sie tatsächlich »angenehm gemacht Epheser 1, 6
sind in dem Geliebten«.

Jedesmal, wenn die Opfer wiederholt wurden, schatteten sie den Tod Christi vor, und die Belehrung ist die gleiche; doch einige der Vorgänge fügen Züge von besonderer Schönheit hinzu, wie zum Beispiel die Szene in 1. Samuel 7, als die Kinder Israel von Samuel angeleitet wurden, zu Gott umzukehren. Sie hatten gesündigt, die Herrlichkeit war von ihnen gewichen, und die Bundeslade war ihnen genommen worden. Aber hier bekennen sie ihre Sünde und gießen Wasser aus vor dem Herrn in Anerkennung ihrer völligen Hilflosigkeit. Dann lesen wir, daß »Samuel ein Milchlamm nahm und es ganz als Brandopfer dem Herrn opferte; und Samuel schrie zu dem Herrn für Israel, und der Herr erhörte ihn«. Der nächste Vers zeigt uns, daß Gott mit starkem Donner über den Philistern donnerte. Das war Gottes Antwort an das Volk, welches sich in Erkenntnis seiner Schwachheit mit der Schwachheit des kleinen

Lammes verband. Der Vorfall ist sehr schön verglichen worden mit der Stelle in Röm. 5,6 »da wir noch kraftlos waren«, vorgebildet durch das Ausschütten des Wassers. »Da wir noch Sünder waren« (V. 8), entspricht ihrem Bekenntnis: »Wir haben gesündigt«; und »Christus ist für uns gestorben«, ist vorgeschattet durch das Opfern des Lammes.

Das Sündopfer und das *Schuldopfer,* der *große Versöhnungstag,* die Reinigung durch die *rote junge Kuh* und die Vorkehrung für die *Reinigung des Aussätzigen* — alle diese Dinge sprechen von Gottes Heilmittel gegen Befleckung und erklären deutlich, daß das Kreuz Christi die einzige Grundlage für jede Reinigung ist. Mit zwei oder drei anderen Vorbildern formen sie ein sehr wichtiges Bildbündel, das gesondert erwogen werden muß.

3 Mose 14 Im letzten der erwähnten Dinge, der Reinigung des Aussätzigen, scheint der hervorragende Gedanke der der Rechtfertigung durch den Tod und die Auferstehung Christi zu sein. Es war kein kostspieliges Opfer nötig. Die zwei Vögel konnten von dem Ärmsten gestellt werden; wir
Matthäus 10, 29 werden an unseres Herrn Worte erinnert: »Werden nicht zwei Sperlinge um einen Pfennig verkauft? und nicht einer von ihnen fällt auf die Erde ohne euren Vater«. Wir können sicher sein, daß dies wahr ist von dem kleinen Vogel, der als Vorbild Seines Sohnes geschlachtet wurde. Der Vogel wurde in einem irdenen Gefäß getötet. Unser Herr bedurfte eines irdenen Ge-
Hebräer 2, 14 fäßes (Leib), um sterbensfähig zu sein. »Weil nun die Kinder Blutes und Fleisches teilhaftig sind, hat auch er in gleicher Weise an denselben teilgenommen, auf daß er durch den Tod den zunichte machte, der die Macht des Todes

hat.« Das gleiche Wort ist in Psalm 22 gebraucht, wo Er sagt: »Meine Kraft ist vertrocknet wie eine Scherbe (irdenes Gefäß)«.

Schon unter den ‚Doppelvorbildern' im dritten Kapitel haben wir auf den im Feld *erschlagen Gefundenen* (5. Mose 21) hingewiesen. Die Nachfrage, die über diesen Tod gehalten wurde, belehrt uns, daß Gott den Tod Seines Sohnes fordern wird. Das Volk schrie: »Sein Blut komme über uns und unsere Kinder!« In 4. Mose 35 lesen wir: »Das Blut entweiht das Land; und für das Land kann keine Sühnung getan werden weges des Blutes, das darin vergossen worden, außer durch das Blut dessen, der es vergossen hat.« Wir sehen allerdings, daß die rote junge Kuh hier geschlachtet wurde, um solcher Schuld zu begegnen. (Vgl. 5. Mose 21, 8; 4. Mose 19.)

Matthäus 27, 25

5.2. Bei vielen anderen Vorschattungen des Todes Christi ist kein Blutvergießen erwähnt. Mehrere von ihnen sind Vorgänge, die Sein *Durchschreiten der Wasser des Gerichts und des Todes* zeigen. Wie viele andere Stoffe in der Schrift hat Wasser mehrere Vorbildbedeutungen, die allgemein gesehen leicht durch den Zusammenhang zu entdecken sind. Wenn als Leitgedanke Reinigung vor uns steht, bildet das Wasser »die Waschung (mit Wasser) durch das Wort« vor, wie im Waschbecken und in Johannes 13 und auch an anderen Stellen. Wo es sich um Erfrischung und lebende Kraft handelt, wie durch das Wasser, das aus dem geschlagenen Felsen floß, durch die Quelle von Johannes 4 und andere Quellen, durch die Ströme von Johannes 7 oder den Strom Gottes und den Regen, der die Erde erquickt, da wissen wir, daß der Heilige Geist vorgebildet ist.

Eph. 5, 26

Ferner sind die Unbeständigkeit, das Wogen, die Wellen und die Unruhe des Meeres oft symbolisch auf die Unruhe der Völker der Erde angewandt, wie in Hesek. 31, 4; Psalm 18, 4; Offenb. 17, 15. Aber wenn »die Ströme ihre Brandung erheben, der Herr in der Höhe ist ge-
Psalm 93, 3 waltiger als die Stimmen großer Wasser«. Wasser, das verschüttet oder auf die Erde ausgegossen ist, bedeutet des Menschen Schwachheit wie in dem Vorbild, auf das wir soeben hinwiesen (1. Sam 7), und 2. Sam. 14 14 und in Psalm 22, 14. Tiefe Wasser sind ein Element von Gefahr und Verwüstung und sprechen von Leid und Tod; sie bilden die Wasser des Gerichts vor, durch die der Herr Jesus für uns im Tod gegangen gegangen ist.
In diesem Zusammenhang wird oft in den Psalmen von ihnen gesprochen, wo wir häufig auf Äußerungen unseres Herrn selbst treffen. »Auf mir liegt schwer dein Grimm, und mit allen deinen Wellen hast du mich niedergedrückt« (Psalm 88, 7). »Alle deine Wogen und deine Wellen sind über mich hingegangen« (Psalm 42, 7b). »Rette mich, o Gott, denn die Wasser sind bis an die Seele gekommen ... in Wassertiefen bin ich gekommen, und die Flut überströmt mich ... laß mich errettet werden von meinen Hassern und aus den Wassertiefen! Laß die Flut der Wasser mich nicht überströmen, und die Tiefen mich nicht verschlingen« (Psalm 69, 1. 2. 14. 15). Ein anderer Psalm sagt uns, daß Gottes »Gerichte eine große Tiefe sind« (Psalm 36, 6). So bilden mehrere der alttestamentlichen Darstellungen offenbar das Leiden des Herrn Jesus Christus auf Golgatha vor, wie Er für uns die Wasser des Gerichts und des Todes durchschritt.

Vom Herrn selbst wissen wir, daß *Jona* ein Vorbild von Ihm ist. Er sagt: »Gleichwie Jona drei Tage und drei Nächte in dem Bauche des großen Fisches war, also wird der Sohn des Menschen drei Tage und drei Nächte in dem Herzen der Erde sein«. Die Sprache im Gebet Jonas erinnert uns an viele Äußerungen in den Psalmen, wenn er ruft: »Du hattest mich in die Tiefe, in das Herz der Meere geworfen, und der Strom umschloß mich; alle deine Wogen und deine Wellen fuhren über mich hin.«

Matthäus 12, 40

Jona 2, 4

Noah wurde in Sicherheit bewahrt, und die Wasser der Flut rührten ihn nicht an, weil er sicher in der *Arche* war. Aber die Arche mußte durch die Wasser hindurch. So redet sie von Christus, der, indem Er für uns dem Sturm begegnete, heute unser Platz der Sicherheit geworden ist.

Im *Roten Meer* und im *Jordan,* durch die Gottes erlöstes Volk hindurchging, haben wir wieder Bilder des Todes Christi. Das Rote Meer, wie wir schon bemerkten, belehrt uns über die Befreiung aus Ägypten, der Durchzug durch den Jordan über den Eintritt ins Land der Verheißung, den Platz der Segnung. Das Durchschreiten des Roten Meeres weist auf das hin, »was dahinten ist«, der Durchgang durch den Jordan auf das, »was vorn ist«. Die Lade des Zeugnisses, die als erste in den Fluß getragen wurde und dort blieb, bis das ganze Volk hinübergezogen war, schattet Christus vor, das Alpha und Omega unserer Errettung, wie Er für uns in den Tod hinabgestiegen und diesen erlitten hat. Wir lesen, daß die Kinder Israel den Jordan zu der Zeit durchschritten, als er »voll war über alle seine Ufer«. Die Steine, die in den Jordan gesetzt wurden, sprechen von dem An-

(Vgl. Philipper 3, 14)

Josua 3, 15

teil der Gläubigen am Tod Christi, die auf dem Land davon, daß die Gläubigen mit Christus aus den Wassern des Todes heraufgeführt worden sind.

In der Begebenheit in *Mara,* wo die bitteren Wasser durch das Holz süß gemacht wurden, das in sie hineingeworfen wurde, haben wir wahrscheinlich eine weitere Vorschattung vom Tod unseres Heilands. Jemand hat gesagt: Ein wunderschönes Vorbild von Ihm, der in die bitteren Wasser des Todes geworfen wurde, damit diese Wasser für ewig nichts Bitteres für uns hervorbringen möchten. Wir können wirklich bekennen: Die Bitterkeit des Todes ist gewichen; nichts bleibt für uns als die ewige Süßigkeit der Auferstehung.

Der Vorfall in Mara war dem sehr ähnlich, der
2 Könige 6, 6 sich in den Tagen Elisas an den Ufern des Jordan ereignete, als Elisa das *Eisen* schwimmen ließ. Beim näheren Vergleichen scheinen beide Vorfälle mehr als ein bloßer Hinweis von dem zu sein, was der Herr getan hat, als Er in die Wasser des Todes hinabstieg. In dem einen Fall wurde das Bittere süß gemacht, in dem anderen hat Er das, was verloren, was tief gesunken war, heraufgeholt und wiederhergestellt. In beiden Fällen geschah es auf Grund der Tatsache, daß »das Holz« in die Wasser geworfen wurde.

5.3. Es gibt noch andere Vorbilder vom Tod unseres Herrn, die nicht in einem der früheren Abschnitte erfaßt werden können, da sie weder vom tatsächlichen Blutvergießen noch von den Wassern des Todes reden. Unter ihnen sind zwei Wüstenbilder, die nicht übersehen werden dürfen.

Der geschlagene Fels war die Quelle der Wasserströme, so wie der Tod Christi dem Herniederkommen des Heiligen Geistes voraufgehen mußte. Wenn der Herr in Johannes 7 das Hervorfließen von Strömen lebendigen Wassers verheißt, bezieht Er sich offensichtlich auf dieses Vorbild. Wir lesen: »Dies aber sagte er von dem Geist, welchen die an ihnen Glaubenden empfangen sollten; denn noch war der Geist nicht da, weil Jesus noch nicht verherrlicht worden war.« Der Apostel Paulus sagt uns: »Der Fels aber war Christus«. Dieser Fels brauchte aber nur einmal geschlagen zu werden. Bei der zweiten Gelegenheit war Mose beauftragt worden, zu ihm zu *sprechen*. Wegen seines Ungehorsams diesem Gebot gegenüber, wurde ihm nicht erlaubt, ins Land einzugehen. Gott hält viel von Seinen Bildern und erlaubt einer hastigen Hand nicht, einen Streich hinzuzufügen, der das ganze verdarb, indem er das Bild zu einer unrichtigen Wiedergabe dessen machte, was es vorbilden sollte.

Johannes 7, 39

1 Korinther 10, 4

Als Jahrhunderte später das Flehen Moses beantwortet und ihm erlaubt wurde, »hinüberzuziehen und das gute Land zu sehen, welches jenseits des Jordan ist, dieses gute Gebirge«, als er und Elia mit dem Herrn auf dem Berg der Verklärung standen, da war der Gegenstand der Unterhaltung der »Ausgang, den er in Jerusalem erfüllen sollte« — das Gegenbild des geschlagenen Felsens. Sicherlich hat Mose da die Bedeutung des Vorbildes, das er verdorben hatte, völlig verstanden.

5 Mose 3, 25

Lukas 9,31

Der Vorgang in 4. Mose 21 vom Aufrichten der *ehernen Schlange* ist wohl allen Christen aus der Bezugnahme in Johannes 3 vertraut als eine Vorschattung von der Erhöhung Christi auf Golgatha. Die hier betonte Wahrheit besteht

darin, daß der Tod unseres Herrn das einzig echte Heilmittel gegen den Biß der Sünde ist. ‚Wer Jesus im Glauben am Kreuze erblickt, wird heil zu derselbigen Stund.' Er nahm die Gestalt dessen auf sich, was das Unheil hervor-
2 Korinther 5, 21 gebracht hatte. Er wurde für uns »zur Sünde gemacht«. Das Heilmittel galt allen, die gebissen waren. Wir lesen (V. 8 und 9), daß es für alle da war, bei jedem wirkte, der aufschaute: es gleicht dem Tun Gottes, von dem Hiob
Hiob 36,24.25 spricht: »welches die Menschen besingen, alle Menschen schauen es an, der Sterbliche erblickt es aus der Ferne.«

(Vgl. 1 Samuel 26, 12) Die früheste Vorschattung des Todes des Herrn scheint in dem *tiefen Schlaf* angegeben zu sein, den Gott auf Adam fallen ließ, als Er Eva bildete. Wir wissen aus Epheser 5, daß dies ein Bild von Christus und der Versammlung (Kirche) ist. Durch den tiefen Schlaf Christi konnte die Kirche gebaut werden.

Das *Zerreißen des Vorhangs* des Tempels in dem Augenblick, in dem unser Herr den Geist aufgab, war der Abschluß der alttestamentlichen Vorbilder. Der Vorhang, der bis hierhin zwischen dem Heiligen und dem Allerheiligsten gehangen hatte, war die »Scheidung« gewesen zwischen den beiden (2. Mose 26, 33). Er lehrt uns, daß die Menschwerdung unseres Herrn, die durch den Vorhang vorgebildet ist, uns nicht durch sich selbst zu Gott bringen konnte. Das Zerreißen des Vorhangs war nötig, um den Weg zu öffnen. Durch Glauben dürfen wir jetzt kühn in Gottes Gegenwart treten, und bald wer-
Hebräer 6, 20 den wir wirklich in das Innere des Vorhangs hineingehen, »wohin Jesus als Vorläufer für uns eingegangen ist«. Der zerrissene Vorhang erlaubte denen, die im Tempel dienten, ins Al-

lerheiligste zu schauen. Dies ist jetzt unser Vorrecht. Unser Herr sagte: »Die Welt sieht mich nicht mehr, ihr aber sehet mich«; wir können Ihn durch den Glauben anschauen, der als der große Hohepriester jetzt »vor dem Angesicht Gottes für uns erscheint«. Johannes 14, 19 Hebräer 9, 24

Wir haben in einer anderen Gruppe von Vorbildern das *Weizenkorn* erwähnt, das, wenn es in die Erde fällt, stirbt und viel Frucht hervorbringt. Hier lehrt der Herr, daß Er sterben muß, um eine herrliche Ernte halten zu können. Viele Bücher sind geschrieben worden und mögen noch über diese wunderbaren Vorbilder geschrieben werden. Doch wir sehen schon in diesem kurzen Studium, wie durch Zusammenstellung derjenigen, die vom Kreuz Christi reden, uns alle die Hauptsegnungen vorgestellt sind, die uns das Kreuz erworben hat.

Wir haben eine uns für die Gegenwart Gottes passend machende *Bedeckung* in 1. Mose 3; *Annahme* im Lamm Abels und im Brandopfer; *Stellvertretung*, von Gott dargereicht, in 1. Mose 22 und ebenso in den Opfern; *Befreiung vom Zorn* im Passahlamm; *Frieden und Gemeinschaft* im Friedensopfer; *Vergebung und Reinigung* im Sünd- und Schuldopfer, in dem großen Versöhnungstag und in der roten jungen Kuh; *Rechtfertigung* in dem geschlachteten Vogel bei der Reinigung des Aussätzigen. Weiter sahen wir auch Befreiung von unseren Feinden in dem Durchschreiten des Roten Meeres, und den Eingang in die Segnung im Durchgang durch den Jordan. Wir sehen des Gläubigen Gemeinschaft an Jesu Tod und Auferstehung in den Steinen; Bitteres in Süßes verwandelt in Mara; das Versunkene heraufgehoben in 2. Kön. 6; die Gabe des Heiligen Geistes in dem geschlagenen Felsen, die Heilung vom Gift der Sünde in der Erhöhung der ehernen Schlange; die Auferbauung der Kirche (Versammlung) in 1. Mose 2; das alleinige Mittel der Sicherheit in der Arche; Zugang zu Gottes Gegenwart in dem zerissenen Vorhang; und die Einsammlung der Ernte in dem Weizenkorn. In der Geschichte des Jona haben wir die genaue Zeit vorgeschattet, die zwischen Seinem Tode und Seiner Auferstehung verfließen sollte, und in dem Vorgang von 5. Mose 21 werden wir belehrt, daß Gott Rechenschaft über den Tod Seines Sohnes fordern wird.

Dies sind nur einige der hervorragendsten Gedanken, die uns in diesem reichen Vorbilderstrauß gezeigt sind. In jedem von ihnen liegen viele Einzelheiten voll großer Schönheit.

Durch die Einsetzung Seines Mahls hat der Herr uns ein beständig sich wiederholendes Vorbild Seines Todes gegeben — einen erinnernden Schatten zurückgelassen, als Er in das Licht des Vater-Hauses zurückkehrte. Die Tatsache, daß Er uns befohlen hat, uns Seiner Liebe, die Ihm den Tod brachte, in den Zeichen des *gebrochenen Brotes* und *ausgegossenen Weines* zu erinnern, zeigt uns, daß Er unser Gedenken hochschätzt. Der Psalmist sagt: »Möge ihm angenehm sein mein Sinnen!« (Psalm 104,34). Sein Herz wird erfreut, wenn wir dankerfüllt in den Vorbildern das wunderbare Kreuz, an dem der Herr der Herrlichkeit starb, anschauen.

Es ist gut verwendete Zeit, die wir damit zubringen, die Bilder zu betrachten, die Ihn uns so wunderbar vor Augen stellen. Wenn Vorbilder uns hier schon so kostbar sind, wo wir nur unklar ihre Bedeutung erkennen, so dürfen wir sicher auch vorausblicken in die Zeit, in der wir völlig verstehen werden, weshalb *das Lamm*, das geschlachtet worden ist, den Mittelpunkt der Herrlichkeit bilden wird.

6. Vorbilder der Auferstehung

Die Vorbilder der Auferstehung des Herrn Jesus Christus sind nicht so zahlreich wie die Seines Todes. Aber auch Seine Auferstehung ist deutlich im Alten Testament vorgeschattet. Paulus sagt 1. Kor. 15, als einem Teil seines Evangeliums, daß Christus »am dritten Tag auferweckt worden ist, nach den Schriften«. Dabei bezieht er sich wohl hauptsächlich auf die Vorbilder, die bildhaft Seine Auferstehung darstellen. Auf einige von diesen haben wir schon hingewiesen. Doch mag es gut sein, sie in Gruppen zu ordnen: Wenn, wie wir gesehen haben, die Arche, indem sie durch die Wasser der Flut ging, ein Vorbild vom Tod Christi war, so bilden *ihr Ruhen auf dem Berg Ararat* und Noahs Hinaustreten auf die neue Erde, das Auferstehungsleben vor. Vorbilder sind immer unvollkommen, auch hier bei der Arche. Denn, im Gegensatz zu Noah, verlassen wir nie unse-
Jesaja 32, 2 re sichere Zuflucht. Die Arche ist uns »ein Schutz vor dem Regensturm«, und es gibt keine Sicherheit, außer im Bleiben in ihr.

Es ist auffallend, daß der Tag angegeben ist, an dem die Arche auf dem Gebirge Ararat ruhte. Dieser Tag stimmt wahrscheinlich mit dem Auferstehungsmorgen überein. Ist dies Zufall, ein bloßes Zusammentreffen? oder sollte es nicht vielmehr ein Hinweis darauf sein, daß der
Psalm 2, 7 Tag, an dem Gott sagen würde: »Du bist mein Sohn; heute habe ich dich gezeugt«, Ihm bekannt war?

Es wird uns gesagt, daß die Arche im siebten Monat am siebzehnten Tag ruhte. Der siebte Monat war der Monat Abib; aber von der Zeit des ersten Passah an wurde er der Anfang der

Monate und »der erste von den Monaten des Jahres« (2. Mose 12, 2). Das Lamm wurde am vierzehnten Tage dieses Monats geschlachtet; und der dritte Tag danach war der siebzehnte, der Tag, an dem die Arche ruhte. Viele nehmen deshalb an, daß dieser Tag tatsächlich der Tag der Auferstehung war.

Ein anderes Vorbild, das des Webens der *Garbe der Erstlinge*, auf das schon hingewiesen wurde, sagt deutlich den Wochentag voraus, an dem die Auferstehung stattfinden würde. Es sollte am ersten Tage der Woche sein. Wir lesen in 3. Mose 23, 11, »am anderen Tage nach dem Sabbath soll sie der Priester weben«. Das Weizenkorn war in die Erde gefallen und gestorben. Es war »auf dem Feld« (2. Mose 23, 16) gesät worden, dem Feld der Welt; und die Garbe der Erstlinge war die Anwartschaft der herrlichen Ernte, die dem Weizenkorn entspringen sollte. »Der Erstling, Christus; sodann die, 1 Korinther 15, 23
welche des Christus sind bei seiner Ankunft.« Die Auferstehung der Seinen, wenn bei Seinem Kommen in die Lufthülle der Erde »die Toten in Christus zuerst auferstehen werden«, und 1 Korinther 15, 23
wenn bei Seinem Kommen auf die Erde alle anderen, die zur ersten Auferstehung gehören, auferweckt sein werden.

Wenn auf den Wochentag in diesem Vorbild deutlich hingewiesen wird, so werden wir auch nicht darüber im Zweifel gelassen, welcher Sabbath dem Auferstehungsmorgen vorausgehen sollte. Es war der Sabbath nach dem Passah. Und das ist, wie wir wissen, tatsächlich der Fall gewesen, »auf das die Schrift erfüllt würde«.

In 4. Mose 17 haben wir ein sehr schönes Vorbild von der Auferstehung des Herrn Jesus Christus in dem *Stab Aarons, der gesproßt hat-*

te. Die zwölf Stäbe wurden vor dem Herrn niedergelegt. Alle waren gleich tot, kein Zeichen des Lebens war an ihnen erkennbar. Als es aber Morgen wurde, hatte ein erstaunliches Wunder stattgefunden. Ein Stab, der, auf dem der Name Aarons geschrieben war, war voll Leben. Knospen, Blüten und Frucht waren gleichzeitig erschienen. Kein Auge sah die Veränderung vor sich gehen. Doch als Mose am Morgen kam, war ein überwältigender Beweis von Leben vorhanden. Er erinnert uns an jenen Morgen, an dem die Frauen zur Gruft kamen, als die Sonne aufging, und sie fanden, daß Er, den sie suchten, nicht tot, sondern auferstanden war. Der knospende und blühende Stab mit den gereiften Mandeln wurde damals dem Volk gezeigt. Das Wunder wurde beglaubigt durch viele Augenzeugen. Und wir lesen in der Apostelgeschichte ebenso, daß unser auferstandener Herr

Apostelgeschichte 1, 3

»sich den Aposteln nach Seinem Leiden in vielen sicheren Kennzeichen lebendig dargestellt hat.«

Apostelgeschichte 10, 40. 41

»Diesen hat Gott am dritten Tage auferweckt und ihn sichtbar werden lassen, nicht dem ganzen Volk, sondern den von Gott zuvor erwählten Zeugen.«

Die Auferstehung ist eins der Hauptthemen der Apostelgeschichte, denn ihr gaben die Jünger Zeugnis. Sie brauchten nicht von Seinem Tod zu zeugen, denn der war in ganz Jerusalem bekannt. Aber die Tatsache der Auferstehung zu glauben, war gleichbedeutend mit dem Glauben an die Messiasschaft Christi und an Sein vollbrachtes Werk. Aarons Stab wurde zum Blühen gebracht, um zu beweisen, daß er der Erwählte Gottes war und zum Herrn wurde »als Sohn Gottes in Kraft erwiesen dem Geiste der Heiligkeit nach durch Totenauferstehung«

(Röm. 1, 4). Es konnte keinem Zweifel unterliegen, daß Er von Gott angenommen war, nachdem Er Ihn von den Toten auferweckt hatte. Nachdem der Stab dem Volk gezeigt worden war, wurde er in der Gegenwart des Herrn niedergelegt, und so, nachdem Gott Christus von den Toten auferweckt hatte, »ist er mehre- Apostelgeschichte
re Tage hindurch denen erschienen, die mit ihm 13, 31
hinaufgezogen waren von Galiläa nach Jerusalem«. Danach »hat er sich gesetzt zur Rech- Hebräer 1, 3
ten der Majestät in der Höhe«. Der Stab Aarons war »für den Stamm Levi«; die Auferstehung Christi, wie wir im vorhergehenden Vorbild gesehen haben, war die Gewährleistung, daß die Seinen auferweckt werden. Denn »wenn der Geist dessen, der Jesum aus Römer 8, 11
den Toten auferweckt hat, in euch wohnt, so wird er, der Christus aus den Toten auferweckt hat, auch eure sterblichen Leiber lebendig machen wegen seines in euch wohnenden Geistes«. Das Vorbild fehlt darin, daß der Stab als ein Zeichen gegen die Empörer aufbewahrt werden sollte. Die Auferstehung Christi erinnert nicht an Sünde, sondern an Gerechtigkeit. Denn »er ist unserer Übertretungen wegen dahingegeben Römer 4, 25
und unserer Rechtfertigung wegen auferweckt worden«. Der Stab, obwohl in Hebräer als unter dem Inhalt der Bundeslade erwähnt, wurde zur Zeit Salomos nicht mehr dort gefunden. Der Grund dafür scheint der zu sein, daß es im Tempel, der Christus und Seine Kirche in Auferstehungsherrlichkeit vorbildet, nichts gab, das an Wüstennot erinnern sollte.

In 4. Mose 20 finden wir offenbar eine Bezugnahme auf Aarons Stab, wo der Herr Mose gebot, den Stab zu nehmen und zu dem Felsen zu sprechen, damit er Wasser hervorkommen

lasse. Der Fels war vorher geschlagen worden — ein Bild vom Tod Christi —, jetzt sollte Mose das Sinnbild der Auferstehung in seiner Hand halten, und die Wasser würden hervorfließen, wie wir in Joh. 7 von den Strömen le-
Johannes 7, 39 bendigen Wassers lesen: »Dies aber sagte er von dem Geiste, welchen die an ihn Glaubenden empfangen sollten; denn noch war der Geist nicht da, weil Jesus noch nicht verherrlicht worden war«.

Wir lesen, daß Mose den Stab vor dem Herrn hinwegnahm. Ohne Zweifel gibt es eine Verbindung zwischen diesen Vorbildern: dem Felsen, der geschlagen wurde, dem Stab, der gesproßt hatte und dann in der Gegenwart (vor dem Angesicht) Gottes gewesen war, und den hervorfließenden Wassern. Petrus erzählt uns in Apostelgeschichte 2, 23 von dem Geschlagenwerden des Felsens: »Diesen, übergeben nach dem bestimmten Ratschluß und nach Vorkenntnis Gottes, habt ihr durch die Hand von Gesetzlosen ans Kreuz geheftet und umgebracht«. In den Versen 24, 31-33 spricht er von dem Gegenbild des Stabes, der gesproßt hatte und vor dem Herrn niedergelegt worden war, und von den Wasserströmen: »Diesen Jesus hat Gott auferweckt . . . Nachdem er nun durch die Rechte Gottes erhöht worden ist und die Verheißung des Heiligen Geistes vom Vater empfangen hat, hat er dieses ausgegossen, was ihr seht und hört.«

In der Reinigung des Aussätzigen haben wir, wie bereits erwähnt, auch eine Vorschattung der Auferstehung. Zwei Vögel, lebendig und rein, sollten für den Mann dargebracht werden, dessen Aussatz geheilt worden war. Ein Vogel wurde getötet in einem irdenen Gefäß über lebendigem Wasser, und den *lebenden* Vogel sollte man in das Blut des ersten tauchen und frei ins Feld fliegen lassen. Das vergossene Blut des ersten Vogels spricht von Christi, »welcher, in den Himmel gegangen, zur Rechten Gottes ist«. Der Vogel flog mit Blut auf seinen Flügeln himmelwärts; und der Herr »ist mit seinem eigenen Blut ein- für allemal in das Heiligtum eingegangen, als er eine ewige Erlösung erfunden hatte«.

3 Mose 14, 6

1 Petrus 3, 22

Hebräer 9, 12

Indem wir so die Vorbilder der Auferstehung zusammengruppieren, gibt es eins, auf das wir schon Bezug genommen haben, das wir aber hier nicht übergehen können, nämlich den Eintritt der Kinder Israel ins Land nach dem *Durchgang durch den Jordan*. Der Jordan redet zu uns vom Tod Christi, und der Durchgang durch ihn von dem Einssein der Gläubigen mit Christus in Tod und Auferstehung. Kolosser 3 zeigt uns die zwei Wahrheiten: »Ihr seid gestorben«, wurde durch die zwölf in den Jordan gesetzten Steine vorgebildet, über die die Wasser des Todes alsbald hinweggingen, nachdem das Volk den Fluß durchzogen hatte. »Sie (die Steine) sind daselbst bis auf diesen Tag.« Unsere Vereinigung mit Christus schließt eine Vereinigung mit Seinem Tod in sich, die nie verändert werden kann; doch da ist auch die andere Seite der Wahrheit: »Wenn ihr nun mit dem Christus auferweckt worden seid, so suchet, was droben ist, wo der Christus ist, sitzend zur Rechten Gottes«.

Josua 4, 9

Kolosser 3, 1

Dies wurde vorgebildet durch die *Steine*, die man aus der Mitte des Jordan aufgehoben und am Ufer niedergesetzt hatte, wie wir in Epheser 2, 4-6 lesen: »Gott aber, der reich ist an Barmherzigkeit . . . hat uns mitauferweckt und mitsitzen lassen in den himmlischen Örtern in Christus«. Die Steine vergegenwärtigen die Stellung jedes Gläubigen — gestorben mit Christus und auferweckt mit Ihm.

Unser Platz in Gottes Augen ist im Land; denn
Epheser 1, 3 Er »hat uns gesegnet mit jeder geistlichen Segnung in den himmlischen Örtern in Christus«. Während es wahr ist, daß wir nicht damit zufrieden sein sollen, daß unser Zustand nicht mit unserer Stellung übereinstimmt, scheint die Bibel jedoch nicht zu rechtfertigen, wie manchmal gelehrt wird, daß diese Dinge notwendigerweise eine allmähliche Erfahrung sind, oder als eine zweite Segnung, getrennt von der Bekehrung, erlebt werden. Wenn wir aus Mangel an Belehrung unsere Stellung nicht richtig verstanden haben, so ändert das nichts an der Tatsache, daß wir als durch den Glauben mit Christus verbunden auch Teilhaber Seines Todes und Seiner Auferstehung sind, weil wir in Christus sind. Unsere Stellung ist vom ersten Augenblick des Christseins an ‚im Land'. Der Kampf hat begonnen, weil wir von dem, was Gott uns geschenkt hat, Schritt für Schritt im Glauben Besitz ergreifen möchten. Wir haben uns selbst nicht in den Tod oder ins Grab zu legen, wie manche lehren, sondern anzuerkennen,
Römer 6, 4 daß wir mit Christus gestorben und auferweckt worden sind, um in Neuheit des Lebens zu wandeln.

Die Zeitangaben: *drei Tage und drei Nächte* sind oft vorbildlich für Tod und Auferstehung. So zum Beispiel in der Geschichte Jonas, dessen »drei Tage und drei Nächte« als vorbildhaft für die Zeit angeführt sind, die der Herr selbst im Herzen der Erde zubringen sollte. Tod und Auferstehung sind wahrscheinlich in der

Antwort Moses an Pharao dargestellt: »Drei Tagesreisen weit wollen wir in die Wüste ziehen und dem Herrn, unserem Gott, opfern«. Pharao wollte, daß sie in dem Land (Ägypten) opferten, oder, wenn sie es verließen, daß sie sich »nur nicht so weit entfernten«. Aber Gottes Absicht ist, daß ein vollständiger Bruch vollzogen wird mit dem Gott dieser Welt. Dieser Bruch ist nur dann erreicht, wenn wir unseren Platz auf dem Auferstehungsboden einnehmen. Die Lade des Bundes zog bei einer Gelegenheit »drei Tagereisen vor den Kindern Israel her, um ihnen einen Ruheort zu erkunden«. In Hebräer 11 sehen wir in *Isaak* ein Bild der Auferstehung, als Abraham seinen Sohn, nachdem er ihn Gott völlig geopfert hatte, zurückerhielt. Da wir wissen, daß Abraham ein Vorschatten des Vaters war, der Seinen Sohn nicht geschont hat, und Isaak vom Lamm, das durch ‚Jahwe-Jireh' — der Herr wird sich ersehen — dargereicht war, können wir uns nicht im Irrtum befinden, wenn wir diese Szene als eine Vorschattung sowohl vom Tod als auch der Auferstehung Jesu Christi betrachten. Ebenso ist es nicht ohne Bedeutung, daß diesem Bericht das schöne Bild 1. Mose 24 folgt von dem treuen Diener Elieser, der ging, um eine Braut für den Sohn seines Herrn zu suchen, welcher im Bild durch Tod und Auferstehung hindurchgegangen war.

2 Mose 8, 27

4 Mose 10, 33

Es gibt einen prophetischen Vorgang im Buch der Könige, in dem zum mindesten auf die Auferstehung Bezug genommen wird. Isebels Tochter, Athalja, hatte versucht, alle königlichen Nachkommen umzubringen. Obwohl sie glaubte, zum Ziel gekommen zu sein, war doch *einer »aus der Mitte der Königssöhne, die getötet*

2 Könige 11, 2

wurden«, weggestohlen und im Tempel versteckt worden bis zu der Zeit, als man ihn zum König ausrief. Er war der Thronerbe; ein Unrechtmäßiger aber regierte das Land. Geradeso wie jetzt der Erbe des Thrones Davids und des Thrones Gottes (1. Chron. 29, 23) für eine Zeit verborgen nicht von der Welt zu sehen ist bis zum Krönungstag, der bald erscheinen wird. Der »Unrechtmäßige« glaubte, Ihn auf Golgatha umgebracht zu haben; Er aber erstand von den Toten auf und wird bald Seine Macht und Herrschaft übernehmen. Wir sehen aus Offenb. 2, 20. 23, daß Isebel und ihre Kinder Vorbilder von Satans Macht und den bösen Systemen sind, die er eingeführt hat. Athaljas Regierung ist ein auffallend ähnliches Bild der heutigen Christenheit.

Die Stellung der Leviten, die ein Vorbild von der Kirche (Versammlung) sind, beleuchtet hier
2 Könige 11, 8 unsere Lage, als wartend auf das Zeichen, das uns an die Seite des Königssohnes rufen wird,
2 Chronik 23, 2.7 der »herrschen wird«, daß wir »bei dem König sein sollen, wenn er ausgeht und wenn er eingeht«. Die Leviten aller Städte Judas und die Häupter der Väter Israels wurden durch den Hohenpriester in das Geheimnis eingeweiht, das
2 Könige 11, 4 ihr Leben änderte. Er »zeigte ihnen den Sohn des Königs«. Sie erfuhren, daß er nicht tot war, sondern lebte, und daß, wenn die Zeit gekommen wäre, er zum König ausgerufen werden würde. Der Glaube an die Auferstehung des Herrn Jesus hat das Leben der Menschen im-
Römer 10,9 mer wieder verändert. Wir lesen: »Wenn du mit deinem Mund Jesus als Herrn bekennen und in deinem Herzen glauben wirst, daß Gott ihn aus den Toten auferweckt hat, wirst du errettet werden«. Nicht länger Sklaven des »Un-

rechtmäßigen«, sondern im Wissen, daß seine Herrschaft bald zu Ende ist, warten wir auf den Sohn vom Himmel her. Dann werden wir aufgenommen, um dem Herrn zu begegnen in der Luft und nachher mit Ihm zu kommen in Seiner Herrlichkeit. »Ja, ich komme bald. — Amen; komm, Herr Jesus!« Offenbarung 22, 20

7. Gottes Wohnstätten

Ein sehr interessantes Studium ist das Verglei-
chen der Wohnstätten Gottes in der ganzen Bi-
2 Mose 25, 8 bel. Die zuerst genannte ist *die Stiftshütte*, von
der Er sagte: »Sie sollen mir ein Heiligtum ma-
chen, daß ich in ihrer Mitte wohne«. Dies war
das erstemal, daß Gott unter Menschen woh-
nen wollte. Er kam hernieder, um Adam in
Eden zu besuchen, wenn Er im Garten in der
Kühle des Abends wandelte. Henoch und No-
ah wandelten mit Gott, und Er nannte Abra-
ham Seinen Freund; aber Er war nie zuvor
herniedergekommen, um hier zu wohnen. In
1. Mose 9, 27, wo prophezeit wird: »Er wohne
in den Zelten Sems«, haben wir eine Anspie-
lung auf die Stiftshütte. Mehr als fünfhundert
1 Chronik 17, 5 Jahre bildete sie Seine Wohnstätte auf Erden.
Er »wanderte von Zelt zu Zelt und von Woh-
nung zu Wohnung«, bis Er Salomo Anweisun-
gen gab, Ihm ein Haus zu bauen, *den Tempel*.
Der wurde Sein Heiligtum, ein »Palast, ... nicht
für einen Menschen, sondern für Gott, den
Herrn« (1. Chronik 29, 1).

Beide, die Stiftshütte und der Tempel, waren
nacheinander Seine Wohnstätte in alttestament-
lichen Zeiten. Aber nachdem viele Jahre ver-
strichen waren, kam *der Herr Jesus Christus;*
und in Ihm, damals auf Erden, wie auch jetzt
Kolosser 2, 9 im Himmel, »wohnt die ganze Fülle der
Gottheit leibhaftig.« Wir lesen, daß »das Wort
Johannes 1, 14 Fleisch wurde und unter uns wohnte«. Er war
Immanuel, der Gott mit uns, das Gegenbild der
Stiftshütte und auch des Tempels. Er war »Grö-
ßeres als der Tempel« (Matth. 12, 6) und ver-
Johannes gleicht sich mehr als einmal mit ihm. »Brecht
2, 29. 21 diesen Tempel ab«, sagte Er, »und in drei Ta-

gen werde ich ihn aufrichten; ... er aber sprach
von dem Tempel seines Leibes.« Dreiunddrei-
ßig Jahre wandelte Er auf dieser Erde, und als
Er in den Himmel hinaufstieg, kam Gott, um 1 Korinther
in einem anderen Tempel zu wohnen. Er wohnt 3, 16; 6, 19
jetzt in der *Kirche* (Versammlung), nicht nur
in den Leibern der einzelnen Gläubigen, die
Tempel des Heiligen Geistes sind, sondern in
der Versammlung als solcher, »welche sein Leib
ist«. Wir lesen in Epheser 2, 20-22: »... indem Epheser 1, 23
Jesus Christus selbst Eckstein ist, in welchem
der ganze Bau, wohl zusammengefügt, wächst
zu einem heiligen Tempel im Herrn, in welchem
auch ihr mitaufgebaut werdet zu einer Behau-
sung Gottes im Geiste«. Es ist darauf hinge-
wiesen worden, daß wir in dieser Stelle die
Kirche (Versammlung) als das Gegenbild so-
wohl des Tempels als auch der Stiftshütte ha-
ben. In Vers 22 haben wir einen schon
vollendeten Bau, in dem Gott jetzt wohnt —
einen Bau, der wie die Stiftshütte im Wüsten-
sand errichtet ist. In Vers 21 wird von einem
Tempel geprochen, der noch wächst, und der
erst bei der Entrückung vollendet sein wird,
wenn »Er die Versammlung sich selbst verherr- Epheser 5, 27
licht darstellt, die nicht Flecken oder Runzel
oder etwas dergleichen habe«. Die Stiftshütte
scheint das Vorbild von Christus und Seiner
Kirche jetzt zu sein; der Tempel von Christus
und Seiner Versammlung (Kirche) in Auferste-
hungsherrlichkeit, wie wir in Petr. 2, 5 lesen:
»... werdet auch ihr selbst, als lebendige Stei-
ne, aufgebaut, ein geistliches Haus«. Es ist noch
nicht vollendet. Wie Salomos Tempel »aus voll-
ständig behauenen Steinen« (oder aus Steinen
des Steinbruchs) erbaut war, die zuvor berei-
tet werden mußten, so muß jeder Stein zu dem

geistlichen Tempel zuerst hier unten ausgebrochen, behauen und geformt werden.

Salomo selbst handelte nach dem Plan, den er in Sprüche 24, 27 empfiehlt: »Besorge draußen deine Arbeit und bestelle sie dir auf dem Feld; hernach magst du dann dein Haus bauen«. Das tut Gott jetzt. Das Feld ist die Welt, und die Steine werden, einer nach dem anderen, hier behauen.

Von den Gefäßen des Tempels wird uns gesagt:
2 Chronik 4, 17 »Im Jordankreis ließ der König sie gießen in
Römer 9, 23 dichter Erde«. So muß es sein mit den »Gefäßen der Begnadigung, die er zur Herrlichkeit zuvorbereitet hat.« Alles Formen und Behauen muß hier getan werden; und das Gebäude wird nicht vollendet sein, bis jeder Stein fertig
Sacharja 4, 7 ist, und »er den Schlußstein herausbringen wird unter lautem Zuruf: Gnade, Gnade ihm!« Der Eckstein in Epheser 2 ist der Grundstein und spricht von Seinem ersten Kommen; der Hauptstein aber, Haupt der Ecke in Psalm 118 und der Schlußstein (Sach. 4) weisen auf Sein zweites Kommen hin.

Eine *zukünftige Wohnstätte* wird in Hes. 37, 26. 27 u.a. ähnlichen Stellen erwähnt, wo Gott verspricht, daß Sein Heiligtum in der Mitte Israels sein soll. In Offenb. 15 sieht Johannes »den Tempel der Hütte des Zeugnisses in dem Himmel«; in Kapitel 21, 3 hört er eine Stimme, die sagt: »Siehe, die Hütte Gottes bei den Menschen! Und er wird bei ihnen wohnen.« Wir können nicht bis ins Letzte sagen, wie weit diese Stellen auf die verherrlichte Kirche anspielen, aber wir wissen, daß, wenn Er kommt, und die Toten in Christus auferweckt sind, und wir,
1 Thessalonicher 4, 17 die Lebenden, die übrigbleiben, »mit ihnen entrückt werden in Wolken dem Herrn entgegen

in die Luft«, wir nie wieder von Ihm getrennt werden, denn »also werden wir allezeit bei dem Herrn sein«. Johannes erzählt uns im gleichen Kapitel der Offenbarung, daß er im neuen Jerusalem »keinen Tempel sah, denn der Herr, Gott, der Allmächtige, ist ihr Tempel, und das Lamm«; und wir wissen, daß dann der Gebetswunsch des Herrn Jesus Christus erfüllt sein wird, »daß sie eins seien, gleichwie wir eins sind; ich in ihnen und du in mir, auf daß sie in eins vollendet seien, ...« Es mag daher sein, daß dieser zukünftige Tempel Christus ist und Seine Versammlung (Kirche).

Offenbarung 21, 22

Johannes 17, 22. 23

Als Adam fiel, sagte der Herr: »Siehe, der Mensch ist geworden wie unser einer«, und so wurde er vom Baum des Lebens weggetrieben. Aber das Gebet des Herrn Jesus in Johannes 17 lautet: »... auf daß auch sie in uns eins seien«; und in Offenb. 22 wird der Mensch am Baum des Lebens wieder willkommen geheißen, und Christi Gebet ist beantwortet.

Beim Studium dieser Wohnstätten: Stiftshütte, Tempel, unser Herr selbst und die Kirche (Versammlung), können wir durch die Betrachtung jeder einzelnen vielen Gedanken nachspüren, indem wir sie miteinander vergleichen und sie einander gegenüberstellen.

Zuerst ist da *das Muster* für jede. Mose wurde aufgetragen, die Stiftshütte und alle ihre Geräte nach dem Muster zu machen, das ihm auf dem Berg gezeigt worden war (2. Mose 25, 9. 40). Als David Salomo das Muster für jeden Teil des Tempels gab, sagte er: »Über dies alles, über alle Werke des Musters, hat er (der Herr) mich durch Schrift unterwiesen, dadurch daß die Hand Jehovas auf mir war«. Wir wissen, daß der Herr Jesus Christus der Abdruck

1 Chronik 28, 19

des Wesens Gottes ist, und jedes Glied der Kir-
Römer 8, 29 che soll dem Bild Seines Sohnes gleichförmig
Epheser 4, 13 werden, »bis wir alle hingelangen (als Seine Ver-
sammlung hier auf der Erde) zu der Einheit des
Glaubens und zur Erkenntnis des Sohnes Got-
tes, zu dem erwachsenen Manne, zu dem Ma-
ße des vollen Wuchses der Fülle des Christus«.
In Gottes Wohnstätte gibt es keinen Platz für
menschliche Entwürfe oder Erfindungen. Das
Muster für alles ist Christus.

Bei jedem einzelnen Fall handelt es sich um ei-
ne *Vorbereitung.* Die Stiftshütte muß in Got-
tes Sinn gewesen sein, als Er dem Volk auftrug
2 Mose 12, 35 von den Ägyptern »silberne Geräte und golde-
ne Geräte und Kleider« zu fordern, und als Er
ihren Bedrängern ins Herz gab, ihnen alles zu
gewähren, was sie forderten. Er hatte Abraham
1 Mose 15, 14 gesagt, daß sie »ausziehen würden mit großer
Habe«; und daher, als Er ihnen in 2. Mose 25
gebot, ein Opfer zu bringen, waren sie damit
wohl versehen. Ebenso füllt Gott auch uns,
wenn Er uns auffordert, Ihm etwas zu geben,
immer zuerst die Hände. Er bereitet vor und
erlaubt uns dann zu sagen: Wir wollen Ihm ei-
ne Wohnstätte bereiten. Als das Material ge-
geben worden war, berief Er Bezaleel, den Er
2 Mose 31, 2-4 erfüllt hatte »mit dem Geist Gottes in Weisheit
und in Verstand und in Kenntnis und in jegli-
chem Werk; um Künstliches zu ersinnen«, und
gab es ihm ins Herz, andere zu belehren, da-
mit das Werk gemäß dem göttlichen Muster
ausgeführt werden möchte.

David trug große Vorsorge für den Tempel. Er
sagte: »Das Haus, das dem Herrn zu erbauen
ist, soll überaus groß werden, zum Namen und
zum Ruhm in allen Ländern; so will ich denn
das Nötige für ihn (Salomo) bereiten. Und so

bereitete David Vorrat in Menge vor seinem Tod« (1. Chron. 22, 5). Sechsmal wird diese Vorbereitung in 1. Chron. 29 erwähnt; denn als David bereitet hatte, bereitete auch das Volk, und sie konnten sagen, wie ihre Väter es in der Wüste getan haben mochten: »Alle diese Menge, die wir bereitet haben, um dir ein Haus zu bauen für deinen heiligen Namen, von deiner Hand ist sie, und das alles ist dein« (V. 16). Dies ist die biblische Bedeutung der Heiligung, daß wir unsere Hand aus Gottes Hand füllen und es Ihm dann wieder als Opfer darbringen. (Vergl. 1. Chron. 29, 5. 14). Auch Salomo, wie wir gesehen haben, traf sorgfältig Vorbereitungen, ehe er begann, das Haus zu bauen.

Als der Herr Jesus kam und unter den Menschen wohnte, sagte Er: »Einen Leib hast du mir bereitet«. Sein Vorangehen war ‚bereitet wie der Morgen', und Simeon konnte sagen: »Nun Herr, entlässest du deinen Knecht nach deinem Wort in Frieden; denn meine Augen haben dein Heil gesehen, welches du bereitet hast vor dem Angesicht aller Völker«. Jetzt wohnt Gott in einem für den Herrn bereiteten, »zugerüsteten Volk« — auf Erden in Niedrigkeit, wie in der Stiftshütte; bald in Herrlichkeit, wie im Tempel, wenn Er kundtun wird »den Reichtum seiner Herrlichkeit an den Gefäßen der Begnadigung, die er zur Herrlichkeit zuvorbereitet hat«. Auch für Gottes zukünftige Wohnstätte gibt es Vorbereitung. In Jesaja 2, 2 lesen wir: »Und es wird geschehen am Ende der Tage, da wird der Berg des Hauses des Herrn feststehen (bereitet sein) auf dem Gipfel der Berge und erhaben sein über alle Hügel; und alle Nationen werden zu ihm strömen«; und in Offenbarung 21, 2. 3 sieht Johannes »die heilige

Hebräer 10, 5

Lukas 2, 29-31

Römer 9, 23

Stadt, das neue Jerusalem, aus dem Himmel herniederkommen von Gott, bereitet wie eine für ihren Mann geschmückte Braut«; und zur gleichen Zeit hört er »eine laute Stimme aus dem Himmel sagen: Siehe, die Hütte Gottes bei den Menschen!«

Über der Stiftshütte ruhte die Schechina-*Wolke*, welche die Gegenwart Gottes anzeigte. Als Mose die Stiftshütte aufrichtete, heißt es: »Und die Wolke bedeckte das Zelt der Zusammenkunft, und die Herrlichkeit Jehovas erfüllte die Wohnung. Und Mose konnte nicht in das Zelt der Zusammenkunft hineingehen; denn die Wolke ruhte darauf, und die Herrlichkeit Jehovas erfüllte die Wohnung.« (2 Mose 40, 34. 35)

Als Salomo das Haus des Herrn vollendet, alles hineingebracht und an seinen Platz gestellt hatte, und der Tempel Gott geweiht war, sagt uns die Schrift: »Es geschah, als die Trompeter und die Sänger wie *ein* Mann waren, um *eine* Stimme ertönen zu lassen, den Herrn zu loben und zu preisen, und als sie die Stimme erhoben mit Trompeten und mit Zimbeln und mit Musikinstrumenten und mit dem Lob Gottes, weil er gütig ist, weil seine Güte ewiglich währt: da wurde das Haus, das Haus des Herrn, mit einer Wolke erfüllt. Und die Priester vermochten wegen der Wolke nicht dazustehen, um den Dienst zu verrichten; denn die Herrlichkeit des Herrn erfüllte das Haus Gottes.« (2 Chronik 5, 13.14)

Die lichte Wolke überschattete den Herrn Jesus auf dem Berg der Verklärung; und wie in der Wüste Gott zu Israel sprach, so sprach Er dort zu den Jüngern: »Und siehe, eine Stimme kam aus der Wolke, welche sprach: Dieser ist mein geliebter Sohn, an welchem ich Wohlgefallen gefunden habe; ihn höret.« Die Wolke (Matthäus 17,5)

wurde wieder sichtbar, als der Herr Jesus in den
Himmel aufstieg; denn während die Jünger um
Ihn auf dem Ölberg versammelt waren, »wur- Apostelgeschichte
de er emporgehoben, indem sie es sahen, und 1, 9
eine Wolke nahm ihn auf, von ihren Augen
hinweg.«

Wir lesen in 1. Kor. 10, 1. 2, daß alle Kinder
Israel »unter der Wolke waren, und alle durch
das Meer hindurchgegangen sind, und alle auf
Mose getauft wurden in der Wolke und in dem
Meer«. Dies scheint anzudeuten, daß die Wol-
ke ein Vorbild des Heiligen Geistes ist, denn
»in *einem* Geist sind wir alle zu *einem* Leib ge- 1 Korinther 12, 13
tauft worden«. Endlich, wenn Johannes in sei-
nem Gesicht von den Dingen spricht, die »nach
diesem« sein werden, lesen wir, »der Tempel Offenbarung
wurde mit Rauch gefüllt von der Herrlichkeit 15, 8
Gottes und von seiner Macht; und niemand
konnte in den Tempel eintreten«.

Gold, das als Bild das Göttliche vorbildet, ist
in jedem Teil der Stiftshütte zu finden. Die
Bretter der Wohnung waren mit Gold überzo-
gen; ebenso der goldene Altar, der Tisch mit
den Schaubroten und die Bundeslade, während
der Versöhnungsdeckel und der Leuchter aus
reinem Gold bestanden.

Nichts von Akazienholz, welches die Mensch-
heit (menschliche Natur) abbildet, war in der
Wohnung (Stiftshütte) oder im Tempel zu
sehen; und in dem letzteren war innen »kein
Stein zu sehen« (alles war aus Zedernholz). Al- 1 Könige 6, 18
les war überzogen mit reinem Gold. Von unse-
rem Herrn selbst lesen wir: »Im Anfang war das Johannes 1, 1
Wort und das Wort war bei Gott, und das Wort
war Gott.« Er war der Gott-Mensch; das Gold,
das Göttliche, obwohl dem Blick oft verbor-

gen, wurde während Seines Lebens in den Wundern erkennbar, die Er wirkte, und in Seinen Worten. Auf dem Berg der Verklärung war Seine volle Herrlichkeit zu sehen. Sogar als Er

Phil. 2, 8

»sich selbst erniedrigte, indem er gehorsam ward bis zum Tod, ja, zum Tod am Kreuz«,

Matthäus 27, 54

sprachen »der Hauptmann und die mit ihm Jesus bewachten: Wahrhaftig, dieser war Gottes Sohn!«

Als jetzige Wohnstätte Gottes braucht auch die Kirche (Versammlung) das Göttliche des Goldes. Jedes Glied dieser Kirche muß wiedergeboren und Teilhaber der göttlichen Natur sein.

Wenn Christus über die Lauheit (Laodicäas)

Offenbarung 3, 18

klagt, sagt Er: »Ich rate dir, Gold von mir zu kaufen, geläutert im Feuer, auf daß du reich werdest; und weiße Kleider, auf daß du bekleidet werdest; ... und Augensalbe, deine Augen zu salben, auf daß du sehen mögest.« In 1. Kor. 3 lesen wir, daß am Richterstuhl Christi, wo die Werke der Gläubigen offenbar werden, Gold, Silber und köstliche Steine durch das

1 Könige 6, 30

Feuer bewährt werden*). In Salomos Tempel war »der Fußboden des Hauses mit Gold überzogen, innerhalb und außerhalb«; die Füße der Priester standen darauf, anstatt, wie in der Stiftshütte, im Sand der Wüste; während wir von dem neuen Jerusalem lesen, in dem der

---

*) Es mag sein, daß Gold, weiße Kleider und Augensalbe Gott selbst darstellen, Vater, Sohn und heiligen Geist. Wir lesen in Hiob 22, 25: »So wird der Allmächtige dein Golderz und dein glänzendes Silber sein«. In Römer 13, 14: »Ziehet den Herrn Jesus Christus an«. In 1. Johannes 2, 20: »Ihr habt die Salbung von dem Heiligen und wisset alles«. Es war Gott selbst, der der Kirche in Laodicäa fehlte; und Er war willig zu kommen und Wohnung bei jedem zu machen, der Seine Stimme hören und Ihm die Tür auftun würde.

Herr, Gott, der Allmächtige und das Lamm der Tempel sind: »Und die Straße der Stadt war reines Gold«. Offenbarung 21, 22

Das *Äußere* dieser Wohnstätten kann gut verglichen und gegenübergestellt werden. Die Wohnung (Stiftshütte) war mit Dachsfellen bedeckt, und die Schönheiten im Innern blieben verborgen. In ihrer Erscheinung war nichts Anziehendes; sie war sehr verschieden von der Herrlichkeit des salomonischen Tempels, der »überzogen war mit kostbaren Steinen zum Schmuck«. 2 Chronik 3, 6

Als unser Herr auf der Erde war, glich Er dem Bild der Stiftshütte, so daß der Prophet sagen konnte: »Als wir ihn sahen, da hatte er kein Ansehen, daß wir seiner begehrt hätten. Er war verachtet und verlassen von den Menschen ... er war verachtet, und wir haben ihn für nichts geachtet«; so ist es jetzt mit der Kirche (Versammlung). »Ein Jünger ist nicht über den Lehrer, und ein Knecht nicht über seinen Herrn.: In ihrem Pilger-Charakter ist die Kirche ebenfalls verachtet und verworfen von den Menschen. Die kleine Schar in Ephesus wurde nicht als bedeutend angesehen. Als der Apostel ihr seinen Brief schrieb und sie mit dem Tempel und der Stiftshütte verglich, dachte er wohl an jenen anderen Tempel in Ephesus, eines der sieben Wunder der Welt, von dem wir in Apostelg. 19 lesen, als Demetrius fürchtete, »daß der Tempel der großen Göttin Artemis für nichts geachtet, und auch ihre herrliche Größe, welche ganz Asien und der Erdkreis verehrt, vernichtet werde« (V. 27). Dieser Tempel ist seit langem zerstört, und wir können seine Reste im Britischen Museum sehen; aber die Gläubigen in Ephesus bildeten den Teil eines Tempels, der,

Jesaja 53, 2.3

Matthäus 10, 24

gleich dem Tempel Salomos, »überaus groß
1 Chronik 22, 5 werden soll, zum Namen und zum Ruhm in
allen Ländern«. Wenn Christus in Auferstehungsherrlichkeit mit Seiner Versammlung
kommen wird, »um verherrlicht zu werden in
2 Thess. 1, 10 Seinen Heiligen und bewundert in allen denen,
die geglaubt haben«, wird die Schönheit dieses Tempels vom ganzen Weltall geschaut
werden.

8. Die Bundeslade

Wenn es auch nützlich ist, Vorbilder miteinander zu vergleichen, so ist es ebenso wichtig, jedes einzelne für sich zu betrachten. Zum Beispiel ist es gut, in der Stiftshütte jedes Stück der Einrichtung zu prüfen und im Wort die vielen Hinweise zu studieren. Wir werden dann mehrere Anspielungen auf den Leuchter finden von der Zeit der Herstellung in der Wüste, bis zu der Zeit, da er auf dem Fest Belsazars benutzt und die Schrift des Gerichts gesehen wurde »dem Leuchter gegenüber«. Das war eine ernste Warnung davor, das, was dem Dienst Gottes geweiht war, zu anderen Zwecken zu gebrauchen. Ähnlich finden wir den ehernen Altar in der Zeit Salomos, Ahas' und Hiskias — von Salomo benutzt, um tausend Brandopfer zu opfern, von Ahas beiseite gesetzt, um einem anderen Altar Platz zu machen, den der König nach einem heidnischen Muster zu Damaskus hatte anfertigen lassen; und der endlich durch Hiskia unter Lob- und Freudengesängen wiederhergestellt und gereinigt wurde.

Daniel 5, 5

2 Könige 16, 10ff.

2 Chronik 29

Der Zustand Israels als Volk war fast immer zu beurteilen nach dem Wert, der dem Altar Gottes beigemessen wurde. So ist es heute auch. Wenn das stellvertretende Werk unseres Herrn Jesus Christus gering geachtet wird, muß das geistliche Leben in der Versammlung oder beim einzelnen schwach sein.

Die Lade des Alten Bundes ist der Gegenstand, auf den am häufigsten angespielt wird; sie ist voll geistlicher Belehrung in den verschiedenen Vorfällen ihrer Geschichte, wenn wir ihr folgen durch die Wüste und den Jordan nach Gilgal, um die Mauern von Jericho herum nach Silo; dann in das Land der Philister und wieder zurück nach Beth-Semes, Kirjath-Jearim, in das Haus Obed-Edoms, bis sie schließlich an ihrem Platze ruht im Zelt in Jerusalem und dann im Tempel Salomos. Die Geschichte des Volkes Israel war eng mit der Geschichte der Lade verbunden. War sie in Gefangenschaft, so lebte das Volk in Mühe und Not; nahm sie aber ihren rechten Platz ein, war Wohlfahrt und Glück für Israel vorhanden.

Während in der Stiftshütte und im Tempel alles Gottes Herrlichkeit ausdrückte, scheint die Bundeslade mehr als irgendein anderer Gegenstand den Herrn Jesus vorzuschatten. Es besteht kein Zweifel darüber, daß sie ein Vorbild von Ihm ist. Der Zweck, zu dem sie gemacht war, beweist dies, denn Gott sagte zu Moses:
2 Mose 25, 22 »Daselbst werde ich mit dir zusammenkommen und von dem Deckel herab ... alles zu dir re-
Römer 3, 25 den«. Wir lesen in Römer 3 von Ihm: »Welchen Gott dargestellt hat zu einem Gnadenstuhl durch den Glauben an sein Blut«. Er selbst ist der Thron der Gnade, wo Gott mit dem Sünder zusammentrifft. Er ist der Platz des Zusammenkommens mit dem Menschen.

Es ist bemerkenswert, daß der Apostel hier von Ihm unter dem Titel »Christus Jesus« spricht. Die Anordnung Seines Namens ist nicht ohne Bedeutung. Dieser spricht von dem Gesalbten und Erhöhten, der einst der Mann der Schmerzen auf Erden war. Der Name Jesus ist hier nicht allein gebraucht, denn dieser würde von Seinem Leben in Niedrigkeit auf Erden zu uns reden, noch ist er zuerst gesetzt, was Seinen Charakter als der Leidende hervorheben würde; vielmehr ist es der ‚Mensch in der Herrlich-

keit', der jetzt der Gandenstuhl ist, wo wir Gnade für die Vergangenheit und Segen für die Gegenwart und Zukunft erlangen können.
Die Lade wurde aus Akazienholz hergestellt, mit Gold überzogen und stellt die zweifache Natur unseres Herrn dar, die menschliche und die göttliche. Die Stoffe, aus denen sie bestand, stellten Seine Person, die Zwecke, denen sie diente, Sein Werk dar.
Die Lade war der Platz, an dem die steinernen Tafeln sicher niedergelegt wurden, als Gott sie Mose ein zweites Mal gab. Bei der ersten Gelegenheit, als Mose vom Berg herabstieg und den Schall von Gesängen im Lager hörte, da »warf er die Tafeln aus seinen Händen und zerbrach sie unten am Berg« — sinnbildlich für die Art und Weise, wie das Volk das Gesetz Gottes brach, was der Mensch immer getan hat. Das zweite Mal hatte Gott Vorkehrung getroffen. Die Tafeln wurden sogleich in die Lade gelegt, und Mose fügt hinzu: »Und sie sind daselbst«; was uns an Ihn erinnert, von dem gesagt wird: »Dein Gesetz ist im Innern meines Herzens«, — der einzige Platz, wo es ungebrochen bewahrt worden ist.

2 Mose 32, 18.19

5 Mose 10, 5

Psalm 40, 8

Aber die steinernen Tafeln waren auch ‚der Bund'. Unter diesem Gesichtspunkt sprach Salomo von ihnen, als er ausrief: »Ich habe dem Namen des Herrn, des Gottes Israels, das Haus gebaut; und ich habe daselbst die Lade hingestellt, in welcher der Bund des Herrn ist, den er mit den Kindern Israel gemacht hat«. Die Tafeln des Bundes waren sicher innerhalb der Lade und erinnerten daran, daß Gott ein Gott war, der Seine Zusagen hielt. Israel mochte falsch handeln, Gott aber würde das niemals tun.

2 Chronik 6, 10. 11.14ff

Wir sind nicht unter einem Bund, wie Israel es war; seit langem ist erwiesen, daß der Mensch nie seine Verpflichtung halten kann. Christus

Hebräer 7, 22 ist »eines besseren Bundes Bürge geworden«.*) Bei diesem handelt es sich einerseits um ein Versprechen »des ewigen Lebens, welches Gott, der nicht lügen kann (Seinem Sohne) verheißen hat vor ewigen Zeiten« — eine Gabe, die Ihm damals für die Kirche (Versammlung) gegeben wurde (Tit. 1, 2; 2. Tim. 1, 9); und andererseits um die Bürgschaft des Sohnes, daß Er bewahren wollte, was der Vater Ihm gegeben hatte. Der ‚Bund' mit Israel war sicher in der Lade. Die Verheißungen Gottes für die Kirche

2 Korinther 1, 20 (Versammlung) sind »in Ihm das Ja und in Ihm das Amen«.

Auch andere Dinge befanden sich während der Zeit der Stiftshütte in der Lade: der Krug mit dem Manna und der Stab Aarons, der gesproßt hatte, Beweise von der Versorgung Gottes in der Wüste und von der Erwählung Seines Gesalbten. Im Tempel finden wir diese Gegenstände nicht mehr in der Lade, wahrscheinlich weil sie vor Gott als Zeichen gegen die Widerspenstigen niedergelegt waren; in der Herrlichkeit aber wird es nichts geben, was uns daran erinnert.

In Verbindung mit der Lade sehen wir im Vorbild die drei Personen der göttlichen Dreieinheit. Während sie das Werk und die Person des Herrn Jesus darstellt, scheint die Wolke, die

---

*) Dieser, der ‚neue Bund' mit Israel, wird förmlich im Tausendjährigen Reich errichtet werden. — Wir genießen tatsächlich alle wesentlichen Vorrechte des Bundes, da dessen Grundlage von Gott in dem Blut Christi gelegt ist (vergl. Luk. 22, 20b), aber wir genießen sie im Geist, nicht nach dem Buchstaben. J. N. D. (Vergl. auch Jerem. 31, 31-34.)

über ihr ruht, den Heiligen Geist vorzubilden. Gott sprach vom Gandenstuhl herab zum Volk. Das Vorbild war nicht vollständig, wenn nichts vom Tod unseres Herrn Jesus Christus reden würde. Doch wir haben auch dies, denn wir sehen einen ‚blutbefleckten Gnadenstuhl'. Das Blut der Schlachtopfer — zuerst des Stiers, dann des Ziegenbockes — war am Versöhnungstag auf ihn gesprengt worden. Die Cherubim neigten ihre Blicke auf dieses Blut, Gottes Auge ruhte darauf, und wegen des Blutes konnte Er das Volk annehmen. Im Bild ist es eine allgenugsame Bedeckung unserer Sünde, so daß wir lesen: »An diesem Tag wird man
Sühung für euch tun, um euch zu reinigen: von 3 Mose 16, 30
allen euren Sünden werdet ihr rein sein vor dem Herrn«. Es könnte in diesem Vorbild gesagt
werden wie beim Passah: »Sehe ich das Blut, 2 Mose 12, 13
so werde ich an euch vorübergehen«. In beiden Fällen befand sich das Blut allein vor den Augen Gottes, denn niemand konnte in das Allerheiligste eintreten als nur der Hohepriester, und auch er nur bei dieser einzigen Gelegenheit.

Die Lade war nie den Blicken des Volkes ausgesetzt; denn selbst wenn sie von Ort zu Ort getragen wurde, war sie mit dem Scheidevorhang bedeckt, den Dachsfellen und dem Tuch von blauem Purpur. Wenn die Wohnung aufbrechen sollte, wurde der Vorhang abgenommen und die Lade des Zeugnisses damit bedeckt, daß niemand sie anschauen konnte. So bedeckte der Vorhang Seines Fleisches unseren Herrn, als Er hier auf Erden wandelte. Die Lade wurde auch durch Dachsfelle geschützt wie die Wohnung selbst. Eine zweifache Bedeutung wird diesen Fellen gegeben:

Zuerst, ihr nicht anziehendes Äußeres stellt die Erniedrigung unseres Herrn dar, die die Herrlichkeit verbarg, so daß Er verachtet und verworfen wurde von den Menschen.

Zweitens, waren die Felle das, was vor aller Befleckung mit dem Bösen schützte. Wahrscheinlich ist Wahrheit in beiden Auslegungen. Über dem Dachsfell lag das Tuch von blauem Purpur. Da die Lade auf den Schultern der Priester getragen wurde, würde der eine blaue Punkt in der Mitte der Gemeinde ins Auge fallen, denn die Lade war das einzige Gerät, das so bedeckt war. Das Blau stellt das Himmlische dar. Wir wissen, daß dies, als der Herr Jesus auf Erden lebte, in der Tat Sein Charakter war (Joh. 3,13). Da wir Ihn jetzt umhertragen, soll unser Zeugnis diesen Charakterzug deutlich machen.

Die Lade sollte der Mittelpunkt des Lagers sein
Johannes 20, 19 — »Jesus in der Mitte«, und wenn das Lager
4 Mose 2, 17 aufbrach, »so wie sie lagern, also sollen sie aufbrechen, ein jeder an seiner Stelle«. Wenn jeder einzelne seine richtige Stellung zum Herrn einnimmt, wird auch jeder einzelne im Blick auf die Mitchristen am richtigen Platz sein.

Einmal hören wir auf der Wüstenreise, daß die Lade ihren Platz in der Mitte verläßt und vor dem Volk herzieht. Und da war es wie ein Vorwurf für Mose, der vorgeschlagen hatte, daß sie außer Gott selbst noch jemand nötig hätten,
4 Mose 10, 33 »ihr Auge« zu sein, um einen Ruheort für sie ausfindig zu machen. Gott erlaubte niemand anders, ihren Weg zu wählen, und so änderte Er die Ordnung ihres Lagerns. »Und die Lade des Bundes des Herrn zog drei Tagesreisen vor ihnen her, um ihnen einen Ruheort zu erkunden.«

Dies mag ein Bild von dem sein, was unser Herr selbst getan hat, indem Er in jener wunderbaren »Dreitagereise Seines Todes und Seiner Auferstehung« vor Seinem Volk herging. Dadurch hat Er für sie einen echten Ruheplatz erfunden und ist voraufgegangen, um ihnen eine Stätte zu bereiten. Johannes 14, 2
Später haben wir dann den Bericht über die Lade im Jordan. Die Worte in Josua 3 erinnern uns an Hebräer 12, 1. 2, »sobald ihr die Lade ... seht ... sollt ihr ... ihr nachfolgen« (V. 3). Wir sollen »laufen ... hinschauend auf Jesus«. Hier ging die Lade wiederum voraus und stand fest, »bis die ganze Nation vollends über den Jordan gegangen war«. Christus ist »der Anfänger und Vollender des Glaubens«. Er ist das »Alpha und das Omega, der Anfang und das Ende«, »der Erste und der Letzte«. Offenbarung 21, 6; 1, 17 Die Kinder Israel wurden aufgefordert, sich zu heiligen; wir sollen »jede Bürde ablegen«. Die Lade ging in den Jordan hinein und blieb dort stehen, so daß jeder einzelne des Volkes auf dem Trockenen hinübergehen konnte. Er »erduldete für die vor ihm liegende Freude das Kreuz«, um »viele Söhne zur Herrlichkeit zu bringen«. Hebräer 12, 2; 2, 10
In Verbindung mit diesem Schauspiel haben wir zum erstenmal die Erwähnung »des Herrn der ganzen Erde«. Es ist ein Titel, der nur in Verbindung mit den Kindern Israel in ihrem Land gebraucht wurde. Zum erstenmal als Volk standen ihre Füße dort, und zum erstenmal nahm Gott diesen Namen an. In Verbindung mit der Rückkehr Israels ins Land, wenn sie der Mittelpunkt der Segnung der ganzen Erde sein werden, wird von diesem Titel wieder Gebrauch gemacht. (Vergleiche Jes. 54, 5; Micha 4, 13;

Sach. 4, 14; 6, 5.) Während der Gefangenschaft wird Er wiederholt »der Gott des Himmels« genannt.

Sogleich nach dem Durchgang durch den Jordan lesen wir von der Lade, wie sie die Mauern Jerichos umzog. Tag für Tag wurde sie in feierlichem Zug um die Stadt getragen, einmal täglich, bis am siebten Tage die Priester sie siebenmal um die Stadt trugen, und die Mauern einstürzten. Jericho — man sagt, es bedeute: ‚Ort der Düfte' — mag die Lockmittel der Welt darstellen, die so oft vor dem Gläubigen ausgebreitet werden, wenn er den Jordan durchschritten hat und im Land steht.

Es ist uns nicht aufgetragen, gegen die Welt zu kämpfen, sondern Christus gegen die Versuchungen in uns zu tragen; dann werden wir den Sieg erringen. Johannes sagt: »Alles, was aus
1 Johannes 5, 4.5 Gott geboren ist, überwindet die Welt; und dies ist der Sieg, der die Welt überwunden hat: unser Glaube. Wer ist es, der die Welt überwindet, wenn nicht der, welcher glaubt, daß Jesus der Sohn Gottes ist?« In dem letzten Satz haben wir Seine zweifache Natur; dies wurde, wie wir gesehen haben, in Akazienholz und dem Gold, den Materialien der Lade, dargestellt.

Bald nach der Einnahme Jerichos, lesen wir von dem Unglück zu Ai durch das Selbstvertrauen des Volkes und ihrer Unterschätzung des Feindes. Josua, überwältigt von Fehlschlag und der Niederlage, fällt im Bekenntnis vor der Lade
Hebräer 4, 16 Gottes auf sein Angesicht. Wir wissen, daß der Thron der Gnade der Platz ist, zu dem wir kommen dürfen, um Gnade zu finden für geschehene Niederlagen und zur rechtzeitigen Hilfe. In Josua 8, 33. 34 finden wir die Lade in der

Mitte, als die Segnungen und die Flüche vor dem Volke verlesen wurden, »nach allem, was im Buch des Gesetzes geschrieben ist«. Er, den die Lade versinnbildlicht, wird in der Mitte sein als Richter an dem Tag, den Gott dazu gesetzt hat, »an welchem er den Erdkreis richten wird in Gerechtigkeit durch einen Mann, den er dazu bestimmt hat«. Er ist jetzt in der Mitte der Kirche (Versammlung), wie Johannes Ihn wandeln sah »inmitten der sieben goldenen Leuchter« und richtet ihre Werke, verkündet Segnung und Warnung.

Apostelgeschichte 17, 31

Offenbarung 2, 1

In 1. Samuel 4 haben wir die Beschreibung, wie die Lade in die Hände der Philister fiel. »Die Lade Gottes war genommen«; oder wie der Psalmist es beschreibt: »Gott verließ die Wohnung zu Silo, das Zelt, welches er unter den Menschen aufgeschlagen hatte. Und er gab in die Gefangenschaft seine Kraft, und seine Herrlichkeit in die Hand des Bedrängers.« So lesen wir, daß der Herr Jesus gefangen genommen wurde. Es traf auf die Philister wie auch auf die Feinde des Herrn zu: »Du hättest keinerlei Gewalt wider mich, wenn sie dir nicht von oben gegeben wäre«. Sowohl von der Lade wie von Ihm, den sie vorbildete, konnte gesagt werden: »Diesen, übergeben nach dem bestimmten Ratschluß und nach Vorkenntnis Gottes habt ihr« genommen. Die Israeliten »flohen, ein jeder nach seinem Zelt«, und »es verließen ihn alle und flohen«.

Psalm 78, 60. 61

Johannes 19, 11

Apostelgeschichte 2, 23

1 Samuel 4, 10

Markus 14, 50

Wenn wir im vierten Kapitel lesen, daß die Philister sich als stärker erwiesen als Israel, so finden wir doch im folgenden Kapitel, daß Gott sich stärker erwies als Dagon. Der Götze fiel, als Gottes Lade in seinen Tempel gesetzt wur-

de; so fallen die Götzen, wenn Christus ins Herz kommt. Seine Gegenwart allein bewirkt dies.
Vgl. Lukas 11, 22 Der Starke mag bewaffnet seinen Hof bewachen, wenn aber ein Stärkerer als er über ihn kommt, überwindet Er ihn. Wir sind nicht imstande, den Starken hinauszuwerfen, oder die Götzen niederzureißen. Selbst wenn wir fähig wären, das Haus auszuräumen, würde der unreine Geist zurückkehren, es sei denn, Jesu Gegenwart erfüllt es. Neugestaltung genügt nicht, Christus muß im Herzen sein.

Als die Hohenpriester und Pharisäer in den Garten kamen, um ihn gefangen zu nehmen,
Johannes 18, 6 brauchte Er nur Seinen Namen auszusprechen: »Ich bin's«, und »sie wichen zurück und fielen zu Boden«. Dieselbe göttliche Kraft wohnte in Ihm wie in der Lade vor alters.

Ihre Geschichte zu dieser Zeit liefert uns eine wunderbare Erläuterung der Wahrheit von 2. Kor. 2, 15. 16 »Wir sind Gott ein Wohlgeruch Christi in denen, die errettet werden, und in denen, die verloren gehen; den einen ein Geruch vom Tod zum Tode, den anderen aber ein Geruch vom Leben zum Leben.« Während der sieben Monate, die die Lade im Land der Philister weilte, verbreitete sie nur Tod und Verderben. Von Ort zu Ort wurde sie getragen, aber die Gerichte steigerten sich. Welch ein Gegensatz zu der Geschichte ihres Aufenthalts im Haus Obed-Edoms, dem sie nur Segen brachte! Den Philistern war sie »der Geruch vom Tod zum Tode«; für Obed-Edom aber »der Geruch
2 Samuel 6, 12 vom Leben zum Leben«. »Alles, was sein war«, hatte teil an dem Segen; und das wurde ausgerufen, so daß der König davon hörte. So wird es auch mit dem sein, in dessen Herzen der Herr Wohnung gemacht hat. Andere werden davon

hören und denselben Segen begehren. Hier läßt uns das Vorbild im Stich. Obed-Edom mußte die Lade aus seinem Haus verlieren, als David sie nach Jerusalem nahm; doch wir hören nicht, daß er den Segen verlor. »Wir werden zu ihm kommen und Wohnung bei ihm machen«, lautet die Verheißung für jeden, der den Herrn liebt und Sein Wort hält. Und wenn andere den Segen durch uns gewinnen, werden wir nicht die Verlierer sein. Johannes 14, 23

Die Gerichte, die sich in Verbindung mit der Lade einstellten, sind bezeichnend. Die Leute von Beth-Semes wurden geschlagen, »weil sie in die Lade Gottes geschaut hatten«. Dies zeigt, daß sie zu heilig war, um von neugierigen Blicken betrachtet zu werden. »Niemand erkennt den Sohn als nur der Vater.« Das Geheimnis Seiner Menschwerdung und Gottheit können wir nicht ergründen. Wie viele sind irregegangen, als sie sich bemühten, in diese Dinge einzudringen! Wenn Mose nicht erlaubt wurde, sich dem brennenden Dornbusch zu nähern, um »dieses große Gesicht zu sehen, warum der Dornbusch nicht verbannte« — denn Gott hatte gesagt: »Nahe nicht hierher! Zieh deine Schuhe von deinen Füßen, denn der Ort, auf dem du stehst, ist heiliges Land« — dann muß dieses viel größere Geheimnis mit noch tieferer Ehrfurcht von uns behandelt werden. 1 Samuel 6, 19 Matthäus 11, 27 2 Mose 3, 3. 4

Das Gericht, das über Ussa kam, wäre nie gekommen, wenn man den Anweisungen Gottes Folge geleistet hätte. Beim Heimsenden der Lade hatten die Fürsten der Philister sie auf einen neuen Wagen gestellt, der von zwei Milchkühen gezogen wurde. »Die Kühe gingen geradeaus ... auf *einer* Straße ..., und wichen nicht zur Rechten noch zur Linken.« Als Da- 1 Samuel 6, 12 vid die Lade von Kirjath-Jearim holte, verließ er den altgewohnten Weg, den Gott geboten hatte. Gott hatte gesagt, daß die Lade auf den Schultern der Priester getragen werden sollte; aber David benutzte den neuen Wagen und ahmte darin die Philister nach. Als die Kuh strauchelte, schwankte die Lade; Ussa streckte seine Hand aus, um sie zu halten, und wurde vor der Lade erschlagen. Was bei Seinen Feinden erlaubt sein mag, kann nicht geduldet werden bei Seinem Volk, das Kenntnis von Ihm besitzt. Jemand hat gesagt: ‚Je näher ein Mensch Gott steht, um so ernster und prompter wird er gerichtet werden für jedes Böse. Das Gericht muß beim Haus Gottes beginnen: Versuchen wollen zu verbessern, was Gott gestiftet hat, indem man die Religion der Welt nachmacht, muß sicheres Gericht bringen'. — Und wie viele tun dies in der gegenwärtigen Zeit!

David war sehr erschrocken durch diese Machtoffenbarung. Es ging ihm wie Petrus, als dieser ausrief: »Geh von mir hinaus, denn ich bin ein sündiger Mensch, Herr«. Aber er lernte, was Gott beabsichtigt hatte, denn in 1. Chron. 15, 13 finden wir, wie er zu dem Volk sagt, daß das Gericht kam, weil man »Ihn nicht suchte nach der Vorschrift«. Er ordnet an: »Die Lade Gottes soll niemand tragen als nur die Leviten; denn sie hat der Herr erwählt, um die Lade Gottes zu tragen«. So »trugen die Söhne der Leviten die Lade Gottes auf ihren Schultern, indem sie die Stangen auf sich legten, so wie Mose geboten hatte nach dem Worte des Herrn« (V. 15). Diesmal gab es keine Schwierigkeit, denn »Gott half den Leviten, welche die Lade des Bundes Gottes trugen« (V. 26).

Lukas 5, 8

So hilft Er immer denen, die Seine Anweisungen befolgen.

In Psalm 132 wird Bezug genommen auf das Herausbringen der Lade aus dem Hause Abinadabs: »Siehe, wir hörten von ihr in Ephrata, wir fanden sie im Gefilde Jaars (Kirjath-Jearim)«. David war voller Freude bei der Aussicht, sie in seinem Besitz zu haben. Es ist immer Ursache zur Freude, wenn wir mit Philippus sagen können: »Wir haben ihn gefunden«.

Psalm 132, 6

Johannes 1, 45

Der Gegenstand des Dienstes vor der Lade ist ein zu umfangreiches Gebiet, um es hier ausführlich zu behandeln.

Als der Mann nach dem Herz Gottes von Jerusalem verworfen und der Thronräuber an seiner Stelle aufgenommen wurde, trug man die Lade Gottes aus Jerusalem hinaus. Sie zog mit dem verworfenen König über den Bach Kidron. Dies erinnert uns an Ihn, der in der dunkelsten Stunde Seiner Verwerfung mit Seinen Jüngern hinausging über den Bach Kidron (Joh. 18, 1).

Als der Tempel vollendet und dem Herrn geweiht war, finden wir die Lade an ihren Platz gebracht und in die Mitte des Schauplatzes gesetzt, der so wunderbar den Tag vorschattete, an dem Gottes Tempel vollendet ist, und die Erlösten um Ihn in Herrlichkeit versammelt sein werden. In seinem Gesicht der Offenbarung empfing Johannes einen flüchtigen Blick von der Lade; denn »der Tempel Gottes im Himmel wurde geöffnet, und die Lade Seines Bundes wurde in Seinem Tempel gesehen«.

Offenbarung 11, 19

Wenn dieser Tag kommt, »haben auch die Leviten die Wohnung und alle ihre Geräte zu ihrem Dienst nicht mehr zu tragen«, denn Gott »hat seinem Volk Ruhe geschafft«. Wie Er die

1 Chronik 23, 26

Leviten vor alters erwählte, so hat Er uns jetzt erwählt, Seinen Namen zu tragen. Die Zeit unseres Zeugnisses aber wird an jenem Tag vorüber sein.

9. Gottes siebenfache Vorsorge für Reinigung

Beim Studium der Vorbilder, die mit der Stiftshütte und ihrem Dienst zusammenhängen, ist es gut, nicht nur diejenigen zusammenzustellen, die in der äußeren Form einander ähnlich sind, wie z.B. die Opfer, sondern zu gleicher Zeit auch die zu betrachten, die zu ähnlichen Zwecken gegeben zu sein scheinen, obwohl sie in sich sehr verschieden sind.
Eine besonders wichtige Serie von Vorbildern wird uns in der Vorsorge vor Augen gestellt, die getroffen wurde, um Verunreinigung zu begegnen. Es ist unmöglich, einen klaren Blick für ihre geistliche Bedeutung zu erhalten, wenn wir sie nur einzeln für sich betrachten. Wenn wir aber auf diese wunderbare siebenfache Vorschattung der Vorsorge Gottes blicken, erkennen wir, wie vollkommen Er Seinen eigenen Anforderungen und unserer Not durch den Tod Seines Sohnes begegnet ist. Im folgenden die Liste dieser sieben Vorbilder und die besondere Art der Verunreinigung, für die jedes angeordnet war.

- Der große *Versöhnungstag* war der Tag, an dem die Schuld Aarons, seines Hauses und der ganzen Gemeinde weggetan wurde.
- Das *Sündopfer* begegnete Sünden aus Unwissenheit »gegen irgendeins der Gebote des Herrn«.
- Das *Schuldopfer* war die Vorsorge dafür:
  a) daß jemand einen Menschen falsches Zeugnis ablegen hörte und nicht dagegen auftrat (die Sünde des Volkes in Matth. 26, 60. 61);
  b) daß gewisse unreine Dinge aus Unwissenheit berührt wurden;

c) daß man einen raschen Fluch aussprach;
d) für Sünden aus Unwissenheit gegen die heiligen Dinge des Herrn;
e) für gewisse Sünden gegen das achte, neunte und zehnte Gebot.

— Die *Asche der roten jungen Kuh* galt für Beschmutzung durch Berührung mit dem Tod.

— Die *Reinigung des Aussätzigen* galt für Unreinigkeit, die durch den Aussatz zurückgeblieben war.

— Das *Waschbecken* war eingerichtet zur Waschung der Hände und Füße, zur Entfernung des Schmutzes durch Berührung mit der Erde usw.

— Das *goldene Blech* auf dem Kopfbund des Hohenpriesters mit der Inschrift: »Heiligkeit dem Herrn«, sollte an seiner Stirn ge-
2 Mose 28, 38 tragen werden, damit er »die Ungerechtigkeit der heiligen Dinge trage, welche die Kinder Israel heiligen werden, bei allen Gaben ihrer heiligen Dinge«.

Die ersten vier geben uns verschiedene Sichten des Werks von Golgatha; das fünfte, wie wir schon gesehen haben, fügt noch den Gedanken an die Auferstehung hinzu; das sechste stellt die Waschung mit Wasser durch das Wort dar, und das siebte das Werk des Hohenpriesters.

Obwohl alle diese Vorbilder von Christus sprechen, so ist doch die Art der Beschmutzung, die entfernt werden muß, und die Methoden ihrer Reinigung sehr verschieden. Es kann daher nicht gesagt werden, daß das eine das andere ausschließt; alle müssen sie jedes für sich, ihre eigene Belehrung vermitteln. Keins darf ausgelassen werden, wenn wir ein vollständiges Bild der Vorsorge Gottes für unsere Not haben wol-

len. Und je mehr wir sie erforschen, desto klarer wird unser Bild von Seiner Heiligkeit, Seiner Einschätzung der Sünde und unseres fortgesetzten Bedürfnisses nach Reinigung sein.
9.1. Das erste Vorbild dieser Serie, der große *Versöhnungstag*, hatte eine zusammenfassende und nationale Seite. Die Schuld der Ungerechtigkeiten, Übertretungen und Sünde eines ganzen Jahres wurde weggetan. Der Dienst des Tages ist in zwei Teile geteilt, das Opfern des Farren für Aaron und sein Haus, und das Opfern der zwei Böcke für die Gemeinde. Wahrscheinlich finden wir hierin eine prophetische Unterweisung. Aaron und sein Haus scheinen einen besonderen Beziehungshinweis zur Kirche (Versammlung) zu haben, während die Gemeinde Israel die Nation selbst darstellt, für die der Tag der Versöhnung seine wahre Erfüllung finden wird am großen Tag ihrer nationalen Demütigung, wenn sie auf Ihn blicken werden, den sie durchstochen haben, und über Ihn wehklagen werden. Dies wird deutlich in 3. Mose 23, wo gezeigt wird, daß dieser Festtag zwischen dem Fest der Posaunen, dem Zusammenrufen der Nation, und dem Fest der Laubhütten, der tausendjährigen Herrschaft Christi, kommt. 3 Mose 23, 24-34
Doch neben dieser prophetischen Auslegung gibt es eine Anwendung für uns heute. Offenbar wird auf dieses Vorbild in Hebr. 9 Bezug genommen, wo der Schreiber von den drei Erscheinungen des Herrn spricht. Zuerst, in der *Vergangenheit*, »ist er offenbart worden zur Abschaffung der Sünde durch sein Opfer«, dargestellt durch das Schlachten des Farren und des Bockes. Jetzt, in der *Gegenwart*, erscheint Er »vor dem Angesicht Gottes für uns«, wie der Hohepriester, wenn der mit dem Blut in das

Allerheiligste eintritt; und endlich, in der *Zukunft*, wird Er »zum zweiten Male denen, die ihn erwarten, ohne Sünde erscheinen zur Seligkeit«, wenn Er, wie Aaron damals, segnend hervorkommt, nachdem die Frage der Sünde für jeden geordnet ist, für den Er das Blut hineingetragen hat, für jeden der erlösten Schar Israels.

9.2 und 3. Das *Sündopfer* und das *Schuldopfer* werden oft zusammen betrachtet. Aber obwohl nahe verwandt, unterscheiden sie sich in mancher Hinsicht. Das Sündopfer behandelt wohl die Sünde, also die Wurzel, als auch die Sünden und Übertretungen, die Frucht; es scheint wichtig, dabei zu betonen, daß bei jedem dieser Opfer Sünden der Unwissenheit eingeschlossen sind.

Wenn ein Israelit vorgegeben hätte, er habe Gottes Gesetz nicht gekannt, so hätte ihn das nicht von seiner Verantwortlichkeit befreit.
3 Mose 5, 2 »Ist es ihm auch verborgen, so ist er unrein und schuldig.« Wir sind auch nicht frei von Schuld in Seinen Augen, wenn wir durch Unwissenheit versäumt haben, Seinen Willen zu tun. Diese Opfer beweisen, daß es nicht genügt, uns damit zu beruhigen, wie wir sagen ‚unserem Licht gemäß' gewandelt zu haben. Wir sollten viel-
Kolosser 1, 9 mehr suchen, »erfüllt zu sein mit der Erkenntnis Seines Willens«, da wir wissen, daß alles Zukurzkommen hierin uns sicherlich in Sünde füh-
1 Timotheus 1, 15 ren wird. Paulus nannte sich selbst »den ersten der Sünder«, obwohl seine Sünde unwissend und im Unglauben getan worden war.

Das Wort, das mit ‚Sünde' übersetzt ist, bedeutet: *Zielverfehlung* oder *Zukurzkommen*. Das Wort in Richter 20, 16: »Diese alle schleuderten mit dem Stein aufs Haar und fehlten nicht«, könnte ebenso richtig wiedergegeben werden: ‚und sündigten nicht'. Es gibt zwei Möglichkeiten, das Ziel zu verfehlen oder zu kurz zu schießen: Wir können in eine verkehrte Richtung zielen, oder haben nicht die Kraft, weit genug zu schießen. Viele verlieren den Blick für letztere Möglichkeit, und denken, daß sie, wenn sie richtig zielen, nicht sündigen. Wir werden vor mancherlei Zukurzkommen oder Nichterreichen des Ziels gewarnt, wie der »Herrlichkeit Gottes« (Röm. 3,23), der »Gnade Gottes« (Hebr. 12,15), der »Ruhe Gottes« (Hebr. 4, 1). »Wer an mir sündigt, tut seiner Seele Gewalt an« (Sprüche 8, 36). Hier heißt es in der Fußnote: ‚Wer mich verfehlt ...'; das steht im Gegensatz zum vorhergehenden Vers, in dem es heißt: »Wer mich findet, hat das Leben gefunden«.

Im folgenden einige Erklärungen der Bibel über die Sünde: »Die Sünde ist die Gesetzlosigkeit« (1. Joh. 3, 14); »Jede Ungerechtigkeit ist Sünde« (1. Joh. 5 17). »Alles aber, was nicht aus Glauben geschieht, ist Sünde« (Röm. 14, 23b). »... Sünde, weil sie nicht an mich glauben« (Joh. 16, 9). »Wer nun weiß Gutes zu tun, und tut es nicht, dem ist es Sünde« (Jak. 4, 17). »Stolz der Augen und Hochmut des Herzens, die Leuchte der Gesetzlosen, sind Sünde« (Spr. 21, 4). »Das Vorhaben der Narrheit ist die Sünde« (Spr. 24, 9). Es ist auch Sünde, einen Armen zu bedrücken (5. Mose 15, 9; 24, 15) und Gott zu betrügen (5. Mose 23, 21).

9.4. Die Reinigung durch die *rote junge Kuh* scheint auf den ersten Blick in mancher Hinsicht dem Schuldopfer zu gleichen, da beide als Mittel gegen die Berührung von etwas Unreinem vorgesehen waren. Aus Mangel an genauer

Betrachtung der beiden Vorbilder zusammen wird die Reinigung durch die rote junge Kuh gewöhnlich so verstanden, als ersetze sie das Schuldopfer. Immer wieder lesen wir in Auslegungen, daß sie für Wüstenverunreinigungen gegeben sei; es wird kein Unterschied zwischen ihr und dem Sünd- und Schuldopfer gemacht. Sie war offensichtlich vorgesehen, um einer anderen Art von Verunreinigung zu begegnen; und obwohl sie den Gedanken an das ein für allemal geschehene Opfer betont, treten andere Wahrheiten in den anderen Vorbildern hervor. So scheint die Reinigung des Aussätzigen die einzige der sieben zu sein, die sowohl von der Auferstehung Christi als von Seinem Tod spricht; und das Schuldopfer fügt den Gedanken an Entschädigung für Gott und den Menschen hinzu. In der Tat fügt jedes der sieben Vorbilder eine Wahrheit, die in den anderen ausgelassen ist, zum Ganzen hinzu.

In der Verordnung der roten jungen Kuh in 4. Mose 19 weist nichts darauf hin, daß man sich die Unreinigkeit durch Unwissenheit oder Sorglosigkeit zugezogen hätte, wie im Fall des Schuldopfers. Weil es sein mußte, mochte jemand dabei gewesen sein, während ein Mensch starb (V. 14); oder es konnte nötig werden, den Leichnam zu berühren (V. 11. 13); er mußte ja beerdigt werden. Aber obwohl diese Berührung nötig war, zog man sich eine Verunreinigung zu, dafür gab Gott ein Sündopfer (4. Mose 19, 9).

Der einzige geschichtliche Bericht vom Gebrauch der Asche der roten jungen Kuh scheint diesen Gedanken zu unterstützen. In 4. Mose 31 wird den Kindern Israel befohlen, sich zu rüsten und gegen die Midianiter zu Felde zu ziehen, um »die Rache Gottes an Midian auszuführen«. Nachdem sie das getan hatten, mußte »jeder, der einen Menschen getötet, und jeder, der einen Erschlagenen angerührt« hatte, sich entsündigen gemäß dem Gesetz in 4. Mose 19. Dies scheint darauf hinzuweisen, daß die Verunreinigung, der mit dem Reinigungsmittel der roten jungen Kuh begegnet wurde, notwendig und rechtmäßig war, und doch blieb es eine Verunreinigung, die nur durch die Anwendung des vorgesehenen Heilmittels entfernt werden konnte.

4 Mose 31. 3

In unserem täglichen Leben und Werk für den Herrn sind wir fortgesetzt gezwungen, mit geistlichem Tod in Berührung zu kommen, so daß wir nicht umhin können, uns eine gewisse Verunreinigung zuzuziehen, die uns daran hindern würde, Gemeinschaft zu haben, wenn wir nicht in der Kraft des vollbrachten Werkes Christi lebten. Es besteht eine Verwandtschaft zwischen der Sünde, die in uns wohnt, und der Sünde, die draußen in der Welt ist. Die Asche spricht vom vollbrachten Werk, denn sie zeigt, daß das Opfer angenommen ist. Auf dieses Vorbild wird augenscheinlich in Hebr. 9, 13 Bezug genommen und möglicherweise auch in Hebr. 10, 22.

Die Andeutung, daß die rote junge Kuh Gottes Vorsorge für unvermeidliche Verunreinigung war, besagt nicht, daß sie eine Entschuldigung für Sünde erlaubte, oder daß es notwendig wäre, in Versuchung zu fallen. Sie lehrt vielmehr, daß Gott so heilig ist, daß bei unvermeidbarem Kontakt mit geistlichem Tod, der uns überall umgibt, unsere Herzen beschmutzt werden und daß Christi Tod Gottes Heilmittel hierfür ist, wie auch für jede andere Sünde. Dies ist eine ganz andere Art von Befleckung als die, für die in den anderen Vorbildern dieser Gruppe Vorkehrung getroffen ist.

Die *rote junge Kuh* hat wahrscheinlich eine besondere jüdische Bedeutung in Verbindung mit der Blutschuld des Volkes wegen des Todes ihres Messias.

In 4. Mose 19 sollte sie für persönliche Reinigung gebraucht werden und war nicht eingerichtet als eine Vorschrift für das ganze Volk wie der große Versöhnungstag; aber die zwei prophetischen Stellen, die offenbar auf dieses Vorbild Bezug nehmen, scheinen von ihm als von einer nationalen Reinigung in Verbindung mit der Zukunft Israels zu sprechen.

In Hes. 36, 24. 25 lesen wir: »Ich werde euch aus den Nationen holen und euch sammeln aus allen Ländern und euch in euer Land bringen. Und ich werde reines Wasser auf euch sprengen und ihr werdet rein sein«; und in Sach. 13, 1: »An jenem Tag wird ein Quell geöffnet sein dem Haus Davids und den Bewohnern von Jerusalem für Sünde und für Unreinigkeit«.

Wir haben gesehen, daß das Wasser der Reinigung, das bei der Asche der roten jungen Kuh gebraucht wurde, der Reinigung von Beschmutzung galt, die durch Berührung mit dem Tod verursacht wurde. Von Haggai wird uns gesagt, daß Israel als Nation in dieser Weise vor Gott
Haggai 2, 13.14 verunreinigt worden ist. »Und Haggai sprach: Wenn ein wegen einer Leiche Verunreinigter alles dieses anrührt, wird es unrein werden? Und die Priester antworteten und sprachen: Es wird

unrein werden. Da antwortete Haggai und sprach: Also ist dieses Volk und also diese Nation vor mir, spricht Jehova, und also ist alles Tun ihrer Hände; und was sie daselbst darbringen, ist unrein.«

Das Volk Israel ist verunreinigt worden wegen des Blutes, das sie vergossen haben. Das gleiche Kapitel in Hesekiel, das uns von ihrem Be- Hesekiel 36, 25
sprengtwerden mit reinem Wasser erzählt, gibt diese Schuld als Ursache der Ausgießung des Grimmes Gottes über sie an (Hes. 36, 18). Die Verheißung des geöffneten Quells »für Sünde und Unreinigkeit« in Sach. 13, 1 (dasselbe Wort, das, die rote junge Kuh betreffend, in 4. Mose 19, 13 gebraucht ist), folgt unmittelbar der Erwähnung der Schuld der Nation in der Tötung ihres Messias; denn die Schlußverse des 12. Kapitels erzählen uns von ihrem Aufblicken auf den, den sie durchbohrt haben, und um den sie wehklagen werden. Danach lesen wir: »An jenem Tage wird ein Quell geöffnet sein dem Haus Davids und den Bewohnern von Jerusalem«. Sie hatten gesagt: »Sein Blut kom- Matthäus 27, 25
me über uns und über unsere Kinder« Er aber betet: »Vater, vergib ihnen, denn sie wissen Lukas 23, 34
nicht, was sie tun«. — Hier trifft Gott Vorsorge für ihre Reinigung von der Beschmutzung.

Wenn jemand einen Mann im Streit erschlagen hatte, bedurfte er der Reinigung durch die rote junge Kuh. Wenn er den toten Körper irgend eines Menschen, der gestorben war, nur berührt und sich nicht entsündigt hatte, lesen wir: »Die- 4 Mose 19, 13
se Seele soll ausgerottet werden aus Israel. Weil das Wasser der Reinigung nicht auf ihn gesprengt wurde, ist er unrein; seine Unreinigkeit ist noch an ihm.« So wurde Israel als Volk da-

hingegeben.*) »Unrein wegen einer Leiche« (4. Mose 9, 10), sind sie unfähig, das Passahfest zu feiern, hier aber ist ein Quell geöffnet worden für Absonderungen wegen Unreinigkeit. Sie waren wirklich die Mörder ihres Messias; sie selbst hatten Ihn »durchbohrt«, und kein Schlachtopfer war für die Sünde des Mordes in den levitischen Opfern vorgesehen; Er aber betete: »Vater, vergib ihnen, denn sie wissen nicht, was sie tun«. Wird Er nicht an jenem Tag, an dem sie auf Ihn blicken, den sie durchbohrt haben, und über Ihn wehklagen, wie Joseph, Seine schuldigen Brüder beruhigen und zu ihnen sagen: »Und nun, nicht ihr habt mich hierhergesandt, sondern Gott« (Vgl. 1. Mose 45, 8); indem Er ihnen erklärt, daß es Gott war, der Ihn schlug, und daß Er es war, der gesagt
Sacharja 13, 7 hatte: »Schwert, erwache wider meinen Hirten und wider den Mann, der mein Genosse ist!«? Auf das Gebet Moses hin wurde Mirjam von ihrem Aussatz geheilt; und obwohl sie als unrein behandelt wurde, wurde ihre Unreinigkeit als weit geringer geachtet als die, die sie sich wirklich zugezogen hatte. Es mag daher sein, daß als Antwort auf das Gebet des großen Mittlers, von dem Mose ein Vorbild ist, Israel als unrein beurteilt werden wird, von der Art, als ob sie nur bei dem Tod ihres Messias anwesend gewesen wären.

Die Bewohner von Jerusalem werden besonders erwähnt in Sach. 13; und wir werden an das in 5. Mose 21 eingeschärfte Zeremoniell erinnert, wo ein auf dem Feld liegender Erschlagener gefunden wird, die Entfernungen zu den

---

*) In übertragenem Sinne »ausgerottet«, Vergleiche hierzu Stellen wie: 1. Kön 9,6. 7; Jes. 48, 9; Jerem. 44, 7. 11; 2. Kön. 17, 20; oder: Jerem. 5, 3; 9, 16; 14, 12; 15, 5-9 (hiermit verg. Sach. 8, 1-8); Jerm. 16, 4; 44, 27; Hes. 43, 8. Römer 11, 15.

Nachbarstädten gemessen werden und die Ältesten der dem Erschlagenen nächstgelegenen Stadt eine rote junge Kuh (Färse) nehmen und sie in einem unbebauten Tal töten sollten. Die Färse, wie die in 4. Mose 19 erwähnte rote junge Kuh, sollte dadurch gekennzeichnet sein, daß mit ihr noch nicht gearbeitet worden war und sie noch nicht am Joch gezogen hatte. Danach »sollten alle Ältesten jener Stadt, die dem Fundort des Erschlagenen am nächsten lebten, ihre Hände über der Färse waschen, welcher das Genick im Bach gebrochen worden war, und sollten sprechen: Unsere Hände haben dieses Blut nicht vergossen und unsere Augen haben es nicht gesehen; vergib Herr, deinem Volk Israel, das du erlöst hast, und lege nicht unschuldiges Blut in deines Volkes Israel Mitte. Und die Blutschuld wird ihnen vergeben werden. Und du, du sollst das unschuldige Blut aus deiner Mitte hinwegschaffen; denn du sollst tun, was recht ist in den Augen des Herrn (V. 6-9). An jenem kommenden Tag werden die Bewohner von Jerusalem, der dem Erschlagenen nächstgelegenen Stadt, nicht imstande sein, diese Entschuldigung vorzubringen, denn ihre Hände haben Sein Blut vergossen; aber doch wird der Quell für sie geöffnet sein.

Es ist sehr deutlich, daß in Israels Fall, wie auch in unserem eigenen, die die rote junge Kuh betreffende Seite des Werkes Christi nicht das Sünd- und Schuldopfer verdrängen wird. Nach der Rückkehr des Volkes in das Land haben wir viele Hinweise auf die Schlachtopfer; das Passah, die Brandopfer, Speisopfer, Friedensopfer, Sündopfer, Schuldopfer, Trankopfer und die Erstlingsfrüchte sind erwähnt. Diese sollen wieder dargebracht werden; und in

Hes. 44, 26 haben wir eine Andeutung vom persönlichen Gebrauch des Wassers der Reinigung.

9.5. *Die Reinigung des Aussätzigen.* Aussatz ist immer ein Bild der Sünde und stellt sie unter einer schrecklichen Form dar; denn Aussatz war eine unheilbare Krankheit. Er konnte nur durch Wundermacht entfernt werden, so daß der König von Israel, als ihm zugemutet wurde, Naeman von seinem Aussatz zu heilen, aus-
2 Könige 5, 7 rief: »Bin ich Gott, um zu töten und lebendig zu machen ...?«

Die verschiedenartigen Wunder der Heilung, die unser Herr während Seines öffentlichen Dienstes wirkte, stellen uns die verschiedenen Seiten des durch Sünde und Satan hervorgebrachten Verderbens vor Augen. Sie zeigen aber auch, wie Christus imstande ist, ihre Macht zu überwinden, ihr Werk zu vernichten und das wiederherzustellen, was Er nicht wegnahm. Dreimal weckte Er einen Toten auf als Zeichen dafür, daß Seine Stimme die erreichen konnte, die tot waren in Vergehungen und Sünden — der natürliche Tod war nur ein Bild des geistlichen Todes. Lähmung könnte gedeutet werden als Schwächung, als Folge der Sünde, Fieber als die Ruhelosigkeit der Sünde, Blindheit als Unwissenheit der Sünde, Bessenheit als Feindschaft der Sünde; Taubheit als Unfähigkeit zu hören, und Stummheit schießlich als Unfähigkeit, Zeugnis abzulegen. In dem Mann mit
Matthäus 12, 10 der verdorrten Hand sehen wir die Unfähigkeit
Apostelgeschichte 3, 2 zu arbeiten; in dem Lahmen an der Tempelpforte die Unfähigkeit zu wandeln; in der Frau, die gekrümmt war durch einen Geist der Schwachheit, die erniedrigende und niederdrückende Neigung der Sünde.

Viele dieser Krankheiten sind negativer Art, aber der Aussatz stellt die ganze Verderbtheit der Sünde dar und spricht zu uns von ihrer Tätigkeit und ihrem Fortwirken. Die Kapitel 13 und 14 in 3. Mose sind beide voll vorbildlicher Belehrung; aber es besteht ein großer Unterschied zwischen ihnen. Im 13. Kapitel mußte der Mensch, der etwas »wie ein Aussatzübel« hatte, zum Priester gebracht werden, damit dieser erklären konnte, ob es Aussatz war oder nicht. Verschiedenartige Maßstäbe wurden angegeben, durch die er das Übel von dem unterscheiden konnte, was ihm nur ähnlich war, wobei es sich um die eine wichtige Feststellung handelte, ob das Übel weiter um sich griff oder nicht. Wenn es sich nach sorgfältiger Beobachtung während einiger Tage erwies, daß wirklicher Aussatz vorlag, wurde der Betreffende als unrein erklärt und mußte »außerhalb des Lagers« wohnen. Wenn die Krankheit nicht um sich griff, oder wenn sie den ganzen Körper bedeckte, ohne daß etwas rohes Fleisch da war (vergl. V. 12-17), so wußte der Priester, daß es kein wahrer Aussatz war. Der Betreffende war rein und brauchte nur seine Kleider zu waschen. Die in 3. Mose 14 befohlene feierliche Handlung war weder dem Aussätzigen, der in Kapitel 13, 45. 46 beschrieben ist, noch für den, der durch den Priester für rein erklärt wurde, weil er nicht an Aussatz litt. Diese Gebräuche konnten das Übel nicht wegnehmen, sondern galten für den, der Aussatz gehabt hatte und geheilt worden war. Sie waren für den »Tag seiner Reinigung« und schlossen sein Bekenntnis ein, daß er ein Aussätziger gewesen war, und daß Gott ihn geheilt habe (V. 2. 3). Ein Wunder mußte stattgefunden haben, um den Menschen, der in den Versen 45 und 46 des vorhergehenden Kapitels beschrieben wird, in den gereinigten Mann von 3. Mose 14 umzuwandeln. In dem einen Kapitel war er mit einer ekelerregenden Krankheit geschlagen und wohnte allein — »außerhalb des Lagers«, in dem anderen, nachdem der Aussätzige geheilt worden ist, kommt der Priester zu ihm ‚außerhalb des Lagers', erklärt ihn nach Befolgung der Vorschriften, die für ihn aufgezeichnet waren, für rein und stellt ihn »vor den Herrn« — ein Ausdruck, der achtmal in Kapitel 14 gebraucht wird.

Dieses Kapitel scheint daher nicht zu lehren, wie gewöhnlich festgestellt wird, daß die Anwendung von Christi Tod und Auferstehung den Aussatz der Sünde wegnehmen kann. Das wird anderswo gezeigt. Der Gedanke hier ist eher Rechtfertigung als Vergebung. Die vielen Sündopfer, auf die wir schon hingewiesen haben, sprechen von der Entfernung der Schuld der Sünde. Dieses Kapitel sagt uns, daß der schlimmste Sünder, der durch Christus gerei-
Römer 4, 5 nigt ist, passend gemacht ist für die Gegenwart des gerechten Gottes, »der den Gottlosen rechtfertigt«. Es ist nicht genug, daß dem Sünder vergeben wird, er ist auch gerecht gesprochen.

In dem Vogel, den man ins freie Feld fliegen ließ, haben wir ein schönes Bild von der Auferstehung und Erhöhung des Herrn; und es ist das einzige dieser sieben Vorbilder, welches an die Auferstehung erinnert. Das ist sehr bedeutsam, wenn der leitende Gedanke des Kapitels
Römer 4, 25 Rechtfertigung ist — denn »er ist unserer Rechtfertigung wegen auferweckt worden«.

Es ist bemerkenswert, daß wir keinen Bericht der Anwendung dieser Gebräuche haben, bis unser Herr selbst kam und ‚nachdem Er den Aussätzigen gereinigt hatte, ihm gebot, hinzugehen, und sich dem Priester zu zeigen und die Gabe darzubringen, »die Moses angeordnet hat, ihnen zum Zeugnis«. Unser Herr sagt: »Viele Aussätzige waren zur Zeit des Propheten Elisa in Israel, und keiner von ihnen wurde gereinigt, als nur Naeman, der Syrer«. Hier wurde die Reinigung, die das durch Mose gegebene Gesetz forderte, nicht beachtet. Andere Propheten mögen auch die gottgegebene Macht gehabt haben, aber das wird uns nicht mitgeteilt, und gerade das Schweigen über andere Fälle von geheilten Aussätzigen hebt wohl die Tatsache hervor, daß ein Wunder nötig war, um diese schreckliche Krankheit zu entfernen.

Matthäus 8, 4

Lukas 4, 27

Die von Mose gebotenen Gesetze waren zu allen Zeiten ein Zeugnis davon, wie sehr Gott Verderben und Unreinigkeit haßt, und von dem Kommen des Einen, durch dessen Macht allein der Aussätzige geheilt werden konnte.

David bezieht sich in Psalm 51 offenbar auf dieses Vorbild, obwohl das Wort oft als Hinweis auf die »rote junge Kuh« verstanden wird. Er betet: »Entsündige mich mit Ysop, und ich werde rein sein; wasche mich, und ich werde weißer sein als Schnee«.

In beiden Zeremonien wurde Ysop benutzt sowie Wasser und Blut; in 3. Mose 14 wurde das Blut tatsächlich auf die unreine Person gesprengt. Aussatz machte einen Menschen »weiß wie Schnee« (2. Kön. 5, 27). David betete, daß er völlig gewaschen werden möchte, um so, bildlich, »weißer zu werden als Schnee«. In den früheren Versen des Psalms gibt er sein Verderben zu und verlangt nach der Entfernung seines Aussatzes. In seinem Bekenntnis fügt er hinzu: »damit du gerechtfertigt werdest«. Wir sehen hier, wie auch aus der Geschichte des Zöllners in Lukas 18, 14, daß Gott den Sünder rechtfertigt, wenn dieser »Gott rechtfertigt«.

Der Mensch, der ein Aussätziger war, mußte »allein wohnen«, während der, der gereinigt war, »vor den Herrn gestellt werden« sollte. So betete David: »Verwirf mich nicht von deinem Angesicht« (Psalm 51, 11).

Das Öl, das auf die Glieder des Mannes gestrichen wurde, der zu reinigen war, und das auf sein Haupt gegossen wurde, scheint sehr schön in Davids Gebet mit den Worten dargestellt:
Psalm 51, 11.12 »Laß mich Fröhlichkeit und Freude hören ...
den Geist deiner Heiligkeit nimm nicht von mir!
Laß mir wiederkehren die Freude deines Heils,
und mit einem willigen Geiste stütze mich!« Das
Öl der Freude und des Heiligen Geistes ruht auf
Römer 3, 24 denen, die »umsonst gerechtfertigt sind durch
seine Gnade«; und durch die Erbarmungen
Gottes sind sie berufen, ihre Leiber darzustel-
Römer 12, 1 len als »ein lebendiges Schlachtopfer«.

Im Fall des gereinigten Aussätzigen sollten Ohr, Hand und Fuß berührt werden. David aber fühlte, daß er eines reinen Herzens und eines erneuerten Geistes bedurfte (Psalm 51, 10).

Die Reinigung des Aussätzigen mußte von Schlachtopfern begleitet werden, von dem, »was seine Hand aufbringen konnte« (3. Mose 14, 31). Hierauf scheint David in seinem Psalm in den Versen 16, 17 und 19 anzuspielen. Er bedurfte der Reinigung durch die rote junge Kuh, für alle seine Siege, die mit Blutvergießen zu tun hatten (1. Chron. 28, 3); aber diese Reinigung glich nicht den Fall der Ermordung des Urija aus noch irgend einer bewußten Blutschuld. Dafür war keine Vorsorge getroffen (vergl. 4. Mose 35, 31). David fühlte, daß seine Sünde ihn in Gottes Augen als einen Aussätzigen verunreinigt hatte.

9.6. *Das Waschbecken*. Die Deutung der Begebenheit in Johannes 13 ist offensichtlich die Erklärung des Waschbeckens. Indem der Herr selbst den Jüngern die Füße wusch, sehen wir, daß beide, Waschbecken und Fußwaschung, Vorbilder Seiner Vorsorge darstellen, um die Gemeinschaft mit Seinem Volk aufrechtzuerhalten. Das Waschbecken sprach von Vorbereitung zum Dienst und zur Anbetung an heiliger Stätte. Die Priester waren schon gewaschen, sie brauchten die Waschung nicht, außer für ihre Hände und Füße. Die Jünger waren rein, denn sie waren gebadet, aber sie konnten kein Teil mit ihrem Herrn haben, es sei denn, daß ihre Füße gewaschen wurden. Haben wir in diesen beiden Vorbildern nicht die Andeutung einer anderen Ordnung? — denn die Hände wurden in Joh. 13 nicht gewaschen. Es gibt viel Tun unter dem Gesetz, wogegen unter der Gnade alles für uns getan worden ist; und wenn die Haltung richtig ist, wird auch unser Tun vor Gott angenehm sein.

Es gab nur wenige Vorschriften hinsichtlich des Baus des Waschbeckens. Seine Größe ist nicht angegeben, noch die Wassermenge, die es enthielt. Das, was es vorbildete, war unbegrenzte Vorsorge. Epheser 5,25 ist durch den ehernen Altar vorgeschattet, wo »auch der Christus die Versammlung geliebt und sich selbst für sie hingegeben hat«. Der folgende Vers gibt uns das Gegenbild des Waschbeckens: »Auf daß er sie heiligte, sie reinigend durch die Waschung mit Wasser durch das Wort«; während der 27. Vers die bald in Erscheinung tretende Kirche zeigt, »daß er die Versammlung sich selbst verherrlicht darstellte, die nicht Flecken oder Runzel oder etwas dergleichen habe«, nicht länger im Vorhof, wo der eherne Altar und das Waschbecken standen, sondern im Allerheiligsten, »in dem Inneren des Vorhangs, wohin Jesus als

Hebräer 6, 19.20 Vorläufer für uns eingegangen ist«.

Das Waschbecken wurde aus Spiegeln (Metall) gemacht (2. Mose 38, 8) und stellte einen Spiegel dar. Zwei Personen sehen wir im Spiegel des Wortes Gottes: zuerst uns, dann Ihn selbst. »Wie im Wasser das Angesicht dem Angesicht entspricht« (Spr. 27, 19), so sieht ein Mensch im lebendigen Strom der geoffenbarten Wahrheit sein eigenes Bild.

Jakobus 1, 23.24 Jakobus sagt: »Wenn jemand ein Hörer des Wortes ist und nicht ein Täter, der ist einem Mann gleich, welcher sein natürliches Angesicht in einem Spiegel betrachtet. Denn er hat sich selbst betrachtet und ist weggegangen und hat alsbald vergessen, wie er beschaffen war.« Der Apostel Paulus spricht in 1. Kor. 13, 12 von einem anderen Angesicht, das wir in demselben Spiegel sehen können, jetzt undeutlich; doch je mehr wir es anschauen, rufen wir, wie

Markus 4, 41 die Jünger damals: »Wer ist denn dieser?«

1 Korinther 13, 12 »Wir sehen jetzt durch einen Spiegel, undeutlich, dann aber von Angesicht zu Angesicht.« In 2. Kor. 3, 18 spricht er von dem Ergebnis unseres Anschauens: »Wir alle aber mit aufgedecktem Angesicht die Herrlichkeit des Herrn anschauend (oder wie in einem Spiegel zurückwerfend) werden verwandelt nach demselben Bilde von Herrlichkeit zu Herrlichkeit«. Wir selbst werden zu Spiegeln, die Sein Bild zurückstrahlen.

Auf die vielfachen Bedeutungen des Wassers ist schon hingewiesen worden, und wir haben gesehen, daß seine reinigenden Eigenschaften das Wort Gottes versinnbildlichen. »Ihr seid schon rein um des Wortes willen, das ich zu euch geredet habe.« »Heilige sie durch die Wahrheit; dein Wort ist Wahrheit.« »Wodurch wird ein Jüngling seinen Pfad in Reinheit wandeln? Indem er sich bewahrt nach deinem Worte.« Johannes 15, 3 Johannes 17, 17 Psalm 119, 9

9.7. Das letzte Bild auf unserer Liste ist der Kopfbund des Hohenpriesters mit dem *goldenen Stirnblech*, auf dem mit Siegelstecherschrift geschrieben war: »Heiligkeit dem Herrn!« Wir lesen: »Es soll auf der Stirn Aarons sein, und Aaron soll die Ungerechtigkeit der heiligen Dinge tragen, welche die Kinder Israel heiligen werden, bei allen Gaben ihrer heiligen Dinge; und es soll beständig an seiner Stirn sein, zum Wohlgefallen für sie vor dem Herrn.« In all unserer Anbetung und in all unserem Dienst ist Sünde; und wir brauchen den großen Hohenpriester, der in der Gegenwart Gottes für uns erscheint. 2 Mose 39, 30 2 Mose 28, 28

»Daher vermag er auch völlig zu erretten, die durch ihn Gott nahen, indem er immerdar lebt, um sich für sie zu verwenden.« Das Nahen zu Gott ist hier offenbar unser Herzunahen in Anbetung, das so oft in Hebräer erwähnt wird. Wir dürfen kühn hinzutreten; aber das Wort ‚daher' oder ‚nun' in Hebr. 4, 16 belehrt uns, daß wir es deshalb tun können, weil Er ohne Sünde ist, nicht weil wir es sind. Hebräer 7, 25

Dr. Bonar hat das sehr gut folgendermaßen ausgedrückt: ‚Es gibt nicht nur Vergebung für das Unterlassen unserer Pflicht', sondern auch für unsere Pflichten selbst. Nicht nur für un-

sere Gebetslosigkeit, sondern auch für unsere Gebete. Nicht nur dafür, daß wir Christus so lange verworfen haben, sondern auch für unsere Sünden im Kommen zu Ihm. Nicht nur für unseren Unglauben, sondern auch für unseren Glauben. Nicht nur für unsere frühere Feindschaft, sondern auch für unsere gegenwärtige kaltherzige Liebe. Nicht nur für die Sünden, die wir Christus bringen, sondern auch für die Weise, wie wir sie Ihm bringen. Nicht nur für die Sünden, die wir zum Altar trugen, sondern auch für die unvollkommene Art und Weise, wie wir es taten, die unreinen Beweggründe, die unseren Dienst der Anbetung befleckten, und auch für die Sünden, die sich in unsere Anbetung mischten, als wir in dem Inneren des Vorhangs standen, im Heiligtum, wo die Majestät des Heiligen ihren Wohnsitz genommen hat.'
Wenn diese sieben Vorbilder mehr in Erwägung gezogen, mehr studiert würden, dann gäbe es kaum noch Christen, die sagen würden, daß sie ohne Sünde seien; denn durch diese Bilder sehen wir, wie viele Arten von Beschmutzung es gibt, wie verabscheuungswürdig sie alle für Gott sind, und wie wunderbar er für alle im Herrn Jesus Christus Vorsorge getroffen hat. Wir werden nie dahin kommen, diese Vorsorge nicht mehr zu brauchen, bis wir erwachen in Seinem Bild.

10. Die Opfer

Die Methode, mehrere Vorbilder Seite an Seite zu stellen, ist schriftgemäß, wir wir es aus den Eingangskapiteln von 3. Mose erkennen. Der Heilige Geist hat uns in diesen Kapiteln eine wunderbare Zusammenstellung gegeben, die das Werk und die Person unseres Herrn nach verschiedenen Gesichtspunkten darstellt.

Viele haben über die Opfer geschrieben, und die, die sie am eingehendsten studiert haben, sind sich sicher darin einig, daß sie eben erst beginnen, ihre Schönheit zu erkennen. »Jesus Christus und ihn als gekreuzigt«, ist der Gegenstand, den sie vor uns stellen; es scheint seltsam, daß irgend ein bibelliebender Christ sich damit zufrieden geben sollte, diese Seiten der Bibel unerforscht zu lassen.

1 Korinther 2, 2

Das Studium der Opfer ist ein großer Schutz gegen verworrene Ansichten über Heiligkeit, Heiligung, Sünde usw. Es ist unmöglich, daß wir eine geringe Meinung von dem haben können, was Sünde wirklich ist, wenn wir Gottes Forderungen genau betrachten sowie die Vorsorge, die Er getroffen hat.

Kein Überblick über die Vorbilder wäre vollständig, wenn wir nicht auf diesen unerschöpflichen Vorrat von Schätzen einen Blick werfen würden. Deshalb geben wir hier einige Gedanken wieder, die aus vielen Quellen gesammelt wurden, und die sich hilfreich im Studium erwiesen haben. Auf mehrere Punkte ist bereits in früheren Kapiteln angespielt worden.

Die Anordnung der Opfer in 3. Mose geschieht von Gottes Seite her. Da ist zuerst das Brandopfer, dann das Speisopfer; das Friedensopfer; das Sündopfer und das Schuldopfer. Wenn wir

als Sünder zu Gott kommen, empfangen wir von der entgegengesetzten Richtung her Einblicke in die mannigfachen Seiten des Werkes Christi. Wir erkennen zuerst, daß wir die Vergebung für bestimmte begangene Tatsünden nötig haben; unserer Not wird durch das *Schuldopfer* begegnet. Dann erkennen wir nicht nur, daß wir immer wieder gesündigt haben, sondern daß wir eine böse Natur besitzen, daß aber Gott dafür in dem *Sündopfer* Vorkehrung getroffen hat. Danach werden wir in die Bedeu-
Psalm 37, 4 tung des *Friedensopfers* und des *Speisopfers*
Vergl. Jesaja 58, 13. 14 eingeführt und belehrt, uns an ihnen zu ergötzen. Zuletzt lernen wir das *Brandopfer* von Christus und Seinem Werk kennen und etwas von dem verstehen, was Er für Gott ist; wir lernen unsere Stellung in Christus kennen, als
Epheser 1, 6 »angenehm gemacht in dem Geliebten«.

Das Werk Christi ist eines; und obwohl die Opfer seine verschiedenen Seiten vorschatten, sind
Vgl. 3 Mose 1, 3-5 sie doch nahe miteinander verbunden. So ist es im Fall des Brandopfers und des Sündopfers, beide Opfer wurden an demselben Platz geschlachtet, nämlich vor dem ehernen Altar (3. Mose 6, 18). Das Fett des Sündopfers wurde auf dem Brandopferaltar geräuchert (4, 19); und der Rest des Sündopfers wurde da verbrannt, wo die Asche des Brandopfers hingeschüttet worden war (4, 12); während der Opfernde in beiden Fälle seine Hand auf den Kopf des Tieres legte am Eingang der Stiftshütte, ober besser, des Zeltes der Zusammenkunft.

Beim Brandopfer wird keine Sünde erwähnt, denn es spricht eher von Rechtfertigung als von Vergebung; und so ist es eine Vorschattung der Wahrheit von Apostelgeschichte 13, 39: »Von allem, ... wird in diesem jeder Glaubende gerechtfertigt«. Das Sündopfer des Werkes Christi wird in dem vorhergehenden Vers gezeigt: »So sei euch nun kund, Brüder, daß durch diesen euch Vergebung der Sünden verkündigt wird«. Im Brandopfer sieht Gott den Sünder in Christus als gerechtfertigt, so, als ob er nicht gesündigt hätte, und im Sündopfer trifft Er Vorsorge für seine Schuld.

Während der Gedanke der Sünde im Brandopfer nicht vor uns gestellt wird, ist er indirekt in der Tatsache enthalten, daß wir die Annehmung nötig haben. Wir lesen: »Es wird wohl- 3 Mose 1, 4
gefällig für ihn sein, um Sühnung für ihn zu tun«. *Sühnung* bedeutet »Deckung«, und die Tatsache des Bedürfnisses dieser Deckung setzt Sünde voraus; aber von Christus gedeckt, »der 1 Korinther 1, 30
uns geworden ist Weisheit von Gott und Gerechtigkeit«, werden wir als gerecht betrachtet. »Der Herr, unsere Gerechtigkeit«, bedeutet viel Jeremia 23, 6
mehr als die nur sogenannte zugerechnete Gerechtigkeit Christi. Nicht nur, daß Seine Hingabe, Sein Halten des Gesetzes, Sein Gehorsam uns angerechnet wird, Gott sieht uns vielmehr in Ihm, in all Seiner Vollkommenheit.

Die als Brandopfer dargebrachten Tiere durften von Rinder- oder Kleinviehherden genommen sein. Das Volk konnte Farren, Schafe, Ziegen, Turteltauben oder junge Tauben darbringen. Diese Vielfalt zeigt das verschiedene Maß der geistlichen Wertschätzung, mit der wir Christus als unser Brandopfer betrachten. Obwohl unser Mangel an Wertschätzung sich störend in unseren Genuß mischen mag, sind wir doch gesegnet in dem Maß, wie Gott Seine Vortrefflichkeit wertschätzt, nicht wie wir es tun; für jeden einzelnen ist ein ganzer Christus nö-

tig. Kraft charakterisiert den Farren — jungen Stier — (Spr. 14, 4b); Unterwürfigkeit das Lamm (Jes. 53, 7); und Unschuld die Taube (Jes. 59, 11; 38, 14; Matth. 10, 16).
Wenn das Brandopfer von den Rindern oder vom Kleinvieh war (von den Schafen oder von den Ziegen), mußten die Priester es in seine Stücke zerlegen und es auf dem Altar zurichten. Jedes Teil wurde von ihnen geprüft. Als Spurgeon einmal über Hebr. 12, 2 sprach, sagte er, daß »Hinschauen auf Jesus« auch gelesen werden könnte: »Hinschauen in Jesus«; und er vergleicht es mit der Pflicht der Priester in Verbindung mit dem Brandopfer: Wie wir hinschauen, sehen wir mehr und mehr, wie völlig Christus dem Vater dem wohlgefällig war. Der Kopf stellt allgemein die Intelligenz, die Gedanken dar; das Fett die allgemeine Gesundheit, Stärke oder Vorzüglichkeit; die Eingeweide die Beweggründe und Zuneigung, die Beine den Wandel.
3. Mose 1, 9 spricht vom Waschen mit Wasser. Dies könnte sich auf das Prüfen durch das Wort beziehen. In welcher Weise Christus auch immer geprüft oder versucht wird, nur Seine Vortrefflichkeiten werden dadurch erkennbar.
Die Asche des Brandopfers wurde zuerst an die Ostseite des Altars geworfen (3. Mose 1, 16); und die Asche sprach vom angenommenen Schlachtopfer. In Psalm 20 betet David: »Der Herr erhöre dich am Tage der Drangsal ... er gedenke aller deiner Speisopfer, und dein Brandopfer wolle er annehmen« (oder, wie es auch in der englischen Bibel, Randbemerkung, heißt: »verwandle er in Asche«) Gott bezeugte Seine Annahme des Opfers dadurch, daß Er Feuer sandte; die Asche bewies dann, daß das

Feuer gesagt hatte: »Genug!« (Sprüche 30, 16). Das Feuer hat sein Werk auf Golgatha getan. Gott ist befriedigt und wir stellen uns jetzt und durch alle Ewigkeit hindurch, wie die Priester in 2. Chron. 5, 12, an dem Ort der Asche auf, dem Platz des angenommenen Opfers. In der Stiftshütte standen sich Osten und Westen gegenüber; der Ort der Asche, dem Eingang am nächsten, lag gegen Osten, während der Gnadenstuhl (Versöhnungsdeckel) gegen Westen lag.

Liegt nicht eine Auslegung der Stiftshütte in dem bekannten Vers von Psalm 103, 12? »So weit der Osten ist vom Westen, hat er von uns entfernt unsere Übertretungen.« In erster Linie spricht dieser Vers von der unermeßlichen Entfernung zwischen dem Osten und dem Westen, von der Unendlichkeit des Raumes; aber liegt nicht auch eine unendliche Entfernung zwischen unserer Stellung als Sünder, in der wir das erstemal zur Stiftshütte kamen und bei dem ehernen Altar, dem Ort der Asche, standen, und der Stellung, die wir einnehmen, wenn wir mit Freimütigkeit durch den Vorhang ins Allerheiligste eintreten und dem Thron der Gande nahen? So weit der Platz der Asche vom Gnadenthron entfernt ist, so weit hat Er unsere Übertretungen von uns entfernt.

Es gibt die schöne Beschreibung einer Szene aus der Zeit Hiskias, als das Brandopfer mitten in einer jubelnden und anbetenden Menge dargebracht wurde. »Und zur Zeit, als das Brandopfer anfing, begann der Gesang des Herrn ... Und die ganze Versammlung betete an, und der Gesang erscholl, und die Trompeten schmetterten; alles das währte bis zur Vollendung des Brandopfers.« 2 Chronik 29, 27.28

Den Herrn Jesus Christus als das Brandopfer
zu sehen, bringt sicher unseren Herzen Freu-
de. Als Er vom Himmel kam, um den Willen
Gottes zu tun, begann ein Lobgesang im Him-
mel, der auch auf der Erde zu hören war. Das
Lukas 2, 13. 14 wird im Lukasevangelium beschrieben: »Und
plötzlich war bei dem Engel eine Menge der
himmlischen Heerscharen, welche Gott lobten
und sprachen: Herrlichkeit Gott in der Höhe,
und Friede auf Erden, an den Menschen ein
Wohlgefallen!»

Das Brandopfer war vollkommen annehmbar
für Gott; in Ihm konnten Menschen Gnade fin-
den. Die himmlischen Heerscharen konnten
nicht als Erlöste singen, noch konnten sie des-
halb loben, weil sie auf diese Weise angenom-
men waren; aber es war Freude vor den Engeln,
als der gute Hirte freiwillig auf die Erde ging.
»All das währte bis zur Vollendung des Brand-
opfers«. Wir können einen Widerhall der Tri-
umphgesänge auffangen, die durch die Him-
mel brausten, als Er wiederkehrte, wenn wir die
Psalm 24, 7 frohlockenden Worte in Psalm 24 lesen: »Er-
hebt, ihr Tore, eure Häupter, und erhebt euch,
ewige Pforten, daß einziehe der König der Herr-
lichkeit! Wer ist dieser König der Herrlichkeit?
Der Herr, stark und mächtig! Der Herr, mäch-
tig im Kampf!« Der Kampf war vorüber, das
Brandopfer angenommen. Bald werden sich die
ewigen Pforten ein zweites Mal öffnen, wie im
Psalm beschrieben, und der König der Herr-
lichkeit wird eintreten — nicht allein, sondern
begleitet von all denen, die Ihn gesehen haben
Psalm 24, 9.10 als das Lamm Gottes. »Wer ist Er, dieser
König der Herrlichkeit! Der Herr der Heerscha-
ren, Er ist der König der Herrlichkeit!«

Im Speisopfer wird der Tod nicht erwähnt, es

spricht eher von dem fleckenlosen, gottgeweihten Leben Christi. Wir haben gesehen, daß Seine Leiden im Zerreißen, Zerschlagen und Zerschmettern ausgedrückt werden, die nötig waren, um die verschiedenen dargebrachten Stoffe zuzubereiten.

Eine der Hauptlehren des Speis- und des Friedensopfers ist, daß, während ein Teil auf dem Altar geräuchert wurde, es den Priestern erlaubt war, sich von dem Rest zu nähren. Sie aßen von dem, woran Gott Seine Lust hatte — »dem Brot Gottes«, wie es genannt wird in 3. Mose 21, 6. 8. 17. 21. 22; 22, 25. Im Friedensopfer werden zwei Teile als Nahrung der Priester besonders erwähnt — der Schenkel (oder Schulter) und die Brust (3. Mose 7, 31-34). Der Schenkel (oder die Schulter) deutet den Sitz der Kraft an, die Brust den der Zuneigung; beide sind in besonderer Weise die Nahrung des Gläubigen. Die beiden Gedanken sind häufig zusammengegliedert. Der Hohepriester trug die Namen der Kinder Israel auf seinen Schultern und in dem Brustschild auf seinem Herz (2. Mose 28, 12. 29), was uns daran erinnert, wie auch wir auf den Schultern Seiner Kraft und an dem Herz Seiner nie aufhörenden Liebe ruhen. »Die Lämmer wird er in seinen Arm nehmen und in seinem Busen tragen« (Jes. 40, 11 b). »Der Liebling des Herrn ... zwischen seinen Schultern wohnt er« (5. Mose 33, 12). Er sagt: »Mein ist die Stärke«, und »ich liebe« (Spr. 8, 14. 17); und »Gott ist mächtig ... an Kraft des Verstandes« (oder »des Herzens« laut Anmerkung der engl. Bibel) Hiob 36, 5. Die beiden Gebete des Apostels Paulus für die Epheser werden durch diese Gedanken charakterisiert. Das Gebet im ersten Kapitel enthält die Bitte, Epheser 1, 15-23

daß sie wissen möchten, welches die über-
Epheser 3, 14-19 schwengliche Größe Seiner *Kraft* sei, das im 3. Kapitel, daß sie die *Liebe* erkennen.

Das Thema, daß Christus unsere Nahrung ist, wie es in den Opfern vorgebildet wird, wird ausführlich behandelt.

In 3. Mose 22, 4 lesen wir, daß ein Aussätziger oder jemand, an dem ein Makel war, nicht von den heiligen Dingen essen durfte. Wenn erkannte Sünde vorhanden ist, kann es keine Gemeinschaft und kein sich Nähren geben. Der verlorene Sohn im fernen Land erinnert sich der
Lukas 15, 17 Nahrung in seines Vaters Haus und sagt: »Wie viele Tagelöhner meines Vaters haben Überfluß an Brot, ich aber komme hier um vor Hunger«. Ein Unreiner mußte warten, bis das Abendschlachtopfer geopfert worden war. »Ist die Sonne untergegangen, so ist er rein; und danach darf er von den heiligen Dingen essen« (3. Mose 22, 7); aber so geschah es in der Dämmerung (im Zwielicht), nicht im Sonnenschein, die Heiligkeit war vergangen. Ist es nicht oft so mit uns? Wenn wir die Gemeinschaft verloren haben und dann wiederhergestellt worden sind, daß wir wieder ‚essen' dürfen, so scheint die Klarheit für eine Zeit getrübt, und es scheint uns, als ob wir im Zwielicht äßen anstatt im vollen Sonnenschein.

Es war das Vorrecht aller Priester, von den Opfern zu essen, das Opfer »gehörte dem einen
Johannes 1, 16 wie dem anderen« (3. Mose 7, 10). »Aus seiner Fülle haben wir alle empfangen.« Es sollte ein
Esra 3, 4 tägliches Teil vorhanden sein, »das Tägliche an seinem Tag«; und als zur Zeit Hiskias der Tempeldienst gereinigt und wieder ins Leben gerufen wurde, bekannten die Priester und Leviten: »Wir haben gegessen und sind satt ge-

worden und haben übriggelassen in Menge« (2. Chron. 31, 10). Das ist auch unsere Erfahrung im Haus unseres Vaters. Dort ist »Überfluß an Brot«. Wie Paulus können wir sagen: ‚Wir haben alles in Fülle und haben Überfluß'. Lukas 15, 17 Vgl. Phil. 4, 18

3. Mose 22, 10 spricht von einigen Personen im Haushalt des Priesters, die nicht essen durften. Ein Fremder (vergl. Eph. 2, 12. 19), der Beisasse (siehe 1. Joh. 2, 19) und der Knecht, Tagelöhner (Joh. 15, 15) sollten Heiliges nicht essen. Der verlorene Sohn wußte, daß ein großer Unterschied bestand zwischen der Stellung eines Tagelöhners und eines Sohns; aber als sein Vater ihn als Sohn empfing und sagte: »Dieser mein Sohn«, konnte er nicht bitten, wie er beabsichtigt hatte, »mache mich wie einen deiner Tagelöhner«. Lukas 15, 24; Vers 19

Der nächste Vers redet von zwei Klassen, die Anteil haben durften. »Wenn ein Priester eine Seele für Geld kauft, so darf diese davon essen« (vergl. 1 Kor. 6, 20; 1. Petr. 1, 18. 19; Apostelgesch. 20, 28); »und seine Hausgeborenen, sie dürfen von seinem Brot essen« (vergl. 1. Petr. 1, 23 und 2, 2).

Das Sündopfer und das Schuldopfer unterscheiden sich von den anderen darin, daß der Leib des Tieres verbrannt wurde, nicht auf dem ehernen Altar, sonder außerhalb des Lagers. Alles auf dem Brandopferaltar Verbrannte war ein lieblicher Geruch für Gott; aber Er verbarg Sein Angesicht vor dem Herrn Jesus *als dem Sündopfer*, der dort und deshalb ausrief: »Mein Gott, mein Gott, warum hast du mich verlassen?«.

In 3. Mose 4 wurden Sündopfer für vier Klassen von Menschen erwähnt: für Priester, für die ganze Gemeinde, für einen Fürsten und für jemand vom Volk des Landes. Sie sprechen wahrscheinlich von der Vorsorge, die Gott traf, um der Sünde in unseren verschiedenen Verhältnissen zu begegnen. So möchte das Sündopfer für den gesalbten *Priester* der Sünde in unserer Stellung als Priester vor Gott begegnen; das für die *ganze Gemeinde* der Sünde in unserer Gesamtstellung als Versammlung Gottes; das für den *Fürsten* der Sünde in unserer Beziehung zu denen, die wir beeinflussen können, und das für *jemand vom Volk des Landes* der Sünde in unserer persönlichen Stellung.

In den beiden ersten, dem Sündopfer für den Priester und dem für die Gemeinde, wurde das Blut in das Zelt der Zusammenkunft gebracht, siebenmal davon gegen den Vorhang hin gesprengt, danach davon an die Hörner des goldenen Altars getan, und der ganze Rest des Blutes mußte an den Fuß des ehernen Altars gegossen werden. Das vor den Vorhang gesprengte Blut stellte die Beziehung Gottes zu Seinem Volke wieder her. Der Vorhang verdeckte den Ort, wo Gott mit ihnen zusammentraf. Das Blut am goldenen Altar stellte den Dienst der Versammlung wieder her und das Blut am ehernen Altar die Gemeinschaft des einzelnen — alle Beziehungen waren durch die Sünde unterbrochen worden.

In dem Schuldopfer ging, wo die Schuld gegen den Herrn begangen war, das Schlachtopfer der Wiedergutmachung voraus (3. Mose 15, 16); wo sie gegen den Menschen begangen wurde, ging die Wiedergutmachung (Erstattung) dem Schlachtopfer voraus (V. 24. 25).

Sehr interessant ist es, die Texte, die sich auf das Werk Christi beziehen, nach ihren verschie-

denen Seiten einzuteilen und die Opfer zu sehen, die ihnen entsprachen.
So haben wir in Jes. 53 alle Opfer; das Brandopfer in Vers 11: »Durch seine Erkenntnis wird mein gerechter Knecht die Vielen zur Gerechtigkeit weisen«, das Friedensopfer in Vers 5: »Die Strafe zu unserem Frieden lag auf ihm«, das Sündopfer in den Versen 6, 10, 12: »Gott hat ihn treffen lassen unser aller Ungerechtigkeit«. »Wenn seine Seele das Schuldopfer (engl.: Opfer für die Sünde) gestellt haben wird«, und »er hat seine Seele ausgeschüttet in den Tod« — im Sündopfer wurde das Blut an den Fuß des Altars gegossen. Das Sündopfer am großen Versöhnungstag, wenn der Sündenbock die Schuld des Volkes wegtrug, wird in den Versen 11 und 12 angedeutet: »Ihre Missetaten wird er auf sich laden«, und »er aber hat die Sünde vieler getragen«. Das Schuldopfer findet sich in Vers 5: »Um unserer Übertretungen willen war er verwundet, um unserer Missetaten willen zerschlagen«; und wir haben das Zerquetschen (Schroten) des Feinmehls zum Speisopfer in den Versen 3 und 10: »Er war verachtet und verlassen von den Menschen, ein Mann der Schmerzen und mit Leiden vertraut«, und »dem Herrn gefiel es, ihn zu zerschlagen«.
In Kapitel 1 des ersten Johannesbriefes haben wir, wie mir scheint, die fünffache Ansicht des Werkes Christi in derselben Ordnung wie in den Opfern. Es beginnt, wie in 3. Mose 1, von Gottes Seite gesehen und schließt mit der Vorsorge für unsere Sündhaftigkeit. In den Versen 1-3 haben wir die Seite des Brandopfers, die völlige Opferung auf dem Altar Gottes, woran die Priester nicht teilhaben durften, auf die sie aber hinschauen und die ihre Hände verwalten konn-

3 Mose 2, 3. 10 ten. In den Versen 3-7 liegt der Gedanke von
Gemeinschaft und Freude. Wie im Speisopfer
und Friedensopfer der Priester an der ‚Opfer-
3 Mose 21, 6 speise' teilhatte, »dem Brot seines Gottes«, so
Johannes 6, 33.50 können wir sagen: »Und zwar ist unsere Ge-
1 Johannes 1, 3 meinschaft mit dem Vater und mit seinem Sohn
Jesus Christus«. Und in den Versen 7-10 haben wir Gottes Vorsorge für Sünde und Sünden, wie sie durch das Sünd- und Schuldopfer vorgebildet ist.

Die folgenden Stellen geben uns unter anderen auch die Brandopferseite des Lebens und Werkes des Herrn wieder, die von der vollkommenen Erfüllung des Willens Seines Vaters reden: Matth. 26, 39; Joh. 4, 34; Hebr. 10, 7; von Seiner freiwilligen Hingabe: Joh. 10, 11. 15. 17; 15, 13; Hebr. 9, 14; 10, 10; Jes. 50, 5. 6; von Seinem Gehorsam: Röm. 5, 19; Phil 2, 5-8; von unserer Annahme: Eph. 1,6 und 1. Petr. 2, 5.

Viele Verse zeigen uns Ihn als das Speisopfer, die von Seinem vollkommenen und leidenden Leben reden, von Seiner Kostbarkeit für Gott; von Seinem Gesalbtsein mit dem Heiligen Geist, von Seiner Abhängigkeit, usw.

Christus als Friedensopfer wird in Kol. 1, 20 und Eph. 2, 13-17 vor uns gestellt; in Gemeinschaft das Friedensopfer genießend: Joh. 6, 51-57; 1. Kor. 10, 16; und das Friedensopfer darbringend: 2. Kor. 9, 15; Hebr. 13, 15; es war das Opfer der Danksagung.

Auf die Seite des Sündopfers wird beständig Bezug genommen in Stellen (wenn von dem Herrn Jesus die Rede ist) wie: »indem er ein Fluch für uns geworden ist« (Gal. 3, 13); »betrübt am Tag seiner Zornglut« (Klagel. 1, 12; 3, 1-19; Psalm 22); ein Opfer für die Sünde:

Joh. 1, 19; Röm. 5, 8; 8, 3; 2. Kor. 5, 21; 1. Tim. 1, 15; Hebr. 10, 18; 1. Joh. 1, 7.
Wir sehen Ihn als das Schuldopfer da, wo vom Wegtun unserer Schuld gesprochen wird: Kol. 2, 13. 14; 2. Kor. 5, 19, von vergebenen Sünden: Matth. 26, 28; Eph. 1, 7; Kol. 1, 14; von einem Opfer für die Sünden: 1. Kor. 15, 3; Gal. 1, 4; Hebr. 10, 12; 1. Petr. 2, 24; 3, 18; Matth. 1, 21; Psalm 40, 12.
Brandopfer und Friedensopfer werden beide in Eph. 5, 2 dargestellt. »Der Christus hat uns geliebt und sich selbst für uns hingegeben als Darbringung und Schlachtopfer, Gott zu einem duftenden Wohlgeruch«, denn beide waren ein duftender Wohlgeruch für Gott. Das Wort ‚Schlachtopfer' in 3. Mose bezieht sich gewöhnlich auf das Friedensopfer.
Auf die vier Opfer wird in Hebr. 10 und Psalm 40 hingewiesen. »An Schlacht- und Speisopfern hattest du keine Lust; ... Brand- und Sündopfer hast du nicht gefordert.« Hebräer 10, 5.6 Psalm 40, 6

11. Vorbildhafte Farben und Stoffe

Wer die Vorbilder schon ein wenig studiert hat, zweifelt nicht daran, daß die Farben, die Mose und die Kinder Israel beim Bau der Stiftshütte verwenden mußten, eine Bedeutung hatten. Wo Gott sie beauftragte, blauen oder roten Purpur und Scharlach zu verwenden, lag ein besonderer Sinn in diesen Schatten; Grün und Gelb würden nicht dem gleichen Zweck entsprochen haben.

Die Teppiche in Kunstweberarbeit bildeten in der Tat die Wohnung selbst. Unterhalb waren
2 Mose 26, 15 die »Bretter der Wohnung«, darüber die Teppiche von Ziegenhaar, »das Zelt« bildend, das
2 Mose 40, 19 »über die Wohnung gebreitet war«; diese sprechen offensichtlich von den Herrlichkeiten des Herrn Jesus Christus unter verschiedenen Gesichtspunkten.

Die Bedeutungen der Farben sind nicht so klar zu erkennen, sodaß im Blick auf einige von ihnen kleine Auslegungsverschiedenheiten bestehen können. Alle scheinen darin übereinzustimmen, daß das *Blau* vom Himmel redet und sich hier auf den himmlischen Charakter unseres Herrn bezieht — des Einen, der vom Himmel kam, in den Himmel zurückgekehrt ist, der aber auch hier auf der Erde der Himmlische war.

Manche denken, daß die Farbe *Scharlach* sich auf Leiden beziehe, andere, daß letztere durch das Rot in den rotgefärbten Widderfellen dar-
2 Mose 26, 14 gestellt werden, und daß Scharlach*) in den Teppichen von Kunstweberarbeit auf die irdi-

---

*) In Mose steht im Englischen (Bibel) fast immer Scharlach (scarlet), wo im Deutschen Karmesin (crimson) steht. (Übers.)

sche Herrlichkeit, die Herrlichkeit eines Wurmes hinweist; denn Scharlach wurde vom Wurm genommen, und das hebräische Wort ist dasselbe wie in Psalm 22,6; Hiob 25, 6. Andere wieder denken, Scharlach spreche von irdischer Herrlichkeit in Verbindung mit Israel, dessen Nationalfarbe das sei. Die, die diesen Standtpunkt vertreten, nehmen an, daß *Purpur* königliche Herrlichkeit darstellt, besonders die des Sohnes des Menschen als Herr über die Welt. Mehrere Stellen stützen diese Auslegung.
Purpur wird oft erwähnt in Verbindung mit Apostelgeschichte
Handel und Reichtum der heidnischen Mäch- 16, 14
te. Lydia war eine Purpurkrämerin; und die Daniel 5, 29
Kleider, mit denen Daniel und Mordokai be- Esther 8, 15
kleidet wurden, waren Purpurgewänder.
Die Karmesinschnur (scarlet) von Rahabs Fen- Josua 2, 18
ster mag die Nationalfarbe Israels dargestellt haben. Es wird gesagt, daß der Sündenbock, wenn er die Schuld des Volkes in die Wüste hinwegtrug, ein Stück Scharlach an einem seiner Hörner befestigt hatte. Nur ein Teil der Stiftshütten-Einrichtung hatte eine Decke von Scharlach, die aufgelegt wurde, wenn das Heiligtum von Ort zu Ort getragen wurde. Dazu gehörte der Tisch mit den Schaubroten, ein so offensichtliches Bild von Israel in den zwölf Laiben Brot, die darauf lagen. Nur ein Teil hatte eine purpurne Bedeckung, und das ist ebenso bezeichnend. Der eherne Altar war nicht für Israel allein, denn der Tod des Herrn Jesus galt für die ganze Welt. Wir lesen in Joh. 3, 16 nicht: »Also hat Gott *Israel* geliebt, daß er seinen eingeborenen Sohn gab«, sondern: »Also hat Gott *die Welt* geliebt«. Die Purpurbedeckung verbunden mit dem Brandopferaltar
spricht zu uns »von den Leiden des Christus 1 Petrus 5, 1

und ... der Herrlichkeit, die geoffenbart werden soll«. Die Welt sah Ihn zuletzt als den Mann der Schmerzen am Kreuz von Golgatha; sie wird Ihn künftig wiedersehen als den Sohn des Menschen, wenn Er kommt in Seiner Herrlichkeit.

Offenbarung 19, 7.8

Der *feingezwirnte Byssus* (Leinen), aus dem die Teppiche gemacht waren, wird uns in der Offenbarung erklärt als »die feine Leinwand, glänzend und rein«, in die das Weib des Lammes gekleidet ist, die Gerechtigkeit der Heiligen. Hier möchte es sich auf die Gerechtigkeit des Lammes selbst beziehen.

Wenn die obigen Meinungen richtig sind, haben wir eine vierfache Sicht unseres Herrn, die den Seiten entspricht, die die vier Evangelien charakterisieren.

Matthäus spricht zu uns vom Sohn Davids, sinnbildlich dargestellt durch den Scharlach.*)

Markus zeigt uns den vollkommenen Diener — dargestellt durch die feine Leinwand;

Lukas den Sohn des Menschen, dargestellt durch den Purpur;

Johannes den Sohn Gottes, dargestellt durch das Blau, den blauen Purpur.

Wenn wir auch hinsichtlich der Bedeutung dieser Farben nicht sicher sein können, dürfen wir doch gewiß sein, daß sie eine Belehrung enthalten, und daß es gut für uns ist, mit Hilfe anderer Schriften und der Führung des Heiligen Geistes darin einzudringen und sie uns so zunutze zu machen.

Das gleiche gilt von vielen Stoffen, die eine vorbildliche Bedeutung haben, weil einige von ih-

---

Matthäus 27, 28 m. Anm.

*) Es ist bemerkenswert, daß es in diesem Evangelium heißt, daß der Mantel, den man dem Herrn umwarf, scharlachrot war.

nen uns direkt oder indirekt ausgelegt werden. Die genauen Belehrungen in Verbindung mit den Opfern, der Stiftshütte und dem Tempel zeigen uns ihre Wichtigkeit. Im letzteren hatten *Gold, Silber und Erz* (Kupfer) jedes seinen Platz. Wir haben gesehen, daß *Gold* das Göttliche darstellt. *Silber* war das Einlösungsgeld; und daraus können wir schließen, daß Silber von Erlösung spricht, und daß so die Stiftshütte auf ihren Füßen von Silber auf ‚Erlösungsboden' stand. Das *Erz* oder Kupfer redet allgemein von Gericht, denn Erz ist dasjenige, was dem Feuer standzuhalten vermag. »Seine Füße waren gleich glänzendem Kupfer, als glühten sie im Ofen« (Offenb. 1, 15). Bei der Stiftshütte umgab es alles und war die Grundlage des Ganzen; denn der ganze äußere Hof stand auf Füßen von Erz. Der Brandopferaltar und das Waschbecken waren aus Erz gemacht, und jeder dieser Gegenstände ist mit dem Gedanken an Gericht verbunden.

Fünf Stoffe werden in Verbindung mit dem Speisopfer erwähnt. Drei waren angeordnet, zwei verboten. Öl, Weihrauch und Salz begleiteten das Schlachtopfer, Sauerteig und Honig aber sollten nicht dargebracht werden. *Öl* mußte auf alle Speisopfer gegossen werden, was von der Gegenwart und Kraft des Heiligen Geistes redet, wovon beständig in Verbindung mit dem Leben unseres Herrn gesprochen wird (siehe Matth. 1, 20; Jes. 11, 2; Luk. 1, 35; 3, 22; 4, 1. 14; Apostelg. 10, 38; Psalm 45, 7; 89, 19. 20; Jes. 61, 1). Auch wir benötigen das Öl für jede Lage unseres Lebens. Wir benötigen es auf unserem Haupt als das Salböl; auf unseren Ohren, Händen und Füßen, daß es uns zu Seinem Dienste heiligt; in unseren Händen in Anbetung, wenn wir das Speisopfer Gott darbringen; auf unseren Füßen, die Füße in Öl getaucht (5. Mose 33, 24), daß unser Wandel zeigen möge, daß wir wirklich vom Heiligen Geist geleitet werden (Röm. 8, 14; Gal. 5, 16. 25). Wir brauchen Öl für unsere Wunden zum Trost und zur Heilung. »Ein kostbarer Schatz und Öl ist in der Wohnung des Weisen«, lesen wir in Sprüche 21, 20; und in vielen anderen Stellen des Wortes können wir vom Öl Unterweisungen empfangen als einem Vorbild des Heiligen Geistes, welches die Bedingungen sind für die Fülle des Geistes, »leere Gefäße« usw. (2. Kön. 4, 3), und das Ergebnis, Pracht (Hos. 14, 6) und Ehre (Richt. 9, 9).

Der *Weihrauch* im Speisopfer wurde auf dem Altar verbrannt, er gehörte völlig Gott und redet zu uns von der Kostbarkeit des Herrn Je-
Hohelied 1, 3 sus, dessen »Name ein ausgegossenes Salböl ist«,
und von dem geschrieben steht: »Myrrhen und
Psalm 45, 8 Aloe, Kassia sind alle deine Kleider«.

Salz sollte im Speisopfer vorhanden sein, denn während Sauerteig und Honig Verderben verursachen, beugt Salz diesem vor und kann deshalb als Gericht über und Zeugnis gegen die
Kolosser 4, 6 Sünde vorbildhaft angesehen werden. »Euer Wort sei allezeit in Gnade, mit Salz gewürzt«, würde also bedeuten, daß unser Verhalten huldvoll und gütig sein soll, doch nicht auf Kosten der Treue. Wir sollen der Sünde gegenüber nicht ein Auge zudrücken, sondern sie strafen. Es ist oft leichter, keine Notiz von dem zu nehmen, was in unserer Gegenwart gesprochen wird. In Wirklichkeit aber soll Salz ebenso wie Gnade vorhanden sein. Das war immer bemerkbar im Leben und in den Worten unseres Herrn. In 2. Mose 30, 34-38 lesen wir, daß das Würz-

werk »gesalzen« wurde. »Habt Salz in euch selbst, und seid in Frieden untereinander«, lautet des Herrn Befehl; und wenn, wie jemand gesagt hat, wir uns selbst beurteilen, werden wir wahrscheinlich weniger Fehler an anderen sehen. Markus 9, 50

Sauerteig bezeichnet offensichtlich Böses. Deshalb kann Sauerteig nicht vorhanden sein in etwas, das Ihn darstellt, der »in allem versucht worden ist in gleicher Weise wie wir, ausgenommen die Sünde«. Es sollte kein Sauerteig im Haus des Israeliten bei dem Passah sein (2. Mose 12, 15; 5. Mose 16, 4); und wahrscheinlich ist dies der Grund, warum (Joh. 18, 28) die Priester und Pharisäer nicht in das Prätorium hineingehen wollten, um sich nicht zu verunreinigen; denn das Haus eines Heiden würde Sauerteig enthalten. Christus spricht immer wieder vom Sauerteig der Pharisäer, Sadduzäer und Herodianer (Matth. 16, 11. 12; Mark. 8, 15; Luk. 12, 1). In Matth. 13, 33 vergleicht Er das Reich der Himmel mit einem Sauerteig, »welchen ein Weib nahm und unter drei Maß Mehl verbarg, bis es ganz durchsäuert war«. Dies wird oft als die Macht des in der Welt wirkenden Evangeliums dargestellt, bis das Ganze bekehrt sei; aber durch vergleichen aller Stellen, wo Sauerteig erwähnt wird, erkennt man sehr deutlich, daß es sich hier um das Wirken eines bösen Grundsatzes handelt, von dem wir auch in 2. Thess. 2, 7 lesen, der das ganze Christentum so durchdrungen hat, daß es unmöglich ist, Gutes vom Bösen zu trennen: »Schon ist das Geheimnis der Gesetzlosigkeit wirksam«. Der Apostel Paulus benutzt dasselbe Bild und sagt zweimal: »Ein wenig Sauerteig durchsäuert den ganzen Teig«; indem er Hebräer 4, 15 sich in 1. Kor. 5, 6 auf schlechten Wandel und in Gal. 5, 9 auf böse Lehre bezieht.

3. Mose 2, 12 sagt uns, daß die Opfergabe der Erstlingsfrüchte nicht auf den Altar kommen sollte; dies wird erklärt mit 3. Mose 23, 17, wo festgestellt wird, daß Sauerteig vorhanden war. Zwei Opfer der ‚Erstlinge' sollten gebracht und vor dem Herrn gewoben werden: das eine, das in den Versen 10 und 11 erwähnt ist, und das andere, nach fünfzig Tagen, wie uns Vers 17 sagt. Beide weisen vorbildlich auf den »Erstling, Christus; sodann die, welche des Christus sind bei seiner Ankunft« — die Garbe der Erstlinge bezieht sich auf die Auferstehung des Herrn, und die zwei Webebrote, gesäuert gebacken, auf die, »welche des Christus sind bei seiner Ankunft« (1. Kor. 15, 23). Daher das Vorhandensein von Sauerteig, dem durch das Sündopfer in Vers 19 begegnet worden ist. Die Garbe der Erstlinge bedurfte keines Sündopfers, weil dort kein Sauerteig vorhanden war. Es gibt eine Erwähnung von Sauerteig in Verbindung mit dem Friedensopfer (3. Mose 7, 13. 14) in dem Lob- und Dankopfer, was uns belehrt, daß selbst unsere heiligsten Dinge mit Sünde vermischt sein können; und hier wird wieder dem Sauerteig mit Blut begegnet.

Es sollte kein *Honig* in den Opfern sein. Honig scheint allgemein die Süßigkeit der menschlichen Natur vorzubilden und kann nicht annehmbar sein für Gott. In Sprüche 25, 27 heißt es: »Viel Honig essen ist nicht gut, aber schwere Dinge erforschen ist Ehre«.*) Sprüche

---

*) In der englischen Bibel heißt dieser Vers: »Viel Honig essen ist nicht gut, so ist für Menschen ihre eigene Ehre suchen nicht Ehre« (mit Hinweis auf Sprüche 27,2). In einer anderen Bibelübersetzung lautet der Spruch: »...und das Forschen nach Ruhm ist nicht rühmlich.« (L. van Eß) — Anmerkung des Übersetzers. —

27, 7 sagt uns: »Eine satte Seele zertritt Honigseim«. Dies beschreibt uns die Haltung des Herzens, das in Christus sein Genüge hat, weltlichen Vergnügungen, Unterhaltungen, Ehren usw. gegenüber. Wir werden oft gefragt, ob dieses oder jenes unrecht sei. Die Rückfrage lautet: Haben wir an Christus unser Genüge? Wenn ja, dann ist uns das andere zuwider; wir wünschen es nicht. Zweierlei liegt auf unserem Pfad rings um uns her: Manna und Honig, und wir müssen uns niederbeugen, um das eine aufzunehmen und das andere zu zertreten. Das Manna war ebenso süß wie der Honig, »sein Geschmack war Kuchen mit Honig« (2. Mose 16, 31); so wird von dem Wort Gottes gesagt,
daß es »süßer ist als Honig und Honig- Psalm 19, 10
seim«, und wieder sagt der Psalmist: »Wie süß
sind meinem Gaumen deine Worte, mehr als Psalm 119, 103
Honig meinem Munde!«

Es gibt Dinge von *verschiedener Bedeutung;* und es muß sorgfältig darauf geachtet werden, ihre Verbindung und rechte Bedeutung sicher zu erkennen. Hierauf ist schon im Fall des Wassers hingewiesen worden, das, wie wir sahen, manchmal das Wort, manchmal den Heiligen Geist versinnbildlicht. Oder es redet von Tod und Gericht, Schwachheit der Menschen, Unruhe und Aufruhr der Völker, je nach den verschiedenen Eigenschaften, auf die Bezug genommen wird.

Ebenso hat *Feuer* viele Anwendungen. Es stellt die *Gegenwart Gottes* dar, wie auf dem Berg Horeb, im brennenden Busch und bei der Gesetzgebung, in der Feuersäule, die Israel durch die Wüste geleitete. Wenn Feuer auf ein Schlachtopfer fiel, bedeutete es *Annahme.* Es
wurde auch durch Feuer offenbar, daß »Gott Hebräer 11, 4

Zeugnis gab zu Abels Gaben«. Es fiel auf den Brandopferaltar in 3. Mose 9, 24 und ebenso auf die Opfer Gideons, Davids, Salomos und Elias. Sowohl das Feuer, das auf dem Brandopferaltar verzehrte, was darauf gelegt wurde, als auch das Feuer, das von ihm genommen und auf den goldenen Altar gebracht wurde, sprach nicht von Gericht, sondern von Gunst, denn die Schlachtopfer auf beiden stiegen als duftender Wohlgeruch zu Gott empor.

Der Gedanke an *Gericht* liegt in dem Feuer, das das Sündopfer außerhalb des Lagers verzehrte. Die Wörter, die für 'verbrennen' gebraucht werden, sind verschieden. Während das eine, welches sich auf den Brandopferaltar bezieht, ein Verbrennen wie ‚Weihrauch räuchern' bedeutet, bezeichnet das andere: ‚Verzehren im Zorn' — siehe 3. Mose 4, 19. 21.

11.1 Hier haben wir daher das *Feuer des Gerichtes auf dem Stellvertreter,* wie auch wahrscheinlich im Passahlamm, das am Feuer gebraten wurde.

11.2. *Feuer* fiel *im Gericht auf die Bösen*- auf
3 Mose 10 Sodom; auf Ägypten in 2. Mose 9, 23. 24; auf
4 Mose 16, 35 Nadab und Abihu; auf das Lager Israels in 4.
Mose 11, 1 und auf die Rotte Korah; und auf
die Boten Ahasjas, die zu Elia kamen. Der Un-
2 Könige 1, 10.12 terschied zwischen diesen zwei Arten von Feuer wird klar gezeigt in 3. Mose 9, 24 und 10, 2. In beiden Fällen lesen wir: »Es ging Feuer vom Herrn aus«; aber das eine war ein Zeichen von Wohlgefallen und Annahme des Brandopfers, das andere eine schreckliche Heimsuchung des Gerichts.

11.3. Israel wird durch das Feuer der Gerichte gehen müssen (Sach. 13, 6-9; Jes. 4, 4; Matth. 3, 11. 12). Wir lesen in der letzten Stelle: »Er wird euch mit Heiligem Geist und Feuer taufen; dessen Worfschaufel in seiner Hand ist, und er wird seine Tenne durch und durch reinigen und seinen Weizen in die Scheune sammeln, die Spreu aber wird er verbrennen mit unauslöschlichem Feuer«. Die Taufe des Feuers in dem einen Verse wird erklärt in dem folgenden. Er wird Seine Tenne reinigen durch den Wind, und die Spreu mit Feuer verzehren. Zu taufen mit dem Heiligen Geist und mit Feuer kann nicht ein und dasselbe bedeuten. Im Anfang von Apostelg. 1 wird das Feuer angelassen. »Ihr aber werdet mit Heiligem Geist getauft werden nach nunmehr nicht vielen Tagen« (V. 5). Die Taufe mit Feuer ist noch zukünftig für Israel.

11.4. Das Feuer der Gerichte wird auf Seine Feinde fallen beim Kommen des Herrn auf die Erde (2. Thess. 1, 8; Jes. 10, 16. 17; Jes. 66, 15. 16).

11.5. Es wird diejenigen verschlingen, die nach dem tausendjährigen Reich durch Satan zur Empörung angereizt werden. Offenbarung 20, 7-9

11.6. Wir lesen vom Feuer des ewigen Gerichts. Es gibt noch mehrere Dinge, die durch Feuer versinnbildlicht werden. *»Gottes Wort* ist wie Feuer«, wie uns dreimal in Jeremia gesagt wird, 5, 14; 20, 9; 23, 29. Ferner ist da das Läuterungs*feuer der Trübsal,* Mal. 3, 2; 1. Petr. 1, 7 durch Mittel, durch die Gott »die Schlacken von dem Silber trennt«, damit »für den Goldschmied ein Gerät hervorgehe«; und endlich gibt es Feuer, das des *Gläubigen Werk prüft* am Richterstuhl Christi, wenn alles im Feuer erprobt wird und nur das erhalten bleibt, »was das Feuer bewähren wird.«

Sprüche 25, 4

1 Korinther 3, 13

Apostelgeschichte 2, 3

»Die zerteilten Zungen wie von Feuer« scheinen den Heiligen Geist zu versinnbildlichen; doch es scheinen keine anderen Stellen da zu sein, die deutlich manchen, daß Feuer vorbildlich ist für den Heiligen Geist, wenn auch auf Grund Seiner Innewohnung Gottes Gegenwart eine Wirklichkeit, und durch Seinen Einfluß Gottes Wort wie Feuer wird, und die Prüfung ihr läuterndes Werk tut. Es ist aber nicht sicher, ob es recht ist, alle genannten Erwähnungen von Feuer unterschiedslos auf das Werk des Heiligen Geistes zu beziehen. Das ist manchmal geschehen, und so hat man aus Stellen Belehrungen gezogen, die ganz verschieden sind von ihrer ursprünglichen Bedeutung.

12. Die Gewänder des Gläubigen

Viele vorbildliche Ereignisse, die einen gemeinsamen Zug haben, können zu nützlichem Bibelstudium zusammengefaßt werden. Zum Beispiel ist das Wort voller Unterweisung für Gläubige bezüglich der Gewänder, welche sie ablegen, und derer, die sie anziehen sollen; diese werden sehr schön beleuchtet durch viele Begebenheiten.

Es werden drei Klassen von Kleidern gemacht:
a) solche, die der Mensch gemacht,
b) solche, die von Gott gegeben sind,
c) solche, die durch den Heiligen Geist gewirkt sind.

Die ersten sollen wir ablegen, die zweiten zieht Gott uns an, und die dritten wirkt der Geist durch uns.

Satan beraubte im Garten Eden den Menschen seines *Kleides der Unschuld* und ließ ihn nackt und unpassend für die Gegenwart Gottes. Wir lesen davon in Lukas 10, wie »ein gewisser Lukas 10, 30
Mensch von Jerusalem nach Jericho hinabging, unter Räuber fiel, die ihn auch auszogen und ihm Schläge versetzten, weggingen und ihn halbtot liegen ließen«. Er ging hinab, hatte dem Platz des Segens (Jerusalem) den Rücken gekehrt und war auf dem Weg zum Platz des Fluches (Jericho). So lag er elend am Wegrand, ein Bild der hilflosen Lage des Menschen, nachdem Satan sein Werk getan, ihn beraubt, verwundet und dem Tod überlassen hatte. In der Geschichte des Besessenen haben wir eine ähnliche Illustration. Als der Herr ihm begegnete, trug er »keine Kleider und blieb nicht im Haus, sondern in den Grabstätten«, dem Ort des Todes. Als aber die Teufel ausgetrieben waren,

Lukas 8, 27-35 fand man ihn »bekleidet und vernünftig zu den Füßen Jesu sitzend«.

Als Adam und Eva sich ihrer Lage bewußt wurden, versuchten sie sogleich, ihren Schaden zu heilen — »Ihrer beider Augen wurden aufgetan, und sie erkannten, daß sie nackt waren; und sie hefteten Feigenblätter zusammen und machten sich Schürzen*)«. Wahrscheinlich dachten sie, wie so viele ihrer Nachkommen es seitdem gedacht haben, daß sie ‚ihr Bestes' taten. Die Feigenblätter waren nur ein Bild ihrer selbst. Denn abgerissen vom Wurzelstamm, hat der Tod eingesetzt, und obwohl noch eine Zeitlang glatt und schön, sind sie bald verwelkt und tot. Die Feigenblätterschürzen genügten nicht, sie für die Gegenwart Gottes passend zu machen. Als die beiden Gottes Stimme hörten, versteckten sie sich vor Ihm. Sie fühlten immer noch, daß sie nackt waren. So ist es immer mit den Gewändern, die der Mensch sich selbst macht, wenn auch Satan ihm einredet, daß er

Haggai 1, 6 gut bekleidet sei. »Ihr kleidet euch«, sagt Haggai, »aber es wird keinem warm«. Wir lesen in Jes. 59, 6: »Ihr Gewebe taugt nicht zur Bekleidung, und mit ihrem Gewirke kann man sich

Jesaja 64, 6 nicht bedecken«. Denn »alle unsere Gerechtigkeiten sind gleich einem unflätigen Kleid«.

Wenn wir auch dieses traurige Bild von der Lage des Menschen in 1. Mose 3 vor uns haben, so schließt das Kapitel doch nicht, ohne daß das Heilige Geist uns von dem Heilmittel Got-

1. Mose 3, 21 tes erzählt. »Und Gott, der Herr, machte Adam und seinem Weib Röcke von Fell und beklei-

---

*) In der Randbemerkung der englischen Bibel heißt es: »Dinge, sich damit zu gürten«. Wie verschieden von dem »Gurt der Wahrheit« in der Waffenrüstung Gottes!

dete sie.« Mit dem ersten Kleid, den Schürzen aus Blättern, hatte Gott nichts zu tun; und mit diesen Röcken von Fell hatte der Mensch nichts zu tun. Sie wurden von Gott gereicht und sprechen von Christus selbst, »Der Herr, unsere Gerechtigkeit«, der auch praktisch unser Kleid der Gerechtigkeit wird, wenn wir dem Befehl gehorchen: »Ziehet den Herrn Jesus Christus an.« Die Röcke von Fell erinnern uns an ein Gesetz des Brandopfers in 3. Mose, welches anordnete: »Der Priester, der jemandes Brandopfer darbringt: ihm, dem Priester, soll die Haut des Brandopfers gehören, das er dargebracht hat«. Das Brandopfer stellte, wie wir gesehen haben, das Werk Christi von Gott her gesehen in all seiner vollkommenen Annehmlichkeit dar, eine »Darbringung und ein Schlachtopfer, Gott zu einem duftenden Wohlgeruch«. Die Priester durften nicht teilhaben — es galt ganz Gott, wurde ganz auf dem Altar verzehrt; aber Aarons Söhne boten es dar, und ihnen gehörte die Haut, in welche sie sich kleiden konnten — ein schönes Bild von der Stellung des Gläubigen als »angenehm gemacht in dem Geliebten«.

Jeremia 23, 6

Römer 13, 14

3 Mose 7, 8

Epheser 5, 2

Epheser 1, 6

Der Wechsel der Bekleidung, der für jeden von uns nötig ist, wird durch mehrere Vorfälle beleuchtet. Wir lesen nicht, daß Adam und Eva die Röcke von Fell über ihre Schürzen anzogen. Sie hatten mit den letzteren Schluß gemacht für immer. Als der verlorene Sohn zu seinem Vater zurückkehrte und der Vater seinen Knechten sagte: »Bringt das beste Kleid her und zieht es ihm an, und tut einen Ring an seine Hand und Sandalen an seine Füße«, wurde das beste Kleid nicht über die Lumpen gezogen, in denen er gekommen war. Die brauchte er nicht mehr.

Lukas 15, 22

Wir lesen in der Geschichte des Bartimäus, daß,
als er die frohe Botschaft gehört hatte: »Sei gu-
Markus 10, 46 tes Mutes; steh auf, er ruft dich!« er sein Kleid
abwarf, aufsprang und zu Jesus kam. Sein Bett-
lermantel würde ihn gehindert haben, schnell-
stens dem Ruf zu folgen, geradeso wie die
eingebildete Gerechtigkeit des Menschen ihn oft
von Christus abhält. Elisa »faßte seine Kleider
2 Könige 2, 12-13 und zerriß sie in zwei Stücke«, als Elia im
Sturmwind gen Himmel aufgefahren war, und
»er hob den Mantel des Elia auf, der von ihm
abgefallen war« — das Zeichen des propheti-
schen Dienstes und das Sinnbild seiner Macht.
Seine eigenen Kleider wegwerfend, den letzten
Überrest des alten Lebens, nahm er Elias Man-
tel auf und ging weiter in seiner Kraft.

Der Mensch möchte gern die alten Lumpen zu-
sammenflicken und ,etwas von sich selbst und
etwas von Ihm' anziehen; aber das Gleichnis
des Herrn zeigt uns, wie nutzlos das ist. »Nie-
Lukas 5, 36 mand«, sagt Er, »setzt einen Flicken von einem
neuen Kleid auf ein altes Kleid; sonst wird er
sowohl das neue zerschneiden, wie auch der
Flicken von dem neuen zum alten nicht passen
wird.« Das Kleid, welches Gott gibt, paßt nicht
zu schmutzigen Lumpen.

Von Menschen gemachte Kleider sind, wie je-
mand gesagt hat, in der Schrift beschrieben:
,originell, aber nicht genügend (1. Mose 3, 7),
natürlich, aber nicht rein (Sach. 3); elegant,
aber nutzlos (Jes. 64, 6); geflickt, aber nur
schlimmer gemacht (Mark. 2, 21)'.

Josua, der Hohepriester, benötigte, als er vor
dem Engel des Herrn stand, einen Kleidungs-
Sacharja 3, 3-5 wechsel. »Und Josua war bekleidet mit schmut-
zigen Kleidern und stand vor dem Engel. Und
der Engel hob an und sprach zu denen, welche

vor ihm standen, und sagte: Zieht ihm die schmutzigen Kleider aus; und zu ihm sprach er: Siehe, ich habe deine Ungerechtigkeit von dir weggenommen, und ich kleide dich in Feierkleider. Und ich sprach: Man setze einen reinen Kopfbund auf sein Haupt. Und sie setzten den reinen Kopfbund auf sein Haupt und zogen ihm Kleider an.«

Befreite Gefangene tragen nicht länger ihre Gefängniskleider. Als Joseph gerufen wurde, um vor dem Pharao zu stehen und schnellstens aus dem Verlies herausgebracht wurde, wechselte er seine Kleider. Als der König von Babel Jojakin aus dem Gefängnis erlöste, »veränderte er die Kleider seines Gefängnisses; und er aß beständig vor ihm alle Tage seines Lebens«. Der Herr Jesus Christus ruft »Freiheit aus den Gefangenen und Öffnung des Kerkers den Gebundenen« (Jes. 61, 1); und Er gibt auch einen Kleiderwechsel. Dieselbe Stelle sagt uns, daß Er »ein Ruhmesgewand gibt statt eines verzagten Geistes« (V. 3). Der verzagte Geist war das alte Kleid, das wir trugen, als wir Gefangene Satans waren, und das »Ruhmesgewand« ist der Kleiderwechsel, den Er bei uns vornimmt, wenn Er uns befreit.

2 Könige 25, 27-29

Wir müssen passend gekleidet sein, um vor dem König erscheinen zu können, denn Seine Hofhaltung kann nicht in Lumpen gehen oder in Kleidern nach Gutdünken. In Matth. 11, 8 b wird gesagt: »Die die weichen Kleider tragen, sind in den Häusern der Könige«; in Lukas 7, 25: »Die in herrlicher Kleidung . . . leben, sind an den königlichen Höfen«. Und wenn wir mit der Braut im Hohenlied sagen können: »Der König hat mich in seine Gemächer geführt«, so wissen wir, daß es nur deshalb so ist, weil

Er uns für Seine Gegenwart passend gemacht hat.

Matthäus 22, 11-13

Beim Hochzeitsmahl des Königssohns wurde der Mann, der kein ordentliches Kleid anhatte, hinausgeworfen, weil er auf sein eigenes Kleid vertraute und nicht auf das ihm vom König geschenkte. Die Kleidung der Gäste und Diener wirft Ehre oder Unehre auf den König selbst zurück. Wir sehen in der Geschichte von dem Besuch der Königin von Scheba, den sie

2 Chronik 9, 45

dem Hof Salomos abstattete, daß »das Aufwarten seiner Diener und ihre Kleidung, seine Mundschenken und ihre Kleidung« zu den Dingen gehörten, die sie veranlaßten zu sagen: »Das Wort ist Wahrheit gewesen, das ich in meinem Lande über deine Sachen und über deine Weisheit gehört habe«. Ihr Sichtbarwerden brachte Salomo Ehre ein. Das Kleid, das Gott uns gibt, wird Ihm selbst Ehre einbringen und nicht uns, wenn der Herr Jesus Christus in Seiner Herrlichkeit erscheint und »bewundert werden wird in allen denen, die geglaubt haben.«

2 Thessalonicher 1, 10

Im Buch Esther lesen wir von einem, an dessen Ehre der König Gefallen hatte, daß er mit königlichem Kleid bekleidet wurde, mit dem der König sich zu bekleiden pflegte. Das war ein außergewöhnlicher Fall, ein besonderes Zeichen von Gunst. Aber ist es nicht gerade das, was der Herr für uns getan hat? Indem Er uns in Sein eigenes Gewand kleidete, behandelte Er uns, wie Er Israel vor alters behandelte, als Er es so fand, daß kein Auge mitleidig auf es blickte und es dann in schöne Gewänder kleidete (Hesekiel 16). Dann konnte man sagen: »Dein Ruf ging aus unter die Nationen wegen deiner Schönheit; denn sie war vollkommen durch meine Herrlichkeit, die ich auf dich gelegt hatte, spricht Gott, der Herr.« Er hat Seine Liebe zu

uns darin bewiesen, daß Er uns mit Christus
selbst bekleidet hat. »Der Herr ist unsere Gerechtigkeit«. Jeremia 33, 16
Er ist »uns geworden Weisheit von Gott und Gerechtigkeit«. 1 Korinther 1, 30
Es ist noch immer eine Seiner Eigenschaften, wie vor alters, daß Er »den Fremdling liebt, so daß er ihm Brot und Kleider gibt« (5. Mose 10, 18).

Wir können viele Unterweisungen von den Kleidern der Priester und Leviten empfangen. Ehe sie den Dienst der Stiftshütte aufnehmen konnten, mußten sie ihre Kleider waschen, wie auch wir unsere Kleider waschen und sie weiß machen müssen im Blut des Lammes. Vgl. Offenbarung 7, 14
Der Prediger sagt: »Deine Kleider seien weiß zu aller Zeit« Prediger 9, 8
und in Jakobus werden wir ersucht, uns »von der Welt unbefleckt« zu erhalten. Jakobus 1, 27

Die Priester und Leviten waren in weißes Leinen gekleidet gleich der Braut in Offenbarung 19, und jedes ihrer verschiedenen Gewänder hat besondere vorbildliche Bedeutung für uns.

Eine weitere Seite von Gottes Vorsorge ist in den Kleidern des Pilgers gezeigt. Während der ganzen Wüstenreise unterstützte Gott Israel, daß »sie keinen Mangel hatten; ihre Kleider zerfielen nicht, und ihre Füße schwollen nicht«. Nehemia 9, 21

In jener Nacht in Ägypten, als sie das erste Mal vom Passahlamm aßen, wurden sie angewiesen, dies folgendermaßen zu tun; ihre Lenden gegürtet, ihre Schuhe an ihren Füßen, also zur Reise bereit. Diese Schuhe hielten während der ganzen Wanderung. Eine lange Reise hat gewöhnlich zur Folge, daß die Kleider abgenutzt werden. Als die Gibeoniter sich den Anschein geben wollten, daß sie aus fernem Land gekommen seien, da »nahmen sie ... abgenutzte und geflickte Schuhe an ihre Füße und abgenutzte Kleider auf sich«, und sagten: »Diese unsere Josua 9, 5. 13
Kleider und unsere Schuhe sind abgenutzt in-

folge des sehr langen Weges«. Aber die Klei-
der der Kinder Israels hatten vierzig Jahre ge-
halten. So wird auch unser Pilgerkleid während
unseres ganzen Pilgerlaufs halten. Es wird auch
dem Feuer standhalten gleich den Kleidern Sa-
drachs, Mesechs und Abednegos. Als sie in den
feurigen Ofen geworfen wurden, hatte das Feu-
Daniel 3, 27 er keine Macht über sie. »Ihre Leibröcke
waren nicht verändert, und der Geruch des Feu-
ers war nicht an sie gekommen.« Wir mögen
berufen sein, durchs Feuer zu gehen, aber die
Kleider, die Er bereitet, werden nicht versengt
werden.

Des *Kriegers Kleidung* ist in Epheser 6 beschrie-
ben, und die des *Überwinders* in Offenbarung
3, 4. 5, wo gesagt ist: »Sie werden mit mir ein-
hergehen in weißen Kleidern«; und »Wer über-
windet, der wird mit weißen Kleidern bekleidet
werden«. Man erwartet, daß der Sieger in sei-
nem Triumph in angemessener Kleidung er-
scheint. Siseras Mutter schaute nach dem
Kommen ihres Sohnes von seinem Sieg mit ei-
Richter 5, 30 ner »Beute an buntgewirkten Gewändern« aus;
»zwei buntgewirkte Gewänder für den Hals der
Gefangenen.« Wir besitzen die Waffenrüstung
des Kriegers und machen wir Gebrauch von ihr,
dann werden wir bald als Überwinder beklei-
det werden.

Es gibt ein schönes kleines Gleichnis in Rö-
mer 13, wo der Apostel, indem er das Ende der
Nacht und das Herannahen des Tages schildert,
alle eindringlich ermahnt, aus dem Schlaf auf-
zuwachen, die Werke der Finsternis, die Aus-
rüstung, die zur Nacht gehört, abzulegen, und
die Waffen des Lichts für den Tag anzuziehen.
Das bedeutet, wie er in einem späteren
Römer 13, 14 Vers erklärt, »den Herrn Jesus Christus an-

ziehen«. Wenn wir an das Kommen des Herrn denken, möchten wir nicht schlafend und auf Seine Ankunft unvorbereitet gefunden werden wie die Braut im Hohenlied, die die Stimme ihres Geliebten an der Tür hörte, aber nicht bereit war, denn sie hatte ihr Kleid ausgezogen (Hohel. 5, 3). Wir möchten vielmehr der Braut in Offenbarung 19 gleichen. Dort lesen wir: »Laßt uns fröhlich sein und frohlocken und und ihm Ehre geben; denn die Hochzeit des Lammes ist gekommen, und sein Weib hat sich bereitet. Und es ward ihr gegeben, daß sie sich kleide in feine Leinwand, glänzend und rein; denn die feine Leinwand sind die Gerechtigkeiten der Heiligen.«

Offenbarung 19, 7-8

Es ist ein offensichtlicher Unterschied zwischen den Kleider aus feiner Leinwand und den Gewändern, die den Herrn selbst vorbilden. Es wird uns gesagt, daß die feine Leinwand die Gerechtigkeit der Heiligen darstellt. Die Werke, die wir als Gläubige durch die Macht des Heiligen Geistes zu Seiner Ehre zu tun befähigt sind, sind diese Gerechtigkeiten, denn wir werden aufgefordert, »Ihm Ehre zu geben«, weil »Sein Weib sich bereitet hat«.

Diese letzteren mögen ‚geistgewirkte Gewänder' genannt werden; aber sie müssen ebenso von Gott kommen wie die, die wir »gottgegebene Kleider« nannten. Unsere guten Werke müssen in der Kraft des Heiligen Geistes geschehen und dürfen nicht bloß Ergebnisse fleischlicher Energie sein. Nachdem wir errettet und für die Gegenwart Gottes passend gemacht worden sind, soll unser Leben so sein, daß es Gott Ehre bringt. Gerechtigkeiten, die wir in unserer eigenen Kraft wirkten, sowohl ehe wir gläubig wurden, als auch nachher, sind nur ‚schmutzige Lumpen'; aber Gerechtigkeiten, in Abhängigkeit von der Kraft des Heiligen Geistes gewirkt, sind wie »feine Leinwand«. Die gottgegebenen und die geistgewirkten Kleider erläutern treffend die zweifache Heiligung des Gläubigen.

In Hebr. 10, 10 lesen wir, daß »wir geheiligt sind durch das ein für allemal geschehene Opfer des Leibes Jesu Christi«. Die Wörter »geheiligt sind«, könnten, wie gesagt worden ist, hier übersetzt werden: »geheiligt worden sind«, und sie beziehen sich auf unsere Stellung in Christus, die vollendete Heiligkeit, die unser ist, sobald wir durch den Glauben mit Ihm verei-
1 Korinther 1, 30 nigt sind, »der uns geworden ist Weisheit von Gott und Gerechtigkeit und Heiligkeit und Erlösung«. Wir können zu ihr nichts hinzufügen, sie ist beendet, vollkommen. In Vers 14 wird uns gesagt: »Denn mit *einem* Opfer hat er auf immerdar vollkommen gemacht, die geheiligt werden« — oder: geheiligt *werdend*, was auf eine fortschreitende Heiligung hinweist. Unsere Erfahrung soll mit unserer Stellung schritthalten, wir sollen Christus täglich ähnlicher werden. Wir sind geheiligt durch die Kraft des Heiligen Geistes, und dies ist eine wachsende Heiligung. Die gottgegebenen Gewänder scheinen die gegenwärtige Heiligkeit darzustellen: vollkommen in Christus; die geistgewirkten Kleider sind fortschreitende Heiligung.

Die Braut in Psalm 45, 14 »wird in buntgewirkten Kleidern zum König geführt« werden, nicht in einem maschinengemachten Gewand, sondern in einem, das Stich für Stich im Leben bereitet worden ist. Hierzu ist Fleiß und von Gott geschenkte Geschicklichkeit erforderlich.
Sprüche 23, 21 »Schlummer kleidet in Lumpen«; aber von dem

wackeren Weib lesen wir: »Sie verfertigt sich Teppiche; Byssus und Purpur sind ihr Gewand«. Wir sollen fleißig sein im Dienst für den Herrn, daß wir denen gleichen mögen, die in 1. Chronik 4, 21 erwähnt werden, den Familien derer, die feine Leinwand (Byssus) wirkten, vom Haus Aschbea. *Aschbea* bedeutet ‚ernste Bitte'. So stellte sie eine kleine Gruppe dar, die zum Haus des Gebets gehörten, deren Leben dazu diente, daß sie feine Leinwand webten. Sprüche 31, 22

Mit den geistgewirkten Gewändern kann man nicht eher beginnen, bis die Lumpen, die menschengemachten Kleider, beiseite getan sind, und wir das gottgegebene Kleid empfangen haben, Ihn, »den Herrn, unsere Gerechtigkeit«.

Viele andere Stellen könnten hinzugefügt werden; aber die, auf welche Bezug genommen worden ist, werden genügen, um zu zeigen, wie wir vorbildliche Begebenheiten zusammengruppieren können vom Anfang der Schrift an bis zu ihren letzten Kapiteln.

Es ist unmöglich, in diesem Kapitel mehr zu tun, als die Bilder aufzuzählen, aber jedes bedarf sorgfältigen Studiums, damit seine Schönheiten erkennbar werden.

13. Vorbildhafte Orte

Es gibt viele vorbildhafte Orte in der Bibel, die man in zwei Klassen teilen könnte. Zuerst sind da die, deren *Namen* bedeutungsvoll sind, so daß die dort geschehenen Ereignisse einen besonderen Sinn zu haben scheinen. Dann gibt es gewisse Orte, an denen sich zwei oder mehr vorbildliche Begebenheiten zutrugen.

Ein mit dem Palästina-Erforschungs-Fonds in Verbindung stehender Dozent stellte in seiner fünfundzwanzigjährigen Erfahrung als Sekretär fest, daß die Entdeckungen nicht nur bewiesen, daß die biblischen Ereignisse, wie sie beschrieben sind, stattgefunden haben könnten, sondern daß sie sich in vielen Fällen nirgend anders zugetragen haben könnten. Das ist ein Zeugnis auf Grund der Ausgrabungen in Palästina. Die, welche in der Vorbilderlehre des Wortes graben, würden dasselbe von einem *geistlichen*, statt eines nur geographischen Standpunktes aus sagen. Viele Schriftvorfälle mit tiefer geistlicher Bedeutung könnten nirgend anders stattgefunden haben, denn sie schatteten größere Geschehnisse vor, die sich auf dem gleichen Boden zugetragen haben.

In der ersten Gruppe finden sich da Orte wie *Bethlehem*, das »Haus des Brotes«, worauf bereits hingewiesen wurde oder *Hebron*, »Gemeinschaft«, wo so viele bedeutungsvolle Ereignisse stattfanden, die den Platz der Gemeinschaft charakterisieren. Im Hebräerbrief ist die Bedeutung des Namens *Salem* ebenso mitgeteilt wie die Melchisedeks als Beweis dafür, daß er, Melchisedek, ein Vorbild auf den
Hebräer 7, 2 Herrn Jesus war — »der erstlich verdolmetscht König der Gerechtigkeit heißt, sodann aber

auch König von Salem, das ist König des Friedens« —; womit deutlich gezeigt wird, daß dies eine schriftgemäße, nicht aber eine eingebildete Verfahrensweise ist, nach Vorbildern zu suchen.

Gilgal, Ort der Abwälzung der Schande, ist ein sehr bezeichnender Name. Hier, wo die erste Lagerung Israels nach Durchschreiten des Jordans stattfand, wurde das Volk beschnitten. Als Vorbild weist Gilgal auf das Gericht über das Fleisch. Oft wird es im Zusammenhang mit Macht über das Böse genannt.

Wir haben gesehen, daß die Steine, die aus dem Jordan genommen wurden, von den Gläubigen
reden als »mit Christus auferweckt«; und daß Kolosser 3, 1
die, die im Fluß zurückgelassen wurden, eine
andere Wahrheit in Kol. 3 beleuchten, »ihr seid Kolosser 3,3
gestorben«. Gilgal spricht von dem, was im 5. Vers gelehrt wird: »Tötet nun eure Glieder, die auf der Erde sind«. Am Tag des Sieges wurden die Kinder Israel immer wieder von Josua zum Lager in Gilgal zurückgeführt (Josua 10, 43); denn in solchen Zeiten besteht Gefahr, daß das Fleisch sich aufbläht. Auch Samuel veranlaßte sie, dorthin zurückzukehren, wie wir in 1. Sam. 11, 13. 14 lesen: »Heute hat der Herr Rettung geschafft in Israel! Und Samuel sprach zu dem Volk: Kommt und laßt uns nach Gilgal gehen und daselbst das Königtum erneuern.« Es ist bedeutsam, daß in Kapitel 15, 33 gesagt wird, daß »Samuel Agag in Stücke hieb vor dem Herrn zu Gilgal«. Dies ist einer der Vorfälle, die, wie wir sehen können, nirgendwo anders so angemessen hätte geschehen können.

Die Amalekiter, die in der Wüste unmittelbar über Israel kamen, nachdem die Ströme Was-

sers aus dem geschlagenen Felsen den Durst des Volkes gelöscht hatten, sind ein Bild für das Fleisch. Sie stammten von Esau ab, waren also mit den Kindern Israels verwandt. Der Vorgang in 2. Mose 17 scheint den Widerspruch des Fleisches darzustellen, unmittelbar nachdem der Geist gegeben worden war; und als Josua siegte, schließt das Kapitel mit der Erklärung ewiger Feindschaft zwischen Gott und Amalek. Zu jener Zeit wurde Gott durch Mose ein neuer Titel beigelegt: ‚Jahwe-Nissi' — Jahwe, mein Panier! Und er sprach: Denn die Hand ist am Thron Jahs (d.h. zum Schwur): Krieg hat Gott wider Amalek von Geschlecht zu Geschlecht!« Oder wie wir in Römer 8 lesen:
Römer 8, 6 - 7 »Die Gesinnung des Fleisches ist der Tod . . .; weil die Gesinnung des Fleisches Feindschaft ist gegen Gott, denn sie ist dem Gesetz Gottes nicht untertan, denn sie vermag es auch nicht« (V. 6. 7). Frieden zu machen mit dem Feind, heißt aufhören, dieses anzuerkennen. In direktem Ungehorsam gegen Gott verschonte Saul Agag, den König der Amalekiter. Sein Tod durch die Hand Samuels war in sich ein Vorbild vom Gericht des Fleisches; und daß es sich an dem Ort vollzog, der dieses Gericht vorzubilden scheint, macht den Vorgang doppelt bedeutsam.

Viele andere Orte mit Namen voller Bedeutung könnten erwähnt werden; aber unser Gegenstand hier ist nur, diesen Weg des Studiums denen vorzuschlagen, die ihn bisher noch nicht beschritten haben.

Die zweite Gruppe umfaßt ein noch interessanteres Forschungsgebiet. Sie beweist die wunderbare Angemessenheit der von Gott gewählten Orte und bestätigt, wie wir vorher bemerkten, daß jede Einzelheit in Vorgängen, die das Werk und die Person Seines Sohnes vorschatten, von größter Wichtigkeit für Ihn war.

Im *Berg Morija* haben wir hiervon ein treffendes Beispiel. Da Gott Abrahams Glauben prüfen und zugleich ein Bild Seiner eigenen großen Liebe geben wollte, indem Er Seinen Sohn, Seinen einzigen, nicht vorenthielt, leitete Er ihn zu einem gewissen Berg, »an den Ort, von dem Gott ihm gesagt hatte«, wie er zweimal genannt wird. Der Altar, auf dem Isaak gebunden werden sollte, und der Widder, der geopfert wurde, mußten an einem bestimmten Platz aufgestellt sein, den nur Gott anzeigen konnte. Kein anderer Hügel in ganz Palästina würde so angemessen gewesen sein, denn der Vorgang ist so mit zwei anderen Altären verbunden.

1 Mose 22, 3.9

Der Herr erschien dem David auf der Tenne Arawnas (Ornans), des Jebusiters, auf dem Berg Morija (2. Chron. 3, 1), und so wurde dem Engel befohlen, sein Schwert wieder in die Scheide zu stecken, und Gott sagte: »Genug!«, wo Er zuvor zu Abraham gesagt hatte: »Strecke deine Hand nicht aus nach dem Knaben«. Es gibt in mehrfacher Hinsicht eine wunderbare Ähnlichkeit zwischen den beiden Vorgängen, die beide vom Schlachtopfer reden, das Gott dargebracht hatte. David errichetete dankbar seinen Altar; Gott sandte Feuer hernieder; und wir lesen, daß »David sah, daß der Herr ihm auf der Tenne Ornans, des Jebusiters, geantwortet hatte«. Die Worte in 1. Mose 22, 14 waren noch wahr: »Daher heutigen Tages gesagt wird: Auf dem Berg des Herrn wird ersehen werden«. Fanden diese beiden Vorgänge durch Zufall an der gleichen Stelle statt? David er-

2 Samuel 24, 16

1 Mose 22, 12

1 Chronik 21, 28

kannte gleich, daß dies der Ort für den Tempel
1 Chronik 22, 1 war. »Dieses hier soll das Haus des Herrn sein, und dies der Altar zum Brandopfer für Israel.« Hier hatte Gott seine Sünde verziehen auf Grund seiner Gnade und ihn in der Person seines Brandopfers angenommen; und er beginnt sofort, Vorbereitungen zum Bau zu treffen, indem er nicht nur die Tenne kauft, wie in 2. Sam. 24, 24 (fünfzig Sekel Silber), sondern auch den ganzen Platz, wie uns 1. Chron. 21, 25 sagt (sechsundert Sekel Gold).

Der Tempel wurde tatsächlich durch Salomo gebaut »auf dem Berg Morija, wo der Herr seinem Vater David erschienen war« (2. Chron. 3, 1), und wo Jahwe-Jireh (der Herr wird sich ersehen) sich Abraham geoffenbart hatte. Dorthin wurde der Brandopferaltar gestellt, und dort wurden unzählige Schlachtopfer dargebracht. Als Abraham und Isaak »beide miteinander« die Abhänge des Berges Morija hinauf
1 Mose 22, 6 gingen, sagte Isaak: »Siehe das Feuer und das Holz; wo aber ist das Schaf zum Brandopfer?« Diese Frage scheint die gesamte alttestamentliche Zeit zu beherrschen. Auf der Eingangsseite des Evangeliums hören wir Johannes den Täufer sagen: »Siehe, das Lamm!« und wenn wir nach Golgatha zurückblicken, mögen wir fragen: »Wo ist das Feuer?« Es hat sich selbst
Sprüche 30, 16 verbraucht; es hat gesagt: »Genug!«

Als dieses größte aller Brandopfer dargebracht wurde, antwortete Gott wieder vom Himmel; dieses Mal nicht durch tatsächliches Feuer, oder durch eine Stimme, sondern indem Er den Vorhang des Tempels zerriß.

Wir finden verbunden mit dem Berg Morija drei Beispiele von kostbaren Gaben: Abraham schonte seinen einzigen Sohn nicht; David kauf-

te für eine große Summe den ganzen Platz und
alles, was darauf war, indem er sagte: »Ich will 2 Samuel 24, 24
dem Herrn, meinem Gott, nicht umsonst Brandopfer opfern«. Und als der Herr Jesus dem
Schatzkasten gegenübersaß, sah Er die Gabe Lukas 21, 4
der Witwe, wie »sie von ihrem Mangel einlegte, den ganzen Lebensunterhalt, den sie hatte«.

Es gibt noch einen anderen ‚grünen Hügel weit weg, ohne eine Stadtmauer', der ein äußerst heiliger Ort ist. Unser Herr betrat oft den *Ölberg*; dieser ist eng verbunden mit vielen Vorfällen Seines Lebens. Der Herr muß diesen Hügel geliebt haben, von dem aus man die Stadt überblickte, welche wirklich »des großen Königs Stadt« war, die sich aber noch weigerte, Ihm Untertanentreue zu leisten. Es scheint ein besonders geheiligter Ort zu sein, weil er der letzte war, auf dem Seine Füße standen, als Er Seine Jünger über seine Abhänge hin führte
»bis nach Bethanien«, wo »er emporgehoben Lukas 24, 50
wurde . . . und eine Wolke ihn aufnahm von
ihren Augen hinweg«. Doch dies ist nicht alles: Apostelgeschichte
der Ölberg wird auch die allererste Stätte auf 1, 9
dem Erdboden sein, auf der die einstmals durchbohrten Füße stehen werden. Die zwei
Männer, die den Jüngern erschienen, verspra- Apostelgeschichte
chen »Dieser Jesus, der von euch weg in den 1, 11
Himmel aufgenommen worden ist, wird also kommen, wie ihr ihn habt hingehen sehen in den Himmel«. Dieser Vers kann wohl auf beide Vorgänge, die des Herrn Wiederkommen betreffen, angewandt werden: Sein Kommen in die Luft für Seine Versammlung (Kirche) und Seine Wiederkunft auf die Erde mit Seiner Kirche. Es wird »also« sein bei beiden Gelegenheiten. »Eine Wolke nahm ihn auf von ihren

Augen hinweg«; und eine Wolke wird Ihn zurückbringen, wenn »die Toten in Christus zu-
1. Thessalonicher 5, 16. 17 erst auferstehen werden«, und »danach wir, die
Lebenden, die übrigbleiben, zugleich mit ihnen entrückt werden in Wolken dem Herrn entgegen in die Luft«. Die Seinen sahen Ihn gehen, und sie werden es sein, zu denen Er zurückkommt.

Es wird in besonderer Weise ein »also« geben, wenn Er in Seiner Herrlichkeit auf die Erde zurückkehren wird. Denn nicht nur werden die Wolken Ihn der Erde wieder zurückbringen, wenn »sie den Sohn des Menschen kommen sehen werden auf den Wolken des Himmels mit
Sacharja 14, 4 Macht und großer Herrlichkeit«, sondern »sei-
ne Füße werden an jenem Tag auf dem Ölberg stehen, der vor Jerusalem gegen Osten liegt; und der Ölberg wird sich in der Mitte spalten nach Osten und nach Westen hin zu einem sehr großen Tal«. Die Himmelfahrt unseres Herrn vom Ölberg aus und Seine Rückkehr auf ihn herab scheint dem Ölberg durch den Propheten Hesekiel vorausgesagt zu sein. Die Herrlichkeit wurde von ihm gesehen, wie sie die Stadt
Hesekiel 11, 23 verließ und »sich auf den Berg stellte, welcher
gegen Osten der Stadt ist«; und später sieht er,
Hesekiel 43, 2. 4 daß »die Herrlichkeit des Gottes Israels von
Osten her kam . . . den Weg des Tores, welches gegen Osten gerichtet war«.

Der Ölberg würde schon ein Ort großen Interesses für uns sein, wenn wir nur den verschiedenen Gelegenheiten nachspürten, bei denen unser Herr auf seinen Hängen weilte; doch das gilt noch mehr, wenn wir sehen, daß viele von ihnen im Leben Davids vorgeschattet waren. Ein kleines Wort in Samuel verbindet David und Davids größeren Sohn, denn es sagt uns,

daß David dort — auf der Anhöhe der Olivenbäume — »Gott anzubeten pflegte«; während 2 Samuel 15, 32
wir in Lukas lesen, daß in jener traurigen Nacht, der traurigsten Seines ganzen Lebens, der Herr »hinausging und sich der Gewohnheit nach an Lukas 22, 39-40
den Ölberg begab«. Es war der vertraute Aufenthaltsort beider, wenn sie ihr Herz vor Gott ausschütten wollten; und es mag im Schatten der gleichen Oliven geschehen sein, die in jenem Garten wuchsen, wo unser Herr in ringendem Kampf Seine Seele ausschüttete, »an dem Ort«, der in Lukas erwähnt wird, wo David, inspiriert vom Heiligen Geiste, die Psalmen dichtete, die so wunderbar die Gedanken des »Mannes der Schmerzen« ausdrücken. Der Lukas 24, 44
Herr erklärte nachher Seinen Jüngern alles, was in den Psalmen über Ihn geschrieben war. Und wir können vermutlich unterstellen, daß viele von ihnen die wahre Sprache Seines Herzens waren während der Stunden, die Er in Gethsemane verbrachte.

Die Überschrift von Psalm 102 sagt uns, daß dieser Psalm »das Gebet eines Elenden ist, wenn er verschmachtet und seine Klage vor dem Herrn ausschüttet«, und einige Verse aus ihm kann man besonders auf die Stunden in Gethsemane anwenden. In Hebräer 1 werden wir belehrt, daß die Verse 25 und 26 tatsächlich an den Herrn Jesus gerichtet waren. Es mag sein, daß sie buchstäblich zu dieser Zeit zum Ihm gesprochen wurden von dem Engel, dem »dienst- Hebräer 1, 14
baren Geist«, der Ihm erschien und Ihn stärkte (Lukas 22, 43). Der 24. Vers: »Ich sprach: Mein Gott, nimm mich nicht hinweg in der Hälfte meiner Tage!« kann daher Seine Sprache gewesen sein, und die Antwort des Engels: Psalm 102, 24-27
»Vom Geschlecht zu Geschlecht sind deine Jah-

re. Du hast vormals die Erde gegründet, und die Himmel sind deiner Hände Werk. Sie werden untergehen, du aber bleibst; und sie alle werden veralten wie ein Kleid; wie ein Gewand wirst du sie verwandeln, und sie werden verwandelt werden; du aber bist derselbe, und deine Jahre enden nicht.«

Es gibt achtundzwanzig Verse in den Psalmen, die in sechundvierzig Stellen im neuen Testament in bezug auf den Herrn angeführt werden, und sechszehn hiervon wendet Er selbst auf sich an, während viele mehr Seine Gedanken auszudrücken scheinen.

Wir lesen von David in Verbindung mit dem Ölberg, als David der verworfene König war. Absalom, der seinen Bruder erschlagen hatte, hatte die Herzen des Volkes gestohlen. Sie hatten ihn zum König gesalbt, wie ihre Nachkom-
Apostelgeschichte 3, 14 men es viele Jahre später machten, als sie »den
Heiligen und Gerechten verleugneten und baten, daß ihnen ein Mann, der ein Mörder war, geschenkt würde«. David war gezwungen, sei-
2 Samuel 15, 17 ne Stadt zu verlassen, und wir lesen, daß »der
König hinauszog, und alles Volk in seinem Gefolge, und sie machten Halt bei dem entfernten Haus«. Dies ist, was auch der große Sohn Davids getan hat. Sein eigenes Volk, die Israe-
Lukas 19, 14 liten, haben gesagt: »Wir wollen nicht, daß
dieser über uns herrsche«; auch Er mußte Sei-
Markus 13, 34 ne Stadt verlassen, und Er ist jetzt »gleichwie
ein Mensch, der außer Landes reiste«. Aber Er hat Seine Stadt nicht für immer verlassen. Es ist wahr, daß Er in ein »fernes Land« gezogen ist, aber Er will »wiederkommen« (Lukas 19, 12), und so macht Er gleich David, Halt bei dem
Hebräer 10, 37 entfernten Haus. Sehr bald »wird der Kom-
mende kommen und nicht verziehen«. Unter-

dessen hat Er zu Jerusalem gesagt: »Ihr werdet mich von jetzt an nicht sehen, bis ihr sprechet: Gepriesen sei, der da kommt im Namen des Herrn!« Matthäus 23, 39

Der kleine Vorfall zwischen David und Ittai ist sehr schön. Der König sagte zu Ittai: »Warum willst auch du mit uns gehen? Kehre um . . ., denn du bist ein Fremder und sogar in deinem Ort eingewandert. Gestern bist du gekommen, und heute sollte ich dich mit uns umherirren lassen?« Aber Ittai zögert nicht: es ist wahr, er war eben erst mit David bekannt geworden, aber das ist genug: »So wahr der Herr lebt un mein Herr König lebt, an dem Ort, wo mein Herr, der König sein wird, sei es zum Tod, sei es zum Leben, daselbst wird auch dein Knecht sein!« Das ist die Sprache des Herzens, jedes Herzens, das durch den Heiligen Geist belehrt worden ist zu sagen, »daß Jesus Christus Herr ist«. Wenn sie sich auch erst »gestern« haben »anwerben« lassen, werden sie doch vorziehen, ihren Platz bei dem verworfenen König einzunehmen, anstatt sich mit den Soldaten des Empörers einszumachen. David stellt Ittai vor die Wahl und lockt diese treue Antwort hervor. Als unser Herr die Augen des Blinden geöffnet hatte, sagte Er zu ihm: »Geh hin«; aber wir lesen: »Alsbald wurde er sehend und folgte ihm nach auf dem Weg«. Er wünschte nicht, einen Weg zu gehen, der ihn von »David« trennte. So ist es mit jedem, dem die Augen geöffnet worden sind, und der einen Lichtstrahl vom Herrn Jesus empfangen hat. Die Sprache seines Herzens ist: ‚Dein Weg', nicht der meine, Herr Jesus!' 2 Samuel 15, 19.20 Philipper 2, 11 Markus 10, 52

David beginnt nun seine leidvolle Reise über den Ölberg; und vieles in diesem Kapitel weist uns auf Vorfälle hin, die auf demselben Berg sich im Leben unseres Herrn ereigneten.

In 2. Sam. 15, 23 lesen wir: »Und der König ging über den Bach Kidron«; und in Joh. 18, 1 wird gesagt, daß »Jesus mit seinen Jüngern hinausging über den Bach Kidron, wo ein Garten war, in welchen er hineinging, er und seine Jünger«. *Kidron* bedeutet »Schwärze« oder »der Trübe«; wahrlich, der König von Israel ging in die Schwärze und Dunkelheit hinein in der Nacht, in welcher Er überliefert wurde.

Als er dort stand, sprach David zu denen, die ihm gefolgt waren, von seiner Rückkehr.
2 Samuel 15, 25 »Wenn ich Gnade finde in den Augen des Herrn, so wird er mich zurückbringen, und mich sie und seine Wohnung sehen lassen.« Vom Ölberg aus konnte er auf die Stadt hinabblicken und konnte ohne Zweifel das Zelt sehen, in dem die Bundeslade gewohnt hatte, das aber jetzt für eine Zeit verödet war. David verließ Jerusalem wegen seiner eigenen Sünde — er erntete, was er gesät hatte. (So ist das Vorbild sehr unvollkommen.) Es gab kein »Wenn« in der Belehrung unseres Herrn an Seine Jün-
Markus 13, 3 ger als »er auf dem Ölberg saß, dem Tempel gegenüber« und zu ihnen von Seiner Rückkehr sprach. Das 24. und 25. Kapitel Matthäus und das 13. Kapitel Markus wurden auf dem Ölberg gesprochen.

2 Samuel 15, 30 Es wird uns gesagt: »David aber ging die Anhöhe der Olivenbäume hinauf und weinte, während er hinaufging«; und das Volk, das bei ihm war, folgte seinem Beispiel. Hier haben wir eine Vorschattung unseres Herrn, der über Seine Verwerfung durch Jerusalem auf dem gleichen Grund und Boden weinte.

Der Zug, in dem Er den Mittelpunkt bildete,

unterscheidet sich in vieler Hinsicht von dem Trauerzug, dem wir in 2. Samuel gefolgt sind. Der Herr verließ Jerusalem nicht, sondern ging in die Stadt. In Lukas 19, 37 lesen wir: »Und als er schon nahte und bei dem Abhang des Ölberges war, fing die ganze Menge der Jünger an, mit lauter Stimme freudig Gott zu loben«; aber im 41. Vers lesen wir: »Und als er sich näherte und die Stadt sah, weinte er über sie«. Während Seine Jünger frohlockten, war Sein Herz voll Leid. Die Mengen riefen: »Hosanna«; aber Er wußte, daß sie in wenigen Tagen schreien würden: »Kreuzige, kreuzige ihn!« Das Leid Davids wurde von seinen Knechten geteilt, wenn sie an die Behandlung dachten, die er empfangen hatte. Das Leid unseres Herrn wurde allein getragen, denn niemand verstand Seinen Schmerz. Er rief im 69. Psalm aus: »Ich habe auf Mitleiden gewartet, und da war keines, und auf Tröster, und ich habe keine gefunden«. So war es auch im Garten Gethsemane, wo Er allein, »in ringendem Kampf« Seine Seele ausschüttete.

Markus 11, 9

Lukas 23, 21
Johannes 19, 6

Psalm 69, 20

Lukas 22, 44

Im folgenden Kapitel (2. Sam. 16) finden wir David noch auf dem Ölberg. Hier begegnet ihm ein Feind, Simei, der »an der Seite des Berges ging, ihm gegenüber, immerfort fluchend, und warf mit Steinen gegen ihn und warf Staub empor«. David mußte das Fluchen Simeis ertragen; sein Herr den Kuß des Judas. Aber beide verboten ihren Begleitern, Rache zu nehmen. Abisai sagte dem König: »Warum soll dieser tote Hund meinem Herrn, dem König, fluchen? Laß mich doch hinübergehen und ihm den Kopf wegnehmen!« »Aber der König sprach . . . Ja, mag er fluchen! denn wenn der Herr ihm gesagt hat: Fluche David! wer darf dann

2 Samuel 16, 13

sagen: Warum tust du also? . . . Laßt ihn, daß er fluche; denn der Herr hat es ihn geheißen.« Unser Herr sagte im Garten Gethsemane an den
Johannes 18, 11 Abhängen der Olivenbäume: »Den Kelch, den mit der Vater gegeben hat, soll ich den nicht trinken?« Und als Petrus sein Schwert gebrauchte zu seines Meisters Verteidigung, sag-
Matthäus 26, 52 te Er: »Stecke dein Schwert wieder an seinen Ort.«

2 Samuel 16, 6 Weiter wird mitgeteilt, daß »Simei mit Steinen nach David warf und nach allen Knechten des Königs David; und alles Volk und alle Helden waren zu seiner Rechten und zu seiner Linken«. Wir können uns vorstellen, wie gern sie ihren Herrn beschützten; wir hören nicht, daß sie ihren Herrn verließen. Wie ganz anders die Behandlung, welche der Herr Jesus erfuhr, als
Markus 14, 50 »alle ihn verließen und flohen«!

Wir können viele praktische Belehrungen aus dem Verhalten der Begleiter Davids ziehen in der Zeit seiner Verwerfung. Sie zogen »in seinem Gefolge« (Kap. 15, 17); und waren »an seiner Seite« (V. 18); sie waren »bei ihm« (30; und Kap. 16, 14); und »zu seiner Rechten und zu seiner Linken« (16, 6).

Simei »warf mit Steinen nach David und nach allen Knechten des Königs David«, weil sie seine Knechte waren. Es ist auch jetzt wahr, wie
Johannes 15, 18 unser Herr sagt: »Wenn die Welt euch haßt, so wisset, daß sie mich vor euch gehaßt hat«. Wenn wir nahe bei Ihm sind, können wir sicher sein, mit einigen Steinen in Berührung zu kommen oder zum mindesten mit »Staub«. Wir dürfen versichert sein, daß, als das Königtum an David zurückkam, es seine Freude war, die zu ehren, die von den Steinen getroffen worden sind, die auf ihn selbst gezielt waren. Er

erinnert Salomo, seinen Sohn daran, daß er die
ehren müsse, die seine Verwerfung geteilt
hatten. »An den Söhnen Barsillais, des Gilea- 1 Könige 2, 7
diters, sollst du Güte erweisen, und sie sollen
unter denen sein, die an deinem Tisch essen;
denn sie sind mir entgegengekommen, als ich
vor deinem Bruder Absalom floh.« Dieses ist
beinahe Wort für Wort der vom Herrn verhei-
ßene Lohn für die, die Seine irdischen Leiden
geteilt hatten. »Ihr seid es, die mit mir aus- Lukas 22, 28-30
geharrt haben in meinen Versuchungen; und ich
verordne euch, gleichwie mein Vater mir ver-
ordnet hat, ein Reich, auf daß ihr esset und trin-
ket an meinem Tisch in meinem Reich«. Uns,
die wir jetzt Seine Verwerfung teilen, ist ver-
heißen: »Wenn wir ausharren, so werden wir 2 Timotheus 2, 12
auch mitherrschen«.

Die treuen Nachfolger Davids wollten nicht
gern in Jerusalem zurückbleiben, denn sie hät-
ten keinerlei Freude haben können an den Fest-
lichkeiten Absaloms. Ihr Platz war außerhalb
der Stadt. Versuchen nicht viele Kinder Got-
tes, an beiden Plätzen zugleich zu sein? Freund-
schaftlich zu verkehren mit Absaloms
Anhängern, und doch zu bekennen, auf Davids
Seite zu stehen? Wir müssen unter denen leben,
die unseren Herrn verwerfen, und gleichen in
dieser Hinsicht Mephiboseth, der die Stadt
nicht verlassen konnte; aber es war klar erkenn-
bar, zu welcher Partei er gehörte. Sein Kum-
mer über Davids Abwesenheit war deutlich;
sicherlich war er nicht mit Davids Feinden ver-
bunden. »Er hatte seine Füße nicht gereinigt 2 Samuel 19, 24
und seinen Bart nicht gepflegt und seine Klei-
der nicht gewaschen von dem Tag an, da der
König weggegangen war, bis zu dem Tag, da
er in Frieden einzog«. Als er ihn bei seiner

Rückkehr willkommen hieß, da bedeuteten ihm seine eigenen Sachen und seines Dieners falsche
2 Samuel 19, 30 Darstellung nichts. »Er mag auch das Ganze nehmen«, sagte er, »nachdem mein Herr, der König, in Frieden in sein Haus gekommen ist.« Wir haben heute eine zweifache Stellung: Wir müssen unter den Feinden unseres abwesenden Herrn leben, aber wir müssen auch unseren Platz neben Ihm einnehmen und auf dem Weg Seiner Verwerfung wandeln. Obwohl seine eigene Stadt David in die Verbannung getrieben hatte, gab es einen Ort auf seiner Reise, von
2 Samuel 16, 14 dem wir lesen: »Der König . . . kam ermattet an; und er erholte sich daselbst«. Der Name dieses Ortes wird uns nicht genannt, aber wir werden daran erinnert, was Bethanien für unseren Herrn war: der Ort der Ruhe und Erquickung, als Jerusalem Ihn verwarf. Immer wieder verließ Er die Stadt, um dorthin zu gehen. Eine der Übersetzungen von ‚Bethanien' lautet: ‚Das Haus der Gnade des Herrn'. Ob wir nun die Bedeutung des Namens annehmen oder nicht, es ist ein schönes Bild davon, wie der Herr Sein Heim in den Herzen derer findet, die Ihn lieben, während Er gleichsam bezogen auf Sein Königreich in der Verwerfung ist.

14. Vorbildhafte Personen

Die Personen, die den Herrn Jesus vorschatten, sind sehr zahlreich; sie müssen aber ganz anders studiert oder erwogen werden als die Vorbilder der Stiftshütte, des Tempels, der Opfer usw. Letztere waren eingerichtet zu dem einen großen Zweck, Seine Herrlichkeit auszudrücken, und jede Einzelheit ist dabei von göttlicher Wichtigkeit. Und obwohl wir die Bedeutungen vieler kleinerer Besonderheiten, die unerklärt bleiben, nur vermuten können, dürfen wir doch ganz sicher sein, daß sie einen vorbildhaften Sinn haben. Das ist aber nicht so im Blick auf die Personen. Sie waren keine vollkommenen Menschen und können deshalb auch keine vollkommenen Vorbilder sein. Im Niederschreiben ihrer Geschichten hat der Heilige Geist sie uns dargestellt, wie sie waren, ihre Sünden nicht verborgen, sondern ihr Bild uns getreu wiedergegeben. Aus diesem Grunde halten sich manche Ausleger sehr zurück, sie als Vorbilder anzuerkennen. Doch die Tatsache, daß sie im Neuen Testament angeführt werden, um die eine und andere Wahrheit über den Herrn Jesus vorzuschatten, beweist uns, daß sie zu Vorbildern bestimmt sind. In vielen von ihnen finden wir eine doppelte Belehrung, in Gegensätzlichkeit wie in Gleichheit; und gerade ihre Fehler dienen dazu, die Vollkommenheit des großen Gegenbildes hervortreten zu lassen.

Die erste uns in der Bibel dargestellte Person bildet unseren Herrn Jesus Christus in mehrfacher Weise vor; und doch war sie es, durch die »die Sünde in die Welt gekommen« ist. Im Römer 5, 12

8. Psalm bezog David sich wahrscheinlich zu-
Psalm 8, 6 erst auf *Adam*. »Du hast ihn zum Herrscher gemacht über die Werke deiner Hände«; aber wir wissen, daß dies auch eine Prophezeiung
Hebräer 2, 7-8 auf den Herrn Jesus Christus ist, denn die Stelle wird im Brief an die Hebräer angeführt. Dann schattet Adam Christus als das Haupt eines Geschlechts vor; und in 1. Kor. 15 vergleicht der Geist Gottes beide und stellt sie einander ge-
1 Korinther 15, 22 genüber. »Denn gleichwie in dem Adam alle sterben, also werden auch in dem Christus alle lebendig gemacht werden.« Der Tod ist auf alle Glieder der ersten Familie gekommen, weil ihr Vater starb. Die, welche zur zweiten Familie gehören, leben, weil das Haupt ihres Geschlechts lebendig gemacht worden ist. Das erste »alle« schließt die ganze Menschheit ein — alle Nachkommen des ersten Adam; das zweite alle Gläubigen, die mit dem letzten Adam verbunden sind.

Im letzten Teil dieses Kapitels werden beide wie-
1 Korinther 15, 45 der gegenübergestellt: »Der erste Mensch, Adam, ward eine lebendige Seele; der letzte Adam ein lebendig machender Geist.« In dem ersteren war Leben, das im Tod endet; in dem letzteren gab es Tod, der Leben hervorbringt.
Korinther 15, 47 »Der erste Mensch ist von der Erde, von Staub; der zweite Mensch vom Himmel.« Und so vergleicht Paulus das Geschick ihrer Nachkommen, den Charakter des Lebens, das sie besitzen, und ihren Ursprung. In einem anderen Brief, wie wir bereits sahen, weist Paulus darauf hin, daß der erste Mensch in seiner Beziehung zu Eva ein Vorbild von Christus ist, denn in Epheser 5, wo 1. Mose 2 angeführt
Epheser 5, 32 wird, heißt es weiter: »Dieses Geheimnis ist groß; ich aber sage es in bezug auf Christus und

auf die Versammlung.«
Vieles andere könnte erwähnt werden, besonders der Gegensatz in ihren Versuchungen. Satan trat in beiden Fällen heran in der Absicht, das Werk Gottes zu zerstören, gleich nachdem
Gott Sein Wohlgefallen darüber ausgedrückt 1 Mose 1, 31
hatte. In 1. Mose, nach der Schöpfung, hatte Gott alles für »sehr gut« erklärt. In den Evangelien bei der Taufe des Herrn Jesus hatte Er
ausgerufen: »Dieser ist mein geliebter Sohn, an Matthäus 3, 17
welchem ich Wohlgefallen gefunden habe«. Sofort erscheint der Versucher, der Teufel, auf dem Schauplatz. Doch wie ganz verschieden war das Ergebnis! Der erste Adam fiel, und so
kam »durch einen Menschen die Sünde in die Römer 5, 12
Welt«. Der letzte Adam aber besiegte Seinen Feind, und der letzte Teil des Psalms, den Satan so listig vor Ihm anführte, wurde erfüllt: »Auf Löwen und Ottern wirst du treten, junge
Löwen und Schlangen wirst du niedertreten«. Psalm 91, 13
Indem er die vorhergehenden Verse falsch anführte: »Er wird seinen Engeln über dir befehlen«, verschwieg Satan die Worte, die seine eigene Niederlage unter dem dreifältigen Gleichnis von Löwe, Otter und Drache prophezeiten. In beiden Versuchungen ging es darum, Gottes Wort und Seine Güte in Zweifel zu zie-
hen. An Eva richtete Satan die Frage: »Hat 1 Mose 3, 1
Gott wirklich gesagt . . .?« Zum Herrn sagte er: Matthäus 4, 3
»Wenn du Gottes Sohn bist . . .« — obwohl Gottes Stimme eben erst vom Himmel zu hö-
ren war in den Worten: »Dieser ist mein gelieb- Matthäus 3, 17
ter Sohn«. In der ersten Versuchung glaubte man der Lüge; in der zweiten aber schenkte man ihr nicht einen Augenblick Gehör. So sehen wir in Adam eine biblische Person, die in mancher Hinsicht ein Vorbild von Christus ist,

in anderer Beziehung aber durch Gegenüberstellung uns kostbare Belehrungen über Ihn gibt.

Während manche Personen Ihn nur in gewissen Einzelheiten vorbilden, gibt es einige andere, die es in fast jeder Einzelheit ihres Lebens zu tun scheinen. Von diesen scheinen Joseph, Mose, Aaron, Josua, David und Elisa die vollständigsten Vorbilder zu sein, obwohl der Ungehorsam Moses, das goldene Kalb Aarons und die schreckliche Sünde Davids Teil-Seiten ihrer Geschichte verunstalten. Drei von ihnen: *Joseph, Mose* und *David* schatten sowohl die Leiden als auch die Herrlichkeit des Herrn vor und können so zusammengruppiert werden. Obwohl ihre Umstände sehr unterschiedlich waren, stellen sie doch alle sehr schön den Verworfenen dar. Stellt man die drei Seite an Seite, fügt jeder von ihnen dem Gesamtbild Züge hinzu, die durch die anderen nicht gegeben sind.

In Apostelgeschichte 7 vergleicht Stephanus die Geschichten Josephs, Moses und des Messias Israels, indem er zeigt, wie die zwei ersteren durch ihre Brüder verworfen, später aber angenommen wurden; der aber, den sie vorschatteten, wurde verraten und ermordet. Seine Zuhörer erlaubten ihm nicht, seine Ansprache zu vollenden, in der dringenden Aufforderung, ihren Erlöser anzuerkennen. Doch das, was er sterbend sah, war ein passender Abschluß des wundervollen Auszugs, den er aus der Geschichte gegeben hatte, als er, »voll Heiligen Geistes, unverwandt gen Himmel schaute und die Herrlichkeit Gottes sah, und Jesus zur Rechten Gottes stehen«. Als er dann sagte:

Apostelgeschichte 7, 55-56

»Siehe, ich sehe die Himmel geöffnet, und den Sohn des Menschen zur Rechten Gottes stehen!« — stehen, als lausche Er auf eine Antwort; stehen, wie bereit, zurückzukehren. Stephanus' letzte Worte bezogen sich auch prophetisch auf den Tag, an dem der Sohn des Menschen nicht länger der Verworfene sein würde.

Die dreizehn Kapitel des 1. Buches Mose, die 1 Mose 37, 39-50
uns die schöne Geschichte von *Josephs* Leben erzählen, sind voll von Bildern des Christus. Und wie sie, Vers für Vers, das vertraute alttestamentliche Bild wiedergeben, können wir mit ihnen viele neutestamentliche Stellen vergleichen, die das Leben und den Charakter dessen beschreiben, von dem Joseph ein solch erstaunliches Vorbild ist*). Er ist von seinem Vater geliebt, von ihm gekleidet und mit einem Auftrag zu seinen Brüdern gesandt. Von ihnen wird er gehaßt und beneidet; sie verweigern Untertänigkeit, verschwören sich gegen ihn, ziehen ihn aus und überliefern ihn in die Hände der Nationen. Die Trübsal, das Leiden und die Schmach, durch die er hindurchging, sind in einer Reihe von Bildern dargestellt. Die Grube, der Kaufpreis, Potiphars Haus und das Gefängnis zeigen, wie Joseph Schritt für Schritt den Pfad der Erniedrigung hinabgeführt wurde. Die Grube erinnert uns daran, wie der Herr im
69. Psalm gerufen hat: »Ich bin versunken in Psalm 69, 2. 15
tiefen Schlamm und kein Grund ist da . . . Laß die Grube ihren Mund nicht über mir verschließen!« Der für Joseph gezahlte Preis, als er in die Sklaverei verkauft wurde, war zwanzig Silberlinge, während der Herr Jesus für dreißig Silberlinge verraten wurde, den Preis eines Skla-

---

* Siehe Anhang

ven (2. Mose 21, 32). Danach wird Joseph ein
Knecht im Haus Potiphars und schließlich über
dessen ganzes Haus bestellt; und er ist ähnlich
Jesaja 49, 7. 8 Ihm, von dem wir lesen: »Dem von jedermann
Verachteten . . . dem Abscheu der Nation . . .
dem Knecht der Herrscher«.

Noch einen weiteren Schritt gibt es in seiner Er-
niedrigung. Fälschlich beschuldigt, wird er ins
Gefängnis geworfen und unter die Übeltäter ge-
rechnet. Es geht tiefer und tiefer mit ihm hin-
ab; aber hier läßt uns das Vorbild im Stich,
denn obwohl die Schande des Kreuzes vorge-
schattet ist, brauchte Joseph doch nicht sein Le-
ben darzulegen. Wir lesen in Psalm 105, 18:
»Man preßte seine Füße in den Stock, er kam
Psalm 22, 16 in das Eisen«; aber der Gekreuzigte rief: »Sie
haben meine Hände und meine Füße durchgra-
ben«. In 1. Mose 40 sehen wir, daß, wie bei
Ihm, von dem Joseph ein Vorbild war, »auch
zwei andere hingeführt wurden, Übeltäter«. —
Dem einen gibt er eine Botschaft des Lebens,
dem anderen eine Botschaft der Verurteilung
zum Tode. Der eine geht aus dem Gefängnis
in des Königs Palast und an des Königs Tafel,
der andere wird zum Tod geführt. So war es
Johannes 19, 18 auf Golgatha, »wo sie ihn kreuzigten, und zwei
andere mit ihm, auf dieser und auf jener Sei-
te, Jesus aber in der Mitte«. Einem von diesen
Lukas 23, 43 gab auch Er eine Botschaft des Lebens: »Heu-
te wirst du mit mir im Paradies sein«. Die Spra-
che des sterbenden Räubers war sehr ähnlich
derjenigen des Obersten der Schenken, als er
1 Mose 41, 9 vor dem Pharao stand. Der letztere sagte: »Ich
gedenke heute meiner Sünden«, und fuhr fort,
Lukas 23, 41 von Joseph zu sprechen. Der erstere sagte: »Wir
zwar mit Recht, denn wir empfangen, was un-
sere Taten wert sind; dieser aber hat nichts Un-
geziemendes getan.«

Joseph richtet eine dreifache Bitte an den Obersten der Schenken: »Gedenke *meiner* ... und erweise doch Güte an *mir* und erwähne *meiner*«; aber seine Bitte wurde lange vergessen, denn wir lesen: »Aber der Oberste der Schenken dachte nicht an Joseph und vergaß ihn«. Der Herr bittet alle, die die Botschaft des Lebens von Ihm empfangen haben, um diese drei Dinge. Ach, daß es je von Ihm gesagt werden sollte, wie von dem armen weisen Mann in Salomos Gleichnis, der »die Stadt durch seine Weisheit rettete; aber kein Mensch gedachte dieses armen Mannes ... die Weisheit des Armen wird verachtet, und seine Worte werden nicht gehört«. Josephs Charakter ist ganz und gar schön. Er widersteht der Versuchung zur Sünde, und diejenigen, denen er dient, erkennen, daß der Herr mit ihm ist, daß er gesegnet ist und andere mit ihm, und daß man ihm volles Vertrauen schenken kann. »Der Herr ließ alles, was er tat, in seiner Hand gelingen«, gleich dem, von dem gesagt ist: »Das Wohlgefallen des Herrn wird in seiner Hand gedeihen«. Das, was in Josephs Hand gelegt wurde, war völlig sicher. Die Erfahrung des Obersten der Leibwache und des Hüters des Gefängnisses stimmten überein. Auch wir können mit Paulus sagen: »Ich weiß, wem ich geglaubt habe, und bin überzeugt, daß er mächtig ist, das ihm von mir anvertraute Gut auf jenen Tag zu bewahren«.

1 Mose 40, 14

Prediger 9, 15.16

1 Mose 39, 3

Jesaja 53, 10

2 Timotheus 1, 12

Josephs Geschichte schließt indes nicht im Gefängnis. Es gibt noch eine andere Seite des Bildes. Spephanus erzählt uns, daß Gott »ihn rettete aus allen seinen Drangsalen«, wie wir in Psalm 22 lesen: »Denn nicht verachtet hat er, noch verabscheut das Elend des Elenden«.

Apostelgeschichte 7, 10

Psalm 22, 24

Joseph wurde durch Pharao aus dem Verlies herausgebracht, und »er setzte ihn zum Herrscher über sein Haus, und zum Herrscher über all sein Besitztum« (Psalm 105, 21). Hier werden wir an eine andere gleichnishafte Prophezeiung erinnert, an den armen und weisen Jüngling in Prediger 4, 13-15, der »besser ist als ein alter und törichter König . . . Denn aus dem Haus der Gefangenen ging er hervor, um König zu sein, obwohl er im Königreich jenes arm geboren war.«

Die Geschichte Josephs kann man mit Philipper 2 vergleichen. Wir sehen ihn, wie er, seines Kleides beraubt, ein Diener seiner Brüder wird, nachdem er zum Sklaven gemacht und unter die Gesetzlosen gerechnet worden war, wie er dann hoch erhoben und ihm letztlich ein Ehrentitel gegeben wird, wie allen befohlen
1 Mose 41, 43 wird, »das Knie« vor ihm »zu beugen«. Philipper 2 berichtet uns von Ihm, der sich frei-
Philipper 2, 10 willig für uns auszog und »sich selbst zu nichts machte und Knechtsgestalt annahm«; aber das Gegenbild ging viel tiefer als das Vorbild. »Er erniedrigte sich selbst, indem er gehorsam ward bis zum Tod, ja, zum Tod am Kreuze.« Hierfür haben wir keine Parallele in Josephs Leben. Der Herr ging weit unter Joseph hinab in Seiner Erniedrigung, und Er stieg
Philipper 2, 9-11 weit über ihn empor in seiner Erhöhung: »Darum hat Gott ihn auch hoch erhoben und ihm einen Namen gegeben, der über jeden Namen ist, auf daß in dem Namen Jesu jedes Knie sich beuge, der Himmlischen und Irdischen und Unterirdischen und jede Zunge bekenne, daß Jesus Christus Herr ist, zur Verherrlichung Gottes, des Vaters.« Es war das »Evangelium der Herrlichkeit«, das einen Saulus von Tar-

sus in Paulus, den Apostel, verwandelte; und es war die frohe Botschaft, daß Joseph noch lebte und auf dem Thron saß, die Jakob nach Gosen brachte.

Fast alles, was Pharao über Joseph sagt, gilt noch mehr von einem Größeren als er. »Werden wir einen finden wie diesen, einen Mann, in welchem der Geist Gottes ist? ... Keiner ist so verständig und weise wie du. Du sollst über mein Haus sein, und deinem Befehl soll mein ganzes Volk sich fügen.« Und zu den Hungrigen, die um Brot zu ihm schrien, sprach der Pharao: »Geht zu Joseph; tut, was er euch sagt!« 1 Mose 41, 38-40

Dann können wir auch wundervollen Vorschattungen in seinem Handeln mit seinen Brüdern nachspüren: wie er ihnen sagte, daß Gott ihn vor ihnen hergesandt habe, um ihr Leben durch eine große Rettung zu erhalten. Wie er sie nach und nach dahin brachte, ihre große Sünde zu bekennen, die sie gegen ihn begangen hatten, ihnen vergab und sie als seine Brüder anerkannte. Wie er sie in der Zeit der Hungersnot ernährte, ihnen so viel gab, wie sie nur tragen konnten, und Zehrung für den Weg. Und als sie seiner Einladung, zu ihm zu kommen, gefolgt waren, versorgte er sie, indem er sie einlud zu kommen und nahe bei ihm zu leben, damit sie nicht verarmten. Auf seine unerschöpflichen Vorratshäuser haben wir bereits hingewiesen, auch wie er mit dem hungernden Volk handelte, das kam, um zu kaufen; wie auch auf die besondere jüdische Anwendung der Geschichte. 1 Mose 45, 7

Wir sehen aus der Ansprache eines Stephanus, daß *Mose* ein weiterer Befreier war; er war ein Vorbild des Herrn Jesus sowohl in seiner Ver-

werfung als auch, nachdem er von dem Volk
als ihr Führer anerkannt war. Während Joseph
gehaßt war von seinen Brüdern, wurde Mose
Apostelgeschichte 7, 25 mißverstanden. »Er meinte aber, seine Brüder
würden verstehen«, doch wie der Herr selbst,
Johannes 1, 11 kam er »in das Seinige, und die Seinigen nah-
Apostelgeschichte 7, 27 men ihn nicht an«. Sie sagten: »Wer hat dich
zum Obersten und Richter über uns gesetzt?«
Das sind fast dieselben Worte, die unser Herr
benutzte, als einer zu Ihm kam und sagte: »Leh-
rer, sage meinem Bruder, daß er das Erbe mit
Lukas 12, 13. 14 mir teile. Er aber sprach zu ihm: »Mensch, wer
hat mich zu einem Richter oder Erbteiler über
euch gesetzt?« Es mag sein, daß Er sich selbst
hier mit Mose vergleicht. Wenn »Seine Brüder
ihn verstanden hätten«, würde Er in der Tat
ihr König und Richter geworden sein; sie aber
verleugneten Ihn. Wenn Er damals eingewilligt
hätte, zwischen ihnen durch Schiedsspruch zu
richten, hätte man ihn wie Mose behandelt.
Apostelgeschichte 7, 35 Aber wir lesen: »Diesen Mose, den sie verleug-
neten, indem sie sagten: ‚Wer hat dich zum
Obersten und Richter gesetzt?' diesen hat Gott
zum Obersten und Retter gesandt«. Petrus er-
Apostelgschichte 2, 36 klärt: »Das ganze Haus Israel wisse nun zuver-
lässig, daß Gott ihn sowohl zum Herrn als auch
zum Christus gemacht hat, diesen Jesus den ihr
gekreuzigt habt«. Wohl hat Israel Ihn jetzt noch
nicht anerkannt; aber sie werden einmal sagen:
Matthäus 21, 9 »Gepriesen sei, der da kommt im Namen
des Herrn!«

Joseph wurde aus seiner Heimat und von sei-
nes Vaters Liebe weggeführt in Einsamkeit,
Sklaverei und Gefangenschaft. Was aber war
die Liebe Jakobs verglichen mit der, von der
der Herr Jesus in Joh. 17 sprach: »Du hast
Johannes 17, 24 mich geliebt vor Grundlegung der Welt»! Mose

gab die Annehmlichkeiten und Reichtümer am
Hofe Pharaos und seine dortige hohe Stellung
auf. Was aber war das alles im Vergleich zu der
Herrlichkeit, die unser Herr erwähnt, die »Herr-
lichkeit, die ich bei dir hatte, ehe die Welt Johannes 17, 5
war«, deren Er sich entäußerte, als Er sich
selbst zu nichts machte? »Ihr kennet die Gnade 2 Korinther 8, 9
unseres Herrn Jesus Christus, daß er, da er
reich war, um euretwillen arm wurde.« Der
Sohn der Tochter Pharaos besaß hohen Rang
am ägyptischen Hof; aber wie muß die Stellung
dessen gewesen sein, den Gott »den Mann« Sacharja 13, 7
nennt, »der mein Genosse ist«, der auch in Sei-
ner Erniedrigung nur Seinen Vater zu bitten
brauchte, und Er hätte Ihm sofort »mehr als
zwölf Legionen Engel« gestellt? Matthäus 26, 53

Während der Zeit, in der sie für ihre Brüder
Fremde waren, nahmen sowohl Joseph als auch
Mose eine Braut für sich aus einem fremden
Volk. Asnath und Zippora sind daher ein Bild
von der Kirche in der gegenwärtigen Heilszeit:
verheiratet, während Israel ihrem Retter eine
Fremde ist. Wir sehen, daß durch diese ganze
Zeit der Trennung die Herzen Josephs und Mo-
ses voll Liebe waren für ihre eigenen Brüder.
Das schöne Bild der Zartheit und Liebe Josephs
zeigt, wie sein Herz nach ihnen verlangte. Mo-
se nennt seinen Sohn *Gersom*, denn er sprach:
»Ein Fremdling bin ich geworden in 2 Mose 2, 22
fremdem Land«. Er hatte seine Verwandten
nicht vergessen, die sich zwischen den Ziegel-
brennöfen abmühten.

Durch die ganze Geschichte Moses hindurch
haben wir eine vorbildliche Belehrung. Er be-
saß große Weisheit und »war mächtig in seinen Apostelgeschichte 7, 22
Worten und Werken«; er »war sehr sanftmü-
tig, mehr als alle Menschen, die auf dem Erd- 4 Mose 12, 3

boden waren«, bis der kam, der von sich sa-
Matthäus 11, 29 gen konnte: »Ich bin sanftmütig und von Herzen demütig«. Er wirkte Wunder, die richtigerweise »dem Finger Gottes« zugeschrieben wurden (2. Mose 8, 19; Luk. 11, 20); und man
Markus 4, 41 hätte auch von ihm sagen können: »Wer ist denn dieser, daß auch der Wind und der See ihm gehorchen?« In diesen beiden Fällen war Mose indes nur das menschliche Werkzeug Gottes; während der Herr Jesus Christus Seine ei-
5 Mose 34, 10 gene göttliche Macht offenbarte. »Es stand in Israel kein *Prophet* mehr auf wie Mose, welchen der Herr gekannt hätte von Angesicht zu Angesicht«, bis Gott den Einen erweckte, den zu senden Er versprochen hatte, »gleich« Mose (5. Mose 18, 15-19; Apostelgeschichte 7, 37). »Auf ihn sollt ihr hören«; »ihn höret (Matth. 17, 5).

In Psalm 99, 6 wird Mose als *Priester* erwähnt,
5 Mose 33, 5 und wir wissen, daß »er *König* ward in Jeschurun« und *Hirte, Richter* und *Führer* des Volkes; aber als *Mittler* erinnert er uns in hervorragendster Weise an den Herrn Jesus. Als Gott über das Volk zürnte, stand Mose, Sein Auserwählter, vor Ihm in dem Riß, »um seinen Grimm vom Verderben abzuwenden« (Psalm 106, 23). Als sie gegen ihre Feinde kämpften, stieg er auf den Gipfel des Hügels und
2 Mose 17, 11 saß dort als der Mittler: »Und es geschah, wenn Mose seine Hand erhob, so hatte Israel die Oberhand, und wenn er seine Hand ruhen ließ, so hatte Amalek die Oberhand.« Er sagte ihnen in 5. Mose 5, 5: »Ich stand zwischen dem Herrn und euch ..., um euch das Wort des Herrn zu verkündigen«; und wenn Schwierigkeiten aufkamen, brachte er ihre Sache vor den
1 Timotheus 2, 5 Herrn. So bildete er den einen »Mittler zwi-

schen Gott und Menschen vor, den Menschen
Jesus Christus«, den »Sachwalter bei dem Va- 1 Johannes 2, 1
ter«; den Einen, »der immerdar lebt, um sich Hebräer 7, 25
für sie zu verwenden«. Er, unser Herr, stand
wirklich im Riß, als »er um unserer Übertre- Jesaja 53, 5
tungen willen verwundet, um unserer Misseta-
ten willen zerschlagen war«. Wenn Versuchun-
gen nahen, betet Er für die Seinen, daß ihr
Glaube nicht aufhöre, wie Er damals für Pe-
trus betete. Er ist selbst das Wort und wir ha-
ben ein Beispiel davon, wie Er unsere Anliegen
vor Seinen Vater bringt, in Johannes 17. Nicht
nur ist Mose ein Vorbild, wenn wir ihn mit dem
Herrn vergleichen, sondern auch in der Gegen-
überstellung; denn als Vertreter des Gesetzes
wird er im Neuen Testament mit dem vergli-
chen durch den »die Gnade und die Wahrheit Johannes 1, 17
geworden ist«.

Während Joseph verbannt und Mose von seiner Verwandtschaft nicht anerkannt war, stellt *David* noch eine andere Seite dar; denn er war von seinem Thron verdrängt. Joseph war der Befreier aus Hungersnot, Mose der aus der ägyptischen Sklaverei, und David der Befreier aus der Macht des Feindes. Es wäre beim Vergleichen dieses wunderbaren Trios schwer zu sagen, welcher das vollständigste Vorbild unseres Herrn ist.

Die erste Erwähnung Davids haben wir in seinem Stammbaum am Schluß des Buches Ruth, der uns an den Beginn der Evangelien von Matthäus und Lukas erinnert. Seine Geburt in Bethlehem und der niedrige Platz der Unterwürfigkeit in dem Heim; dann seine Salbung als der Erwählte Gottes — gleich der Taufe des Herrn Jesus, als die Stimme vom Himmel rief: »Dieser ist mein geliebter Sohn, an welchem ich Wohlgefallen gefunden habe« — worauf seine Begegnung mit dem Feind erfolgte, alles erinnert uns an an den Evangeliumsbericht. Vierzig Tage hatte der Feind das Volk bedroht, als David vortrat und ihn überwand. Die Versuchung in der Wüste dauerte vierzig Tage. David besiegte den Riesen mit einem seiner fünf glatten Steine aus dem Bach. Der Herr, der Vertreter Seines Volkes, überwand den Feind durch eine dreifache Anführung aus dem 5. Buch Mose. Das Hirtengerät oder die Hirtentasche, der David den Stein entnahm, wurde benutzt zum Tragen von Verbandszeug für verwundete Schafe oder den Mundvorrat des Schäfers. Auch wir werden im Wort Gottes versorgt mit dem Nötigen zur Heilung der kranken und verwundeten Schafe, Nahrung für den Hirten und Steine für den Feind. David verglich Goliath mit dem Löwen, der das Lamm aus seiner Herde weggetragen und sich gegen ihn selbst erhoben hatte. Wir sehen, daß Goliath in der Tat ein Vorbild von unserem »Widersacher, dem Teufel« war, der »umhergeht wie ein brüllender Löwe und sucht, wen er verschlinge«.

1 Petrus 5,8

Es gibt viele schöne Gedanken, die David in 1. Sam. 18 betreffen, wo wir die Beschreibung von dem armen, weisen, aber gering geachteten Mann haben, der so wunderbar das Volk befreite (V. 14. 15. 23. 30; Pred. 9, 15), und dessen Name danach »sehr geachtet« oder »teuer« war.

1 Samuel 18, 30; 26, 21. 24

In der Geschichte Josephs sahen wir eine Reihe von Bildern, die verschiedene Stufen seiner Erniedrigung und Erhöhung zeigen; in der von Mose sahen wir verschiedene Beziehungen in seinen Aufgaben, und in Davids Geschichte wurden uns viele Persönlichkeiten vorgestellt,

die von seiner Person angezogen und seine
Freunde wurden, Mächtige und Knechte, be-
sonders in der Wartezeit, die seiner Krönung
zum König vorausging. Jeder einzelne scheint
uns ein anderes Bild von dem Sünder und sei-
nem Herrn zu geben.

Da haben wir zuerst die Geschichte von *Jona-
thans* Hingabe. Sein Herz neigte sich David zu
wegen der Befreiung, die er bewirkt hatte. Sei-
ne Seele »verband sich mit der Seele Davids«; 1 Samuel 18, 1-4
er »liebte ihn wie seine Seele«, »hatte großes
Wohlgefallen« an ihm, »zog das Oberkleid aus,
das er anhatte, und gab es David, und seinen
Rock und bis auf sein Schwert«, das kostbare 1 Samuel
Schwert, das zweite im Königreich (1. Sam. 13, 23, 16-18
22), und er war zufrieden, den Thron David
zuzugestehen, »auf daß er in allem den Vor- Kolosser 1, 18
rang habe«.

Aber David gewann nicht nur Königssöhne. In
der *Höhle Adullam* machte er sich zum »Ober-
sten« über alle, die willig waren, zu ihm zu
kommen, »jeder Bedrängte, und jeder, der ei- 1 Samuel 22, 1-2
nen Gläubiger hatte, und jeder, der erbitterten
Gemütes war«, alle nahm er auf, wie sie wa-
ren. Er war ganz verschieden von seinem Vor-
gänger, denn »wenn Saul irgend einen streit- 1 Samuel 14, 52
baren Mann und irgend einen Tapferen sah, so
gesellte er ihn zu sich zu«. Aber in der Gesell-
schaft Sauls wurden sie nicht stärker, sondern
»folgten ihm zitternd«. 1 Samuel 13, 7

Die, welche David in die Höhle Adullam folg-
ten — die Zuhörerschaft, an die er den 34.
Psalm richtete, — erlangten unter seiner Erzie-
hung etwas von dem Heldentum, das in 1.
Chron. 12 so trefflich beschrieben wird. Zu Da-
vid abgesondert, wurden sie stark, geschickt
und schnell, hingegeben und fähig, Heldenta-

ten auszuführen. Die Liebe seiner Helden war so groß, daß er nur ein Verlangen nach Wasser aus der Zisterne zu Bethlehem auszusprechen brauchte, und drei von ihnen waren sogleich willig, ihr Leben aufs Spiel zu setzen, um diesen Wunsch zu befriedigen. Es war kein großer Sieg, aber es war eine große Liebe; und deshalb waren sie seine drei Gewaltigsten. Unser Werk wird geprüft werden, nicht hinsichtlich seiner *Größe*, sondern »*welcherlei* das
1 Korinther 3, 13 Werk eines jeden ist«.

Dann haben wir den Bericht über den Ägyp-
1 Samuel 30, 11ff ter, den sie auf dem Felde fanden. Er war in einem bedauernswerten Zustand, krank, verhungernd und verlassen von seinem alten Herrn, dem Amalekiter, dem er nicht länger nützlich war. Aber zu David gebracht, wurde er ernährt, belebt und gerettet, um dienen zu können. Die Unterhaltung zwischen ihm und David ist recht bedeutsam. ‚Obwohl völlig hergestellt, konnte er nichts *mit* David tun, bis er erfüllt war mit der vollen Gewißheit von Leben und Freiheit (Römer 6). Der Gläubige muß seine völlige Freimachung von der Herrschaft seines alten Meisters, des Fleisches, kennen, eher er sich mit Vertrauen dem Dienst Christi widmen kann', (C.H.M.).

In *Abigail*, einer der Frauen in der Schrift, haben wir ein Bild von jemand, der den Gesalbten des Herrn anerkennt, auch wenn dieser noch ein armer Flüchtling war. Ihre Bitte (1. Sam. 25, 31): »Wenn der Herr meinem Herrn wohltun wird, so gedenke deiner Magd«, er-
Lukas 23, 42 innert uns an die Bitte des sterbenden Räubers: »Gedenke meiner, Herr, wenn du in dein Reich kommst!« In dem einen Fall war die Ant-
1 Samuel 25, 35 wort: »Siehe, ich habe auf deine Stimme ge-

hört und deine Person angesehen«; und später »sandte David hin und warb um Abigail, um sie sich zum Weib zu nehmen«. In dem anderen Fall wurde die wunderbare Antwort gegeben: »Heute wirst du mit mir im Paradies sein«. Lukas 23, 43

Die Geschichte *Mephiboseths* ist eine wundervolle Beleuchtung von der Art und Weise, wie ein armer Sünder vom Herrn empfangen wird. Lahm und hilflos, Flüchtling im fernen Land, wohnte er in Lodebar, der Stätte »ohne Weide«; er hielt sich verborgen vor dem, von dem 2 Samuel 9, 5-13 er falsche Gedanken hegte, und den er als Feind betrachtete. Dieser Ärmste wird endlich von David zu sich geholt. Er kommt in Davids Gegenwart, erwartet das Schlimmste, dann aber hört er die gnadenvolle Begrüßung: »Fürchte dich nicht«. Er selbst fühlt sich unpassend für die Gegenwart des Königs; David aber gibt ihm einen Platz an seinem Tisch, wo seine Lähmung verborgen wird.

Alles dies ist nur ein schwaches Bild von dem, wie die Liebe des Herrn einen armen widerspenstigen Sünder in Sein »Haus des Weins Hohelied 2, 4 führt«; jeder, der so hineingebracht worden ist, wird an Seinen Tisch gesetzt, nicht nur »wie einer von den Königssöhnen«, sondern tatsächlich in die Familie hineingeboren. »Seht, welch 1 Johannes 3, 1 eine Liebe uns der Vater gegeben hat, daß wir Kinder Gottes heißen sollen!« Die letzte Erwähnung Mephiboseths zeigt, daß die Feindschaft ganz fort und wahre Herzenshingabe an David an ihre Stelle getreten ist.

Viele andere von Davids Knechten und Freunden, etwa *Ittai* und *Barsillai*, könnten noch in Betracht gezogen werden. *Joabs* Geschichte aber ist voll von ernster Belehrung. Der Erste im

Kampf, der Führer gegen den Feind, der Nächste beim König, und doch nicht wahrhaft treu ihm gegenüber; er war bewußt seinen Geboten ungehorsam, und sein Leben endete in Empörung. Da konnte keine wahre Liebe zu seinem König gewesen sein, obwohl so viel Tätigkeit in seinem Dienst vorhanden war. Ohne sie aber zählten alle seine großen Siege nicht. Sie waren wie Holz, Heu und Stroh; während die Hingabe der drei Helden, die das Wasser aus der Zisterne zu Bethlehem holten, wertvoll wie Gold, Silber und köstliche Steine war.

Vergl. 1 Korinther 3, 12

Wenn unser Herr von alttestamentlichen Persönlichkeiten sprach, die Seine Leiden und Seine Herrlichkeit vorbildeten, gliederte Er die beiden, die die tiefsten Tiefen des Leidens und die höchsten Höhen der Erhebung vorschatteten, zusammen — *Jona*, der sagte: »Alle deine Wogen und deine Wellen fuhren über mich hin«; und *Salomo*, dessen Herrlichkeit die Fremde aus fernem Land anzog. Er, unser Herr, war größer als der Prophet in seinem Leiden, größer als der König in seiner Herrlichkeit. Im Anfang des Kapitels hatte Er sich auch als größer erwiesen als alle Priester, denn Er war »größer als der Tempel« selbst (Matth. 12, 6. 40. 42).

Jona 2, 4

Neben vielen, auf die unmittelbar im Neuen Testament als auf Ihn hinweisend Bezug genommen wird, gibt es eine weitere Gruppe von Vorbild-Charakteren, von denen wir viele Belehrungen empfangen können, nämlich solchen, die durch ihren Dienst oder ihre Berufsbeschäftigung von Ihm zu uns reden. Sie mögen nicht als Vorbilder erwähnt werden, aber sie schatten Ihn in diesen mancherlei besonderen Umständen deutlich vor.

So wird uns zwar nicht klar gesagt, daß *Boas* ein Vorbild von Christus war, aber in seiner Beziehung zu Ruth, der Moabitin, als Verwandter und Löser, besteht kein Zweifel, daß er in schöner Weise den Herrn vorschattet; und indem wir dies erkennen, wird das ganze Buch Ruth für uns voll von vorbildlicher Belehrung. Es ist darauf hingewiesen worden, daß Boas ein Vorbild in siebenfacher Hinsicht ist: als Herr der Ernte, als naher Verwandter, als Versorger der Bedürfnisse, als Einlöser des Erbes, als der Mann, der Ruhe gibt, als der reiche Verwandte und als der Bräutigam.

15. Vorbilder von Christus als Hirte

Die vielfachen Seiten des Werkes unseres Herrn werden auf ganz unterschiedliche Weise vor uns gestellt. Eine Persönlichkeit allein genügt nicht um uns einen Eindruck zu vermitteln von Seinen vielseitigen Aufgaben. So erscheint Er als Prophet, Priester, König, Führer, Befehlshaber, Eroberer, Bürge und Hirte. Beim Studium jeder dieser Seiten dient es als Hilfe, die biblischen Personen so zusammen zu gruppieren, daß sie jeweils eine Seite des Werke unseres Herrn vorbilden.

Bei Anwendung dieser Methode haben wir z.B. ein schönes Bündel von Vorbildern in den Berichten über die Tätigkeit der alttestamentlichen Schafhirten. Wir werden finden, daß, wie in anderen Gruppen, jedes einzelne Vorbild für sich einen besonderen Punkt nachdrücklich betont. Alle zusammen geben dann ein vollständiges Bild des Charakters, der Pflichten und der Hingabe des Hirten ab.

Abel, der erste Hirte, ist, wie wir aus Hebräer
Hebräer 12, 22-24 12 wissen, ein Vorbild von Christus: »Ihr seid gekommen . . . zu dem Blut der Besprengung, das besser redet als Abel«. Wir wissen sehr wenig über Abel; nur das, was mit seinem Opfer und seinem Tod in Verbindung steht. Gott sagte
1 Mose 4, 10 zu Kain: »Horch! das Blut deines Bruders schreit zu mir vom Erdboden her«. Es schrie um Rache an dem Mörder; aber »das Blut der Besprengung«, auf das in Hebräer Bezug genommen ist, rief nicht nach Rache, sondern nach Begnadigung. Diese Stelle erklärt nicht deutlich, auf welches der levitischen Vorbilder Bezug genommen wird, denn das Blut Abels wird hier als das Vorbild eines Vorbildes ge-

zeigt. Es weist wahrscheinlich auf die Sündopfer hin, wo allein das Blut auf die Erde selbst gesprengt wurde. Bei dem Opfer der roten jungen Kuh wurde das Blut gegen die Vorderseite des Zeltes der Zusammenkunft hin gesprengt (4. Mose 19, 4); im Sündopfer wurde es für den Priester und die Gemeinde gegen den Vorhang hin gesprengt; und am großen Versöhnungstag vor den Gnadenstuhl (Versöhnungsdeckel). Alle diese waren Sündopfer, und in jedem einzelnen Fall wurde das Blut auf die Erde gesprengt. Es sprach von Vergebung und Reinigung und bildete das Blut vor, das auf Golgatha vergossen werden würde, wenn der gute Hirte Sein Leben für die Schafe ließ.

Abel hatte ein Lamm seiner Herde geopfert, um für seine eigene Sünde Vergebung zu tun, und so starb das Lamm für den Hirten. Aber auf Golgatha starb der Hirte für die Lämmer.

Wir haben eine weitere Belehrung über den Hirten in 1. Mose 24, wo wir sehen, daß der Reichtum des Hirten in seinen Herden liegt. Der Knecht Abrahams, der gesandt worden war, eine Braut für Isaak zu suchen, sagt zu Rebekka und zu ihren Verwandten: »Der Herr hat mei- 1 Mose 24, 35
nen Herrn sehr gesegnet, so daß er groß geworden ist; und er hat ihm Kleinvieh gegeben und Rinder«. Der große Hirte der Schafe blickt auf Seine Herde als Seinen auserlesensten Besitz. Deshalb betete der Apostel Paulus für die Heiligen in Ephesus, damit sie wissen möchten, »welches der Reichtum der Herrlichkeit seines Epheser 1, 18
Erbes in den Heiligen ist«. »Des Herrn Teil ist 5. Mose 32, 9
sein Volk.« Und so kostbar waren sie in Seinen Augen, daß Er arm wurde, damit Er sie durch Sein Blut erkaufen konnte.

Jakob zeigt etwas von dem, was eines Hirten

Pflicht in sich schließt, wenn er zu Laban von
seinen zwanzig Dienstjahren spricht. Der Hir-
1 Mose 31, 39 te ist verantwortlich. Er sagt: »Das Zerrissene
habe ich nicht zu dir gebracht, ich habe es bü-
ßen müssen; von meiner Hand hast du es ge-
fordert, mochte es gestohlen sein bei Tage oder
gestohlen bei Nacht.« Der Hirte war persön-
lich für die Sicherheit jedes einzelnen der Schafe
verantwortlich. Der gute Hirte in Johannes 10
sagt uns, daß Er für jeden einzelnen, der in Sei-
ne Obhut gegeben worden ist, die Verantwor-
Johannes 10, 28 tung auf sich genommen hat. »Sie gehen nicht
verloren ewiglich, und niemand wird sie aus
meiner Hand rauben.« Jakob konnte nicht in
dieser Weise die Herde Labans sicherstellen.
Aus ihr sind fraglos viele Schafe verloren ge-
gangen. Aber der Herr Jesus konnte sagen:
Johannes 18, 9 »Von denen, die du mir gegeben hast, habe ich
keinen verloren«. Er hat sich verpflichtet, das
schwächste Lamm zu bewahren; und wir kön-
2 Timotheus 1, 12 nen mit Paulus sprechen: »Ich weiß, wem ich
geglaubt habe, und bin überzeugt, daß er mäch-
tig ist, das ihm von mir anvertraute Gut auf
jenen Tag zu bewahren«.
Dann lernen wir auch von Jakob die Ausdau-
1 Mose 31, 40 er des Hirten. Er fügt hinzu: »Es war mit mir
also: des Tages verzehrte mich die Hitze, und
der Frost des Nachts, und mein Schlaf floh von
meinen Augen«. Der Herr wußte, was es be-
deutete, so zu leiden. Zweimal lesen wir von
Seiner Bitte um Wasser für seinen Durst. In
Johannes 19, 28 Joh. 4 sagt Er zu der Samariterin: »Gib mir zu
trinken«, und auf dem Kreuz ruft Er: »Mich
dürstet!« Wir erfahren nicht, daß jenes Verlan-
gen erfüllt worden ist, Sein körperlicher Durst
Johannes 4, 32 blieb ungestillt. Er, der gesagt hat: »Ich habe
eine Speise zu essen, die ihr nicht kennt«, fand

bei beiden Gelegenheiten dadurch Erquickung, daß Er das Wasser des Lebens Dürstenden darreichen konnte — der Frau, die ihren ersten Zug tat und dann forteilte, um andere zu Ihm zu bringen, und dem sterbenden Räuber, der Ihn als Herrn anerkannte.

Das Werk des Hirten in den Ländern des Ostens erfordert sorgfältige Wachsamkeit, sowohl bei Nacht als auch bei Tag; so hielten die Hirten von Bethlehem des Nachts Wache über ihre Lukas 2, 8
Herden. Es muß buchstäblich von unserem Herrn wahr gewesen sein, daß der Schlaf von Lukas 9, 58
Seinen Augen floh. Er hatte keinen Ort, wo Er Sein Haupt hinlegte. Die Nachtstunden brachte Er zu im Gebet für Seine Herde. Während der stürmischen Nacht, als die Jünger auf dem See Genezareth Not litten von den Wellen, war Er allein auf dem Berg, um zu beten, und »sah sie Markus 6, 48
beim Rudern Not leiden«. Und dies ist noch immer wahr, denn »dein Hüter schlummert Psalm 121, 3. 4
nicht. Siehe, der Hüter Israels, nicht schlummert noch schläft er.« Er wird über Seine Herde wachen durch alle Stunden des Dunkels und der Gefahr hindurch, »bis der Tag sich kühlt und Hohelied 2, 17
die Schatten fliehen«. Dann wird keine Gefahr mehr drohen vom Brüllen des Löwen, denn während der Nacht »regen sich alle Tiere des Psalm 104, 20-22
Waldes. Die jungen Löwen brüllen nach Raub, ... Die Sonne geht auf: sie ziehen sich zurück und lagern sich in ihre Höhlen.« Gottes Herde wird bei Sonnenaufgang sicher sein vor allen ihren Feinden.

In Jakobs Antwort an Esau sehen wir die Sorge des Hirten (1. Mose 33, 13): »Wenn man sie nur einen Tag übertriebe, so würde die ganze Herde sterben«. Das erinnert uns an Ihn, von dem gesagt ist: »Er wird seine Herde weiden wie Jesaja 40, 11 ein Hirte, die Lämmer wird er in seinen Arm nehmen und in seinem Busen tragen, die Säugenden wird er sanft leiten«.

In seiner frühen Jugend lesen wir von *Joseph*, wie er die Herde weidete mit seinen Brüdern; und der in seiner Geschichte betonte Gedanke ist der Haß der anderen Hirten. Die, die ihn lieben und beschützen sollten, haßten ihn, wur-
1 Mose 37, 8 den mit Eifersucht erfüllt und sagten: »Solltest du gar König über uns sein, solltest du gar über uns herrschen?«

Als der Herr Jesus hier auf der Erde war, haßten Ihn die, die Hirten über Gottes Schafe hätten sein sollen, ohne Ursache; sie selbst waren gleich den Hirten in Hesekiel 34, die die Herde vernachlässigten, so daß, als der Herr selbst, der gute Hirte, kam, Sein Herz von Mitleid be-
Markus 6, 34 wegt war, weil Er das Volk sah »wie Schafe, die keinen Hirten haben«. In Joh. 9 sehen wir, wie jene Hirten einen behandelten, der zu Ihm gekommen war, — sie »warfen ihn hinaus«. Der Herr fährt im 10. Kapitel fort zu zeigen, daß Er Seine eigenen Schafe herausführt — Er bringt sie heraus. Sie mögen von Menschen aus der Herde hinausgeworfen werden. Aber in Wirklichkeit ist Er selbst es, der sie herausbringt, denn das Wort in Vers 4 ist dasselbe wie das in Kap. 9, 35 gebrauchte. In Kapitel 10, 16 sagt Er: »Und ich habe andere Schafe, die nicht aus diesem Hof sind; auch diese muß ich bringen ... und es wird eine Herde, ein Hirte sein«. Nichts erregte den Haß der falschen Hirten so sehr, wie zu hören, daß Er sich von der Herde des Judaismus wegwandte und die Nationen (Heiden) in Seine Herde berief. Und wie Jo-
Lukas 19, 14 sephs Brüder sagten sie: »Wir wollen nicht, daß dieser über uns herrsche«.

Mose ist das nächste Hirten-Vorbild, von dem wir lesen. Vierzig Jahre hütete er die Herde Jethros, seines Schwiegervaters, als eine Vorbereitung auf die letzten vierzig Jahre seines Lebens, in denen er die Herde Gottes leiten sollte, wie wir in Jesaja 63, 11. 12 lesen. In seiner Geschichte haben wir den Gedanken *der Leitung* des Hirten. Es wird uns in 2. Mose 3 gesagt, daß »er die Herde hinter die Wüste trieb und an den Berg Gottes kam, an den Horeb«, und in Vers 12 sagt Gott: »Wenn du das Volk aus Ägypten herausgeführt hast, werdet ihr auf diesem Berg Gott dienen«. Kurze Zeit später leitete er die ganze Herde der Kinder Israel zu derselben Wüste und zu demselben Berg. Und da, wo er zuerst Gott aus dem brennenden Dornbusch zu sich hatte sprechen hören, sprach der Herr noch einmal »am Horeb, mitten aus 5 Mose 4, 15
dem Feuer«. Der Herr veranlaßt noch immer Sein eigenes Volk hinauszugehen, und führt sie in der Wüste wie eine Herde; und Er leitet sie sicher, so daß sie sich nicht fürchten. So spricht Mose zu uns von dem guten Hirten, von dem wir lesen, daß, »wenn er seine eigenen Schafe Johannes 10, 4
alle herausgebracht hat, er vor ihnen hergeht, und die Schafe ihm folgen«.

David, der Hirten-König, hütete, wie Mose, die Schafe, als Gott ihn zum Hirten Seines Volkes berief; so daß Gott sagen konnte: »Ich habe 1 Chronik 17, 7
dich von der Trift genommen, hinter dem Kleinvieh weg, daß du Fürst sein solltest über mein Volk Israel«. Die Begebenheit, die David selbst Saul erzählte, redet von der *Befreiung* durch den Hirten. Unter Einsatz seines eigenen Lebens rettete er das Lamm aus dem Rachen des Löwen und des Bären (1. Sam. 17, 34. 35). Nur eins von der Herde scheint in Gefahr ge-

wesen zu sein, doch das war genug für den Hirten. Gleich dem Mann in Lukas 15, der die neunundneunzig ließ, um dem verlorenen nachzugehen, ließ David die, die in Sicherheit waren, um das eine zu erretten, das sich in so dringender Gefahr befand. Unser »Widersa-
1 Petrus 5, 8 cher, der Teufel«, sucht, »wie ein brüllender Löwe, wen er verschlinge«; aber der Hirte hat ihn besiegt. Der Herr mochte mit David gesagt
1 Samuel 17, 35 haben: »er erhob sich wider mich«, denn seine Feindschaft war gegen den Herrn Jesus Chri-
Psalm 22, 21 stus gerichtet. Er mußte in Psalm 22 ausrufen: »Rette mich aus dem Rachen des Löwen!« Es schien auf Golgatha, als ob Satan in der Tat ge-
Markus 15, 31 siegt habe; denn obwohl »er andere gerettet hatte, kann er sich selbst nicht retten« — der gute Hirte mußte Sein Leben lassen für die Schafe. In dieser Hinsicht steht David als Hirte weit hinter dem Gegenbild zurück.

Als David von seinem Vater gesandt wurde, seine Brüder zu besuchen und nach ihrem Wohl-
1 Samuel 17, 20. 28 ergehen zu fragen, »überließ er das Kleinvieh einem Hüter«. Eliab fragte ihn: »Wem hast du jene wenigen Schafe in der Wüste überlassen?«. David aber hatte gesehen, daß sie in Sicherheit waren, ehe er sie verließ. Der Erzhirte mußte Seine kleine Herde in der Wüste lassen; aber Er hat sie der Sorge des »anderen Sachwalters« übergeben und Seine Diener beauftragt, Seine
Apostelgeschichte 20, 28 Herde zu weiden. Paulus sagt: »Habt acht auf euch selbst und auf die ganze Herde, in welcher der Heilige Geist euch als Aufseher gesetzt hat, die Versammlung Gottes zu hüten, welche er sich erworben hat durch das Blut seines Eigenen«.

Es ist schön, in der Geschichte und in den Psalmen Davids dem Einfluß nachzuspüren, der von seinen frühen Jahren unter den Herden ausgegangen ist. Gottes Volk hat in allen Zeitaltern viel Ursache, ihm für den köstlichen Psalm zu danken, in dem er sich selbst zur Herde stellt und sagt: »Der Herr ist mein Hirte«. Es ist oft darauf hingewiesen worden, daß der 22. Psalm von dem»*guten Hirten*« spricht, der starb; der 23. Psalm von dem »*großen Hirten*«, der auferstanden ist und jetzt Seine Herde sorgt; und der 24. Psalm von dem »*Erzhirten*«, der offenbar werden wird. Als Gottes Gericht wegen der Sünde Davids, das Volk zu zählen, hereinbrach, bat er für die Herde und sagte: »Siehe, *ich* habe gesündigt, und *ich* habe verkehrt gehandelt; aber diese Schafe, was haben sie getan?« Gottes Gericht auf Golgatha traf wirklich den Hirten, damit die Schafe frei ausgehen konnten; wir lesen in Sach. 13, 7: »Schwert, erwache wider meinen Hirten und wider den Mann, der mein Genosse ist! spricht der Herr der Heerscharen; schlage den Hirten, und die Herde wird sich zerstreuen«. Er wurde »von Gott geschlagen und niedergebeugt«, nicht für Seine eigene Sünde, wie in Davids Fall, sondern »um unserer Übertretungen willen war er verwundet«. In der Stelle Sach. 13, 7 sehen wir den »guten Hirten, der Sein Leben läßt für die Schafe«; während wir in Sach. 11, 17 in dem »nichtigen Hirten, der die Herde verläßt«, den »Mietling« haben, von dem unser Herr gesagt hat: »er flieht, weil er ein Mietling ist«. David, der für die Schafe eintrat und bat, daß das Schwert auf ihn fallen möchte, gleicht dem ersteren. Saul erinnert uns an den Mietling, der »sich um die Schafe nicht kümmert«. Als er dem Herrn ungehorsam gewesen war, suchte

2 Samuel 24, 17

Jesaja 53, 4

Johannes 10, 11

1 Samuel 15, 20. 21 er die Schuld auf das Volk zu schieben. »Ich habe der Stimme Jehovas gehorcht ... Aber das Volk hat von der Beute genommen.« Wie verschieden von dem Mann nach dem Herz Gottes!

Ein weiteres Bild von einer der Pflichten des Hirten wird in 1. Chron. 4 gegeben. Gewisse Fürsten der Söhne Simeons zogen aus, »um Weide für ihr Kleinvieh zu suchen. Und sie fanden eine fette und gute Weide, und ein Land, weit nach allen Seiten hin, und ruhig und still«. Und nachdem sie die Feinde, die sie dort fanden, völlig vernichtet hatten, »wohnten sie an ihrer Statt; denn daselbst war Weide für ihr Kleinvieh«. Die Schafe haben nicht ihre eigene Weide zu suchen. Hierzu ist der Hirte verpflichtet, und unser Hirte hat das Weideland von dem Feinde gewonnen, und »Er lagert uns jetzt auf grünen Auen«. Die Schafe ruhen nicht, bis sie befriedigt sind; aber da, wohin Er seine Herde führt, gibt es reichlichen Vorrat.

Johannes 10, 9 Die Schafe Seiner Weide werden »ein- und ausgehen und Weide finden«. Manchmal versuchen die Schafe, sie für sich selbst zu finden; und indem sie sich von dem Hirten entfernen, verlieren sie sich für eine Zeit, bis Er ihnen nachgeht und sie aus der Wüste oder von den Bergen zurückbringt. In Matthäus 18 wird das verlorene Schaf als in den Bergen verirrt beschrieben. Jemand hat gesagt: Gottes Schafe verirren sich oft, indem sie zu hoch hinaufsteigen. Die Weide auf den Bergspitzen ist sehr dürftig, und dort sind viele Gefahren. Wir lesen in Hosea 13, 6: »Ihrer Weide gemäß wurden sie satt, sie wurden satt, und ihr Herz erhob sich; darum haben sie mich vergessen«. Der gute Hirte geht, wenn nötig, auf die Bergspitzen

»und sucht das irrende« Schaf. Matthäus 18, 12

So werden in diesen Gruppen der alttestamentlichen Hirten, verschieden in Charakter und Geschichte, vor uns gestellt: *der Tod des Hirten* in Abel; der *Reichtum des Hirten* in Isaak; die *Verantwortlichkeit, Ausdauer* und *Sorgfalt des Hirten* in Jakob; der *Haß anderer Hirten* in Joseph; die *Führung des Hirten* in Mose; die *Befreiung durch den Hirten* in David, und die *Weide des Hirten* in den Söhnen Simeons. Obwohl alle weit hinter dem Gegenbild zurückbleiben, geben sie uns doch zusammen eine schöne Darstellung von Ihm, der die Herde hüten will bis zu der Zeit, wo es von ihr heißt, daß sie (die Schafe) »nicht mehr hungern werden; auch werden sie nicht mehr dürsten, noch wird je die Sonne auf sie fallen, noch irgend eine Glut; denn das Lamm, das in der Mitte des Throns ist, wird sie weiden und sie leiten zu Quellen der Wasser des Lebens, und Gott wird jede Träne von ihren Augen abwischen«. Die grünen Auen der Erde werden dann durch die reicheren Gefilde des Himmels abgelöst werden, die stillen Wasser durch lebendige Wasserquellen. In den irdischen Gefilden des verheißenen Landes wird Er noch Sein Volk Israel weiden, wenn Er, »der Israel zerstreut hat, es wieder sammeln und es hüten wird wie ein Hirte seine Herde«.

Offbarung 7, 16-17

Jeremia 31, 10

16. Vorbilder, die auf den Heiligen Geist verweisen

Bei der Betrachtung der vorbildhaften Stoffe der Schrift haben wir schon gesehen, daß einige den Heiligen Geist vorbilden, wie Öl, Wasser usw. Es gibt aber auch andere Vorbilder des Heiligen Geistes, die in diesem kurzen Überblick nicht ausgelassen werden sollten. Schon auf der Eingangsseite der Bibel haben wir eine Erwähnung des Geistes; das dort gebrauchte Wort erinnert uns an eines der Symbole oder Vorbilder von Ihm selbst. In 1. Mose 1 wird uns gesagt, daß der Geist Gottes über den Wassern schwebte, oder über den Wassern ‚brütete'. Wir kennen den Vogel, der den Geist symbolisiert; denn in den Evangelien wird gesagt, daß zur Zeit der Taufe unseres Herren
Matthäus 3, 16 Johannes »den Geist Gottes wie eine Taube herniederfahren sah und auf ihn kommen«.

Der Geist brütete wie eine Taube über dem
1 Mose 1, 3 Dunkel der Erde, als Gott zuerst sagte: »Es werde Licht!« und Er erschien wieder wie eine Taube, als Er, der das Licht der Welt war, in Sein Werk eintrat und im Begriff war, denen zu
Jesaja 9, 2 leuchten, die »im Finstern wandeln«. In der ganzen Bibel ist die Taube ein Bild des Heiligen Geistes und von denen, in denen Er wohnt. Ein schönes Bild wird uns in 1. Mose 24 von dem Werk des Heiligen Geistes gegeben. Isaak ist, wie wir wissen, ein Vorbild von Christus. Die Verheißungen an Abraham, seine Nachkommen betreffend, werden uns im Galaterbrief gezeigt und beziehen sich auf den Herrn selbst, obwohl sie ihre erste Erfüllung in Isaak hatten. Er war der Eingeborene des Vaters, sein

innig geliebter Sohn. Wir haben gesehen, wie die Szene auf dem Berg Morija die Liebe dessen vorschattete, der »seines eigenen Sohnes Römer 8, 32
nicht geschont, sondern ihn für uns alle hingegeben hat«, und so ‚Jahwe-Jireh' wurde (der Herr wird sich ersehen), denn »mit ihm wird er uns auch alles schenken«. In unserem Kapitel haben wir einen Bericht davon, wie der Vater *seinen Knecht* sendet, um seinem Sohn eine Frau zu suchen, dem, der im Vorbild bereits durch Tod und Auferstehung gegangen war. So ist dieser Knecht ein wunderbares Bild vom Heiligen Geist, der jetzt ein Volk für Seinen Namen herausruft. Zuerst finden wir die Anweisung des Knechtes. Die Braut Isaaks soll aus dem Land, in dem sie wohnt, ganz herausgebracht werden. Da war kein Mißverständnis möglich. Der Knecht wendete ein, daß sie vielleicht in ihrem eigenen Heim bleiben und nicht zu Isaak kommen möchte; sollte er in diesem Fall Isaak zu ihr hinabbringen? Aber Abraham war sehr entschieden — Isaak gehört nicht dorthin. Wie Spurgeon einmal zu diesem Vers gesagt hat: ‚Der Herr Jesus Christus ist das Haupt der großen Auswanderer-Schar, die aus der Welt herausgekommen ist'.

Im 10. Vers wird uns gesagt, daß der Knecht nicht mit leeren Händen geht, sondern Beweise vom Reichtum Abrahams und Isaaks mitnimmt — »allerlei Gut seines Herrn hatte er bei 1 Mose 24, 10
sich«. Als der Heilige Geist herniederkam, brachte auch Er ein Unterpfand des Erbes mit, das die empfangen sollten, die Seiner Botschaft Gehör gaben; Er selbst ist das Unterpfand. Epheser 1, 14
In dem schönen morgenländischen Bild der Gegebenheit am Brunnen sehen wir den Knecht

zu der einen hingeleitet, die Gott für Isaak be-
stimmt hatte. Er fragte sie, ob Platz für ihn in
1 Mose 24, 23 ihres Vaters Haus sei. Hätte sie abgelehnt, wür-
de er nie imstande gewesen sein, ihr von Isaak
zu erzählen. Nachdem er eingeladen wurde, galt
sein erster Gedanke seiner Sendung: »Ich will
nicht essen, bis ich meine Worte geredet habe«.
Er ließ seine Sendung keinen Augenblick au-
ßer acht; sein Thema war der, der ihn gesandt
hatte und der, für den er eine Braut suchte.
Johannes 15, 26 »Wenn der Sachwalter gekommen ist, den ich
euch von dem Vater senden werde, der Geist
der Wahrheit, der von dem Vater ausgeht, so
Johannes 16, 13 wird er von mir zeugen.« »Er wird nicht aus
sich selbst reden.«
So erzählte auch Abrahams Gesandter von sei-
nem Herrn, seines Herrn Sohn und von all sei-
nen Reichtümern; und beschenkte Rebekka mit
1 Mose 24, 35. 36 den Schätzen, die er mitgebracht hatte. »Der
Herr hat meinen Herrn sehr gesegnet, so daß
er groß geworden ist ... und er hat seinem Sohn
alles gegeben, was er hat.« In Joh. 3, 35 lesen
wir: »Der Vater liebt den Sohn und hat alles
in seine Hand gegeben«; und weiter sagt der
Johannes 16, 15 Sohn: »Alles, was der Vater hat, ist mein«.
Aber da war noch etwas, was Isaaks Sehnsucht
ausmachte: er konnte diese Dinge nicht allein
genießen, genau wie Gott von Adam gesagt hat-
1 Mose 2, 18 te: »Es ist nicht gut, daß der Mensch allein sei;
ich will ihm eine Hilfe machen, seines Glei-
chen«. Des Knechtes Aufgabe war, Rebekka
zu holen. Er nahm daher das, was Isaak gehör-
te, und zeigte es ihr als Beweis der Wahrheit
seiner Aussagen über den Reichtum des Bräu-
Johannes 16, 14 tigams. »Er wird von dem Meinen empfangen
und euch verkündigen.« Er versprach Rebek-
ka auch Segnungen in Isaak und zeigte ihr das,

was kommen sollte.
Ihre Verwandten wollten sie dann einige Tage zurückhalten; aber es durfte kein Zögern geben. »Haltet mich nicht auf«, sagte er, als sie vorschlugen, sie noch zehn Tage bei ihnen zu lassen. »Der Heilige Geist spricht: »Heute« 2 Korinther 6, 2
(Hebr. 3, 7). »Siehe, jetzt ist die wohlangenehme Zeit.« Die Frage wird Rebekka vorgelegt. Glaubt sie dem, was sie gehört hat? Ist sie bereit, sich der Führung dessen anzuvertrauen, der gekommen ist, sie zu holen? »Willst du mit diesem Mann gehen?« wird sie gefragt; und ihre Antwort lautet: »Ich will gehen«.
Sie glaubt seinem Bericht, den er ihr gebracht hatte, und vergessend, was dahinten, und sich ausstreckend nach dem, was vorn ist, strebt sie, das Ziel anschauend, hin zu dem Kampfpreis der Berufung — der darin bestand, die Braut Isaaks zu werden.
Sie verläßt die alte Heimat, und vergißt ihr Volk und das Haus ihres Vaters (Psalm 45, 10), sie beginnt die Wüstenreise unter der Führung des Knechtes. Wir lesen in 1. Mose 24, 61, daß sie »dem Mann folgte; und der Knecht nahm Rebekka und zog hin«. Er führte den richtigen Weg, denn er kannte die beste Straße, da er die Strecke schon vorher gereist war. Undenkbar, daß Rebekka ihren eigenen Weg zu wählen versucht hätte. Sie war damit zufrieden, geführt zu werden. So werden auch wir durch den Geist Gottes geleitet. Sind wir damit zufrieden?
Wir können uns vorstellen, daß sie ihn während der Reise und an den verschiedenen Rastplätzen nach Isaak gefragt hat in dem Wunsch, mehr über den einen zu erfahren, zu dem sie zog. Es wird uns nichts über solche Unterhaltungen mitgeteilt, außer einer einzigen Frage

am Schluß der Reise, samt der Antwort, die gegeben wurde. Aber dieses kurze Gespräch ist
1 Mose 24, 65 charakteristisch für die ganze Reisezeit. »Wer ist der Mann, der uns da auf dem Feld entgegenkommt?« fragt Rebekka. »Und der Knecht sprach: Das ist mein Herr!« Von Anfang bis Ende ist es das Anliegen des Knechtes, von seinem Herrn zu reden. Er spricht nicht von sich selbst, sondern erzählt nur Gutes von Isaak und ist zuletzt imstande, sie in Seine Gegenwart zu bringen. Das Vorbild ist so einfach, daß niemand vorbei kann, die Schönheit zu erkennen. Auch wir, die der guten Botschaft geglaubt haben, werden von dem treuen Führer durch die Wüste geleitet, bis wir zuletzt Ihn sehen werden von Angesicht zu Angesicht.

‚Die Liebe, die micht dort begrüßet,
Die mich umgibt mit Herrlichkeit,
Hat mir die Wüste schon versüßet,
Hat mich erquickt in dieser Zeit.'

Isaak erwartete seine Braut. Zwei Dinge werden uns von ihm erzählt: Er kam ihr entgegen von einem Gang nach dem Brunnen Lachai-Roi, wo seine Wohnung war (V. 62 und Kap. 25, 11), »Brunnen des Lebendigen, der sich schauen läßt« (1. Mose 16, 13. 14). Das andere war, daß, während sie reiste, er »ausging, um auf dem Geld zu sinnen beim Anbruch des
Vergl. Josua 1, 8. Abends« oder zu beten (engl. Anmerkung). Seine Gebetsgedanken werden uns nicht mitgeteilt. Aber wir haben den Bericht über ein anderes Gebet, das der emporsandte, der immer in der Gegenwart Gottes lebt, und der für die fleht, die auf der Reise sind zu Ihm durch die
Johannes 17, 11 Wüste. »Heiliger Vater! bewahre sie in deinem Namen, in welchem du sie mir gegeben hast.« »Die Herrlichkeit, die du mir gegeben hast, ha-

be ich ihnen gegeben.« »Vater, ich will, daß die, Johannes 17, 22.24
welche du mir gegeben hast, auch bei mir seien, wo ich bin, auf daß sie meine Herrlichkeit schauen.«

Das Kapitel schließt mit der Versicherung der Liebe Isaaks — »Er liebte sie«. Die Geschichte bleibt weit hinter dem Gegenbild zurück, denn Isaak hatte nichts zu erdulden, um seine Braut zu gewinnen. Er aber, den er vorschattet, »wird von der Mühsal seiner Seele Frucht sehen und sich sättigen«. (Jesaja 53, 11) Der gleiche Ausdruck in der Offenbarung »die Braut, das Weib des Lammes« (Offbgarung 21, 9) spricht uns von dem Lamm, das geschlachtet werden mußte, damit Er sie für sich selbst haben konnte.

Noch ein anderer Mann im ersten Buch Mose scheint das Werk des Geistes vorzuschatten. Wenn Joseph ein Vorbild von Christus ist, und darüber besteht kein Zweifel, so reden der Dolmetscher, durch den er zu seinen Brüdern sprach, und *der Herrscher über sein Haus* zu uns von dem Heiligen Geist. Joseph sagte zu dem, der über sein Haus war: (1 Mose 43, 16-21) »Führe die Männer ins Haus und schlachte Schlachtvieh und richte zu; denn die Männer sollen mit mir zu Mittag essen. Und der Mann tat, wie Joseph gesagt hatte; und der Mann führte die Männer in das Haus Josephs«. Joseph rief sie und sein Verwalter brachte sie herein. Es ist der Geist selbst, der uns heimbringt, so daß wir durch Glauben in das Haus des Herrn eintreten und an Seinem Tisch feiern. Und bald, durch den Geist geleitet, werden wir in Wahrheit daheim sein »bei dem Herrn«. (1 Thessalonicher 4, 17)

In ihrer Not traten die Brüder Josephs zu dem Mann, der über das Haus Josephs war, und

Johannes 14, 16 »redeten zu ihm am Eingang des Hauses«. Sei-
ne Erwiderung erinnert uns an die Weise, wie
der »andere Sachwalter« bedrängten Herzen
Frieden verkündigt; denn er sagte: »Friede
Römer 8, 15 euch! fürchtet euch nicht!« »Ihr habt nicht ei-
nen Geist der Knechtschaft empfangen, wieder-
um zur Furcht, sondern einen Geist der Sohn-
schaft habt ihr empfangen, in welchem wir ru-
Galater 5, 22 fen: Abba, Vater!« »Die Frucht des Geistes
Römer 15, 13 ist ... Friede.« Und erfüllt mit »aller Freude und
allem Frieden im Glauben, damit ihr überreich
seiet in der Hoffnung durch die Kraft des Hei-
ligen Geistes«.

Noch einmal wird uns erzählt, daß er sie in das Haus Josephs führte (V. 24), und »ihnen Wasser gab, und sie wuschen ihre Füße«, so daß sie bereit waren, Joseph zu begegnen und sich und ihr Geschenk ihm vorzustellen. Im folgenden Kapitel lesen wir, daß dem Verwalter oder dem, der über sein Haus bestellt war, von Joseph befohlen wurde, seine Brüder zu prüfen, um ihnen ihre Sünde in Erinnerung zu bringen.
In großer Betrübnis eilten sie zurück in die Ge-
1 Mose 44, 16 genwart Josephs und sagten: »Was sollen wir
meinem Herrn sagen? ... wie uns rechtfertigen?
Gott hat die Missetat deiner Knechte gefunden.«

Sie riefen sich ihre Behandlung Josephs ins Ge-
dächtnis zurück. Unser Herr sagt, daß, wenn
Johannes 16 ,8 der Sachwalter gekommen ist, »er die Welt
überführen wird von Sünde und von Gerechtigkeit und von Gericht«; von Sünde gegen den Christus, von der Gerechtigkeit des Christus, und von Gericht durch Christus.

In diesen beiden Kapiteln (1. Mose 43 und 44) spricht Josephs Verwalter mit der ganzen Autorität Josephs selbst. »Euer Geld ist mir zu-

gekommen«; und »bei wem er (der Kelch) gefunden wird, der sei mein Knecht«.
Es gibt noch ein wichtiges Vorbild vom Heiligen Geist, auf das wir hinweisen müssen. In 1. Kor. 10, 1. 2 sagt der Apostel, daß »unsere Väter alle unter der Wolke waren, und alle durch das Meer hindurchgegangen sind, und alle auf Mose getauft wurden in der Wolke und in dem Meere«. Wir haben gesehen, daß der Durchgang durch das Rote Meer das Durchschreiten der Wasser des Todes bedeutet; und es scheint nach dieser Stelle, daß die *Wolkensäule* den Heiligen Geist vorbildet; denn »in *einem Geist* sind wir alle zu *einem* Leib getauft worden«. (1 Korinther 12, 13) Es war nicht nur eine Wolke, sondern ein Symbol der Gegenwart Gottes unter ihnen, die sie überschattete, beschützte und führte, und so auch das Werk dessen darstellte, der uns durch die Wüste führt. In 2. Mose 13, 21. 22 lesen wir: »Der Herr zog vor ihnen her, des Tags in einer Wolkensäule, um sie auf dem Weg zu leiten, und des Nachts in einer Feuersäule, um ihnen zu leuchten, damit sie Tag und Nacht ziehen könnten«; und im folgenden Kapitel wird gesagt: (2 Mose 14, 19) »Und der Engel Gottes, der vor dem Heer Israels herzog, brach auf und trat hinter sie; und die Wolkensäule brach auf von vorn und stellte sich hinter sie.« Es war Gott selbst, der Engel Seiner Gegenwart, der in der Wolke wohnte. In Hebräer 3 heißt es: (Hebräer 3, 7. 9. 10) »Der Heilige Geist spricht ... eure Väter versuchten mich, indem sie mich prüften, und sie sahen doch meine Werke vierzig Jahre. Deshalb zürnte ich diesem Geschlecht und sprach: Allezeit gehen sie irre mit dem Herzen; aber sie haben meine Wege nicht erkannt.« Der Heilige

Geist selbst war da, wie wir aus Nehemia 9, 20 sehen; und die Wolken- und Feuersäule war das sichtbare Zeichen Seiner Gegenwart.

Die Erlösung war durchgeführt, das Passahlamm geschlachtet worden, und das Blut war gesprengt. Jetzt mußte das bluterkaufte und aus Ägtypten befreite Volk einen Führer haben. Sie brauchten die Säule bei Tag und bei Nacht, denn das Volk konnte seinen Weg allein nicht finden. Wie jemand gesagt hat: ‚Wir brauchen die Führung sowohl in der Helligkeit des natürlichen Tages wie in der Dunkelheit der natürlichen Nacht.' Nachdem Gott einmal die Wolkensäule gegeben hatte, blieb sie bei ihnen
2 Mose 13, 22 für den ganzen Rest der Reise. »Des Tages wich nicht die Wolkensäule, noch des Nachts die Feuersäule vor dem Volk.« Ebenso sagte unser Herr von dem Führer, den Er verheißen hat-
Johannes 14, 16 te, daß Er »bei euch sei in Ewigkeit«. Der
Johannes 7, 39 Heilige Geist ist den »an Ihn Glaubenden« gegeben und wird nie fortgenommen werden. Wir
Epheser 1, 13. 14 sind »versiegelt worden mit dem Heiligen Geist der Verheißung, welcher das Unterpfand unseres Erbes ist, zur Erlösung des erworbenen Besitzes«. Wenn das Siegel gebrochen werden könnte, nachdem es aufgedrückt worden ist, würde es nicht gelten »bis zur Einlösung des erworbenen Besitzes«. Man kann von jeder See-
Daniel 6, 18 le, die an den Herrn Jesus glaubt, sagen: »Der König versiegelte sie mit seinem Siegelring ..., damit ... nichts verändert würde«.

Der Weg, den die Säule führte, erschien den Kindern Israel seltsam. Als sie sich durch das vor ihnen liegende Meer und durch den nachjagenden Feind eingeengt sahen, meinten sie, sie wären in eine verkehrte Richtung gebracht worden. Aber ihr Führer leitete sie auf dem richtigen Weg, und sehr bald verstanden sie, daß er der rechte war. Es gab auch einen anderen Weg ins Land, und dieser schien einfacher und kürzer zu sein. Doch dann hätten sie durch das Land der Philister ziehen müssen und hätten sofort den Krieg kennengelernt. Gott wußte, daß sie für den Kampf noch nicht bereit waren. Außerdem wird uns gesagt, daß »all das jenen als Vorbild widerfuhr«; deshalb mußten sie durch das Rote Meer gehen, das sie von jeder Rückkehr abschnitt.

1 Korinther 10, 11a

Als die Not der Verfolgung eintrat, stellte sich die Säule hinter sie und blieb dort die ganze Nacht, zwischen ihnen und den Ägyptern. Indem sie ihre Feinde in Dunkelheit hüllte, leuchtete sie den Kindern Israel. Während ihrer ganzen Reise waren sie nie im Dunkeln. Die Leute, die durch den Geist geleitet werden, »wandeln nicht in der Finsternis, sondern haben das Licht des Lebens«. Das, was Helligkeit für Israel war, war Dunkelheit für ihre Feinde. So ist es auch heute. Gott hat uns einen Führer gegeben, »den Geist der Wahrheit, den die Welt nicht empfangen kann, weil sie ihn nicht sieht, noch ihn kennt« Das Wort Gottes, durch den Geist erleuchtet, ist hell und klar. Aber »der natürliche Mensch nimmt nicht an, was des Geistes Gottes ist, denn es ist ihm eine Torheit, und er kann es nicht erkennen, weil es geistlich beurteilt wird«. Es ist auch heute wahr, daß ‚Menschen das helle Licht nicht sehen, das in den Wolken ist.'

Johannes 8, 12

Johannes 14, 17

1 Korinther 2, 14

Der Weg der Israeliten war gleich »dem Pfad der Gerechten, wie das glänzende Morgenlicht, das stets heller leuchtet bis zur Tageshöhe«. Dagegen war der der Ägypter wie »der Weg der

Sprüche 4, 18. 19

Gesetzlosen«, der »dem Dunkel gleich ist; sie erkennen nicht, worüber sie straucheln«. Sie folgten den Kindern Israel und entdeckten nicht, daß sie sich im Bett des Roten Meeres befanden, bis sie von seinen Wassern überflu-
2 Korinther 2, 16 tet waren. Das, was für Israel »Leben zum Leben« war, war für Pharaos Heeresmacht »Tod zum Tode«.

Wenn Gott mit Mose reden wollte, lesen wir, daß Er »in der Wolke herniederstieg, und Er stand daselbst bei ihm und rief den Namen des Herrn aus« (2. Mose 34, 5; 4. Mose 11, 25; 12, 5; 5. Mose 31, 15). Er sprach aus der Wolke. Jetzt spricht und offenbart Er sich durch den Geist. In 2. Mose 16, 10 lesen wir, daß die Kinder Israel »sich gegen die Wüste wandten; und siehe, die Herrlichkeit des Herrn erschien in der Wolke«. Ihren Rücken Ägypten zugewandt, konnten sie die Herrlichkeit sehen. Aber diese Haltung nahmen sie nicht immer ein. Stepha-
Apostelgeschichte 7, 39 nus erzählt uns, daß »sie sich in ihren Herzen nach Ägypten zurückwandten«. Wenn wir uns voll Verlangen der Welt zuwenden, verlieren wir den Blick für die Herrlichkeit. Wir werden aber kein Verlangen haben, nach Ägypten zurück-
2 Korinther 3, 18 zukehren, wenn »wir alle, mit aufgedecktem Angesicht die Herrlichkeit des Herrn anschauend, verwandelt werden in dasselbe Bild von Herrlichkeit zu Herrlichkeit, als durch den Herrn, den Geist«.

In 4. Mose 9 haben wir eine schöne Beschreibung von der zweifachen Stellung der Wolke im Lager Israels. Wenn sie reisten, zog sie voraus; wenn sie lagerten, bildete sie die Mitte. Bei unserer Betrachtung der Wohnstätten Gottes haben wir gesehen, wie die Wolke die Stiftshütte erfüllte und später den Tempel und dort blieb. Wir sind auch Wohnstätte Gottes. »Wisset ihr nicht, daß ihr Gottes Tempel seid, und der Geist Gottes in euch wohnt?« Deshalb wird uns geboten, »mit dem Geist erfüllt zu sein«. Doch nicht nur einzeln sollte es so mit uns sein. Die Wolke war inmitten der Gemeinde des Volkes. Wenn der Geist als bestimmende Person heute allezeit in der Mitte der Kirche anerkannt wäre, welche Kraft würde in ihr sein! »So war es beständig«, lesen wir; aber ach, es scheint heute nicht »beständig« so zu sein!

1 Korinther 3, 16
Epheser 5, 18
4 Mose 9, 16

Noch ein anderer Ausdruck wird gebraucht in der Aussage, daß die Wolke auf der Wohnung ruhte, oder viele Tage auf ihr verweilte. Petrus schrieb: »Der Geist der Herrlichkeit und der Geist Gottes ruht auf euch«.

1 Petrus 4, 16

Was die Führung betraf, dachte Israel niemals an Aufbruch, es sei denn, die Säule erhob sich; man blieb im Zelt und wanderte nicht, »wenn die Wolke da war ... zwei Tage oder einen Monat oder eine geraume Zeit«. Wir hören niemals, daß Israel vor der Wolke hergegangen sei, oder daß Gott zu ihnen aus der Wolke »ein Wort hinter ihnen her« gesprochen hätte: »Dies ist der Weg, wandelt darauf!«*) Das begegnete Israel später, und heute ist es auch oft so. Es wird manchmal gebetet, daß man die Stimme hinter sich her hören möge. Doch wir sollen unserem Führer folgen, nicht Ihm vorauslaufen, indem wir Ihm den Rücken zuwenden und zurückgerufen werden müssen, wenn wir »zur Rechten oder zur Linken abbie-

4 Mose 9, 20-22
Jesaja 30, 31

*) In 4. Mose 14 vermaßen sie sich, auf den Gipfel des Gebirges hinaufzuziehen, als es verboten war, und die Folge davon war, daß sie von den Amalekitern und Kanaanitern geschlagen wurden. (Vergl. V. 39-45.)

gen«. Wie ganz anders ist das als die Beschreibung von 4. Mose 9, wo das Volk lernte, in ihren Zelten zu ruhen, wenn die Wolkensäule ruhte. Siebenmal wird uns gesagt, daß dies »nach dem Gebot des Herrn« geschah, und dieses Gebot wurde ihnen durch die Wolkensäule

Römer 8, 14

geoffenbart. Wir werden heute durch den Geist geleitet, wie jene damals durch die Wolke. Uns

Galater 5, 16

wird geboten: »Wandelt im Geist«, wie sie im Schatten der Wolke wandern sollten. Es mag sein, daß gerade die Wolke, die damals führte, das nächste Stück ihres Wegs verbarg. Wir können nicht sehen, was vor uns liegt, aber wir wissen, daß der Führer uns recht leiten wird. Er ging immer vorauf. Wir lesen in 5. Mose 1, 33: »Der auf dem Weg vor euch herzog, um euch einen Ort zu erkunden, daß ihr euch lagern konntet: des Nachts im Feuer, daß ihr auf dem Weg sehen konntet, auf welchem ihr zogt,

Nehemia 9, 19

und des Tages in der Wolke«. In Nehemia wird uns gesagt, daß die Feuersäule des Nachts nicht von ihnen wich, »um ihnen den Weg zu erleuchten, auf welchem sie ziehen sollten«.

Viele Kinder Gottes sind im Blick auf die Führung Gottes verwirrt, aber Gott hat auch uns jetzt nicht im Dunkeln gelassen. Er hat versprochen, unsere Pfade zu lenken. Wenn die Wolkensäule sich nicht erhebt, laßt uns ruhig bleiben; wenn sie aufbricht, laßt uns ihr folgen. Es ist schon mehr als einmal auf die *Wasserströme* hingewiesen worden, die aus dem *geschlagenen Felsen* flossen als Vorbild des Heiligen Geistes. Die gottgegebenen Wasser stillten den Durst des Volkes. Sie konnten zu dem König von Edom und zu dem König der Amoriter, als sie deren Land durchschritten,

sagen: »Wir wollen kein Wasser aus den Brunnen trinken«. In beiden Fällen wurden diese Worte sogleich gesprochen, nachdem Gott ihnen Wasser gegeben hatte, zuerst aus dem geschlagenen Felsen und danach aus dem *Brunnen* (4. Mose 20, 8. 11. 17 und 21, 16. 17. 22). So haben wir eine schöne Darstellung der Worte des Herrn: »Wer irgend aber von dem Johannes 4, 14
Wasser trinken wird, das ich ihm geben werde, den wird nicht dürsten in Ewigkeit; sondern das Wasser, das ich ihm geben werde, wird in ihm eine Quelle Wassers werden, das ins ewige Leben quillt.« So ist es auch, wenn die Quelle aus Johannes 4 zu den Strömen des 7. Kapitels wird. Die, welche dieses Wasser als Quelle in sich haben, und von denen es in Strömen hervorfließt, haben nicht nötig, von den Zisternen der Welt zu trinken.

Doch oft scheint es die Erfahrung der Gläubigen zu sein, die zu Christus gekommen sind, um von seinem Wasser zu trinken, daß die Quelle nicht sprudelt. Vielleicht ist dann ihre Quelle so geworden wie die, von denen wir lesen, daß »Isaak die Wasserbrunnen wieder auf- 1 Mose 26, 18-19
grub, welche sie in den Tagen seines Vaters Abraham gegraben, und welche die Philister ... verstopft hatten ... Und die Knechte Isaaks gruben im Tal und fanden daselbst einen Brunnen lebendigen Wassers.« Die Welt kommt hinein und verstopft den Brunnen. Kein Wunder, daß es dann keinen überfließenden Strom des Segens für andere gibt.

»Der *Strom* (oder Bach) *Gottes*, der voll Wasser ist«, ist durch die ganze Schrift hindurch ein schönes Bild des Heiligen Geistes, dem man oft in der Schrift nachgespürt hat. ‚In Eden nahm er seinen Ausgang, den Garten zu bewässern; von da teilte er sich in verschiedenen Strömen über die Erde. In der Wüste war der geschlagene Fels sein Ursprung, und jeder Pfad des Lagers Gottes war sein Kanal. Später in Kanaan flossen die Wasser von Siloam mild; der Herr wässerte das Land aus Seinen eigenen Brunnen und ließ es von dem Regen des Himmels trinken. Der Strom wird auch aus dem Heiligtum hervorfließen, um Jerusalem und das ganze Land zu bewässern' (Hesek. 47; Joel 3, 18; Sach. 14, 8; Psalm 46, 4; 65, 9). Im Buch der Offenbarung sehen wir den Strom hervorgehen aus dem Thron Gottes und des Lammes, während in Hesekiel die Wasser unter der Schwelle des Hauses hervorfließen. In beiden Stellen haben wir eine Beschreibung der Bäume, die auf jeder Seite dieses Stromes wachsen. Wohin immer er kommt, ist das Ergebnis Fruchtbarkeit (Hes. 47, 12; Offenb. 22,2). Da, wo der Strom jetzt fließt, wird es jede Art von Frucht das ganze Jahr hindurch geben: die Früchte des Geistes, die uns in Gal. 5, 22 aufgezählt sind.

Auf ein anderes Sinnbild des Heiligen Geistes wird von dem Herrn Jesus hingewiesen. »*Der Wind* weht, wo er will, und du hörst sein Sausen, aber du weißt nicht, woher er kommt und wohin er geht; also ist jeder, der aus dem Geiste geboren ist«. In Hes. 37 lesen wir, wie der Wind oder Odem den verdorrten Gebeinen Leben gab. Zu Pfingsten bei der Ausgießung des Heiligen Geistes geschieht »ein Brausen wie von einem daherfahrenden, gewaltigen Wind«. Zweimal finden wir direkte Befehle an den Geist, und in beiden Fällen wird der Wind angesprochen. Die eine Stelle ist in Hes. 37 und

Johannes 3, 8

Apostelgeschichte 2, 1

die andere im Hohenlied: »Wache auf, Nordwind, und komm, Südwind; durchwehe meinen Garten, laß träufeln seine Wohlgerüche!«. Ein Bruder erklärte das so: ‚Das Gebet ist das *Durchwehen*, das Ergebnis sind die *Wohlgerüche*'. Was sollte aus dem Garten werden ohne das Wasser und den Wind? Doch er empfängt beides. Der vorhergehende Vers im Hohenlied spricht von der Quelle und vom Strom. »Eine Gartenquelle, ein Brunnen lebendigen Wassers, und Bäche, die vom Libanon fließen.« So haben wir hier beide Symbole des Heiligen Geistes. Dem Südwind, durch den das Land schwül wird (Hiob 37, 17), folgt Hitze (Luk. 12, 55); er weht sanft (Apostelg. 27, 13); doch er kommt »durch seine Stärke« (Psalm 78, 26b). »Von den Nordwinden kommt Kälte« (Hiob 37, 9); und »Nordwind gebiert Regen« (Spr. 25, 23), um die »wüste und leere Erde zu tränken und das zarte Kraut hervorsprießen zu lassen«. Sowohl der rauhe Nordwind wie auch der sanfte Südwind sind zu ihrer Zeit nötig, um den Garten fruchtbar zu machen. Hohelied 4, 16

Es ist nicht möglich, auf diesen Seiten mehr als einige wenige von den wundervollen Vorbildern in Gottes Wort anzudeuten. Wir haben nur einige von den Goldklumpen dargeboten, die wir an der Oberfläche dieses unerschöpflichen Goldlandes gefunden haben. Wenn der eine und andere, dem es bisher ein unerforschtes Gebiet war, angeregt worden ist, weiterzuforschen, so wird er sich bald reich belohnt finden. Es ist ein Gebiet, in dem jeder die Freiheit hat, zu graben; es sind für alle eine Fülle von ‚Anteilen am Goldschatz' vorhanden. Furcht vor Mangel braucht niemand zu haben. Denn, im Gegensatz zu den Goldgebieten der Erden

macht das kostbare Golderz, das wir finden, nicht nur reich, sondern es stillt auch Hunger
1 Mose 2, 12 und Durst. »Das Gold dieses Landes ist gut.«

Möge Er unsere Augen öffnen, daß wir Wunderbares schauen in Seinem Gesetz, damit wir
Psalm 119, 162 solche sind, die »große Beute« finden!

17. Die Majestät in den Himmeln

»Auch unser Gott ist ein verzehrendes Feuer.« Wir haben uns oft dankbar mit der wunderbaren Gegenüberstellung in Hebräer 12 beschäftigt: »Ihr seid nicht gekommen zu dem Berg, der betastet werden konnte, und der vom Feuer entzündet war, und dem Dunkel und der Finsternis und dem Sturm ... (V. 18-21); sondern ihr seid gekommen zum Berg Zion ... und zu Jesus, dem Mittler eines neuen Bundes« (V. 22-24). Unsere Augen werden zuerst auf die Schrecken des dunklen Sinai gelenkt und dann auf den vollen Sonnenschein der Gnade, auf die gegenwärtigen und zukünftigen Herrlichkeiten. Aber die Stelle schließt nicht mit diesen entgegengesetzten Bildern. Sie wurde gegeben zur Betonung der unmittelbar folgenden feierlichen Warnung. Wenn *jene* nicht entgingen, die sich empörten, wieviel mehr *wir* nicht. Die persönlichen Fürwörter sind betont. Obwohl wir nicht ein buchstäbliches »entzündetes Feuer« zu fürchten haben (V. 18), ist doch Hebräer 12, 29
»auch unser Gott ein verzehrendes Feuer«. Diese Worte werden aus 5. Mose 4 angeführt, aus demselben Kapitel, das von dem brennenden Berg redet. Er ist noch derselbe. Wir führen gern die Worte aus Hebräer 13 an: »Derselbe gestern und heute und in Ewigkeit«, aber erinnern wir uns auch, daß sie ebensowohl wahr sind von der Heiligkeit Gottes wie von der Gnade unseres Herrn Jesus Christus? Die Heiligkeit Gottes ist deshalb nicht geringer geworden, weil die Gnade regiert.

Man hat versucht zu lehren, daß der Gott des Alten Testamentes ein anderer sei als der des Neuen Testamentes; aber wir wissen, daß das nicht so ist. Wenn wir daher Seinen Charakter verstehen wollen, müssen wir beide Bücher studieren. Wir müssen daran denken, daß die in alttestamentlichen Schriften erzählten Begebenheiten einen Teil der Mitteilungen Gottes bilden, weil Gott sich selbst durch sie offenbart. Zu oft haben wir die Ehrerbietung und Gottesfurcht vergessen, die jedes Nahen in Seine Gegenwart kennzeichnen sollte.

Es gibt sieben Fälle von plötzlich über Menschen hereingebrochenem Gericht in Verbindung mit der Stiftshütte oder dem Tempel, mit der Anbetung in ihr oder ihren heiligen Geräten. Wenn wir diese zusammen betrachten, bekommen wir ein ernstes Bild von der Majestät Gottes und der Furchtbarkeit Seiner Gegenwart. Der Ort, auf dem wir stehen, ist heiliger Boden, so oft wir zu Ihm nahen. Wir können viel aus diesen Begebenheiten lernen:

1. Nadab und Abihu (zwei Söhne Aarons) brachten fremdes Feuer dar (3. Mose 10).
2. Korah (ein Levit) und Dathan und Abihu (Enkel Rubens) und »zweihundertundfünfzig Fürsten der Gemeinde, Berufene der Versammlung, Männer von Namen«, brachten Räucherwerk dar (4. Mose 16).
3. Die Philister nahmen die Bundeslade weg (1. Sam. 5).
4. Die Leute von Beth-Semes schauten in die Bundeslade (1. Sam. 6, 19. 20).
5. Ussa, der Sohn Abinadabs (wahrscheinlich ein Levit), faßte die Bundeslade an (2. Sam. 6, 1-11; 1. Chron. 13, 1-14).
6. Ussija, König von Juda, brachte Räucherwerk dar (2. Chron. 26, 16-23).
7. Belsazar, König von Babylon, benutzte den goldenen Leuchter und andere golde-

ne und silberne Gefäße aus dem Tempel auf seinem Fest (Dan. 5).

Drei dieser Begebenheiten haben mit der Darbringung von *Räucherwerk* zu tun, drei mit der *Bundeslade* und eine mit dem *Leuchter*.

Die Philister werden mit Seuchen und Vernichtung geschlagen, Ussija mit Aussatz, der zum Tod führt. In den übrigen Fällen tritt der Tod ein als Gericht über die, die unbekümmert und vermessen ihre Händes nach diesen heiligen Dingen ausstrecken.

17.1. Nadab und Ahibu waren wahrscheinlich die ersten, die in der Wüste starben. »Kein Psalm 105, 37
Strauchelnder war in seinen Stämmen«, als das Volk Israel Ägypten verließ. Stark und gesund begannen sie ihre Reise. Bei der ersten Zählung bald nach ihrem Aufbruch belief sich die Gesamtzahl ihrer Gemusterten auf 603 550 (2. Mose 38, 26; 4. Mose 1, 46); genau dieselbe Zahl wie bei der Zählung des Volkes am »ersten Tag des zweiten Monats im zweiten Jahr«. Die 4 Mose 1, 1
Leviten wurden nicht in einer dieser Zählungen berücksichtigt, und die Zahlen beweisen, daß nicht einer in all den anderen Stämmen Israels gestorben war. Nadab und Abihu waren die ersten; ihr Tod befleckte ihre Vettern Misael und Elzaphan, die die toten Leiber von dem Heiligtum wegtrugen (3. Mose 10, 4. 5), und die deshalb an jenem Tag von der Feier des Passahs ausgeschlossen waren (4. Mose 9, 6. 7). Nadab und Abihu waren Söhne Aarons und solche, die nach Mose und Aaron von dem ganzen erlösten Volk mit den höchsten Vorrechten ausgestattet waren. Sie wurden ausgesondert, Mose und ihren Vater zu begleiten, als sie mit siebenzig der Ältesten Israels gerufen wurden, »zu Gott hinaufzusteigen, um von ferne

anzubeten« (2. Mose 14, 1. 9-11). »Nadab und Abihu . . . sahen den Gott Israels, und unter Seinen Füßen war es wie ein Werk von Saphirplatten und wie der Himmel selbst an Klarheit. Und er streckte seine Hand nicht aus gegen die Edlen der Kinder Israels; sie schauten Gott und aßen und tranken.« Und doch, wenige Monate später versuchten sie etwas zu tun, was verboten war, und starben vor dem Herrn.

Im achten und neunten Kapitel des 3. Buches Mose haben wir einen Bericht von der Weihe Aarons und seiner Söhne und vom Beginn ihrer Priesterschaft. Sie erlebten eine wundervolle achttägige Erfahrung, eine Woche der Weihe, einen Tag des Dienstes — und dann ein plötzlicher Tod!

Die Stiftshütte selbst war eben erst aufgestellt worden. In dem Kapitel, das uns beschreibt, wie am Neujahrstag nach dem Auszug aus Ägypten das Werk vollendet wurde, werden die Worte siebenmal wiederholt: »so wie der Herr dem Mose geboten hatte«. Sie war nach dem Muster gemacht. Als alles beendet war, »bedeckte die Wolke das Zelt der Zusammenkunft, und die Herrlichkeit des Herrn erfüllte die Wohnung«. Doch diejenigen, die in der Stiftshütte dienten, mußten ebenso treu die Befehle Gottes erfüllten wie Mose selbst.

3 Mose 8

2 Mose 40, 34

Deshalb finden wir dieselben Worte, »wie der Herr Mose geboten hatte«, immer wieder in 3. Mose 8 und 9 ausgesprochen. Und wieder verbindet Gott Sein Nahen mit einem sichtbaren Zeichen, »die Herrlichkeit des Herrn erschien dem ganzen Volk«, ein Feuer fiel auf den Altar und »verzehrte das Brandopfer und die Fettstücke« (3. Mose 9, 23. 24).

Nadab und Ahibu waren, wie ihre beiden Brüder, mit Aaaron nahegebracht, sie waren in priesterliche Gewänder gekleidet und gesalbt, wie er. Sie blieben sieben Tage am Eingang des Zeltes der Zusammenkunft, und am achten Tage halfen sie ihm zum ersten Mal, die Opfer darzubringen, die in den Eingangskapiteln von 3. Mose beschrieben sind — ein Sündopfer und ein Brandopfer für Aaron und seine Söhne; ein Sündopfer, Brandopfer, Friedensopfer und Speisopfer für das Volk. Sie standen dabei und teilten den Segen, der durch Mose und Aaron dem Volke verkündigt wurde, sie waren Zeuge davon, wie das Feuer auf den Altar herabfiel. Sie mußten auch bei diesem Anblick mit Schrecken erfüllt worden sein. Und dann — wie schnell ändert sich die Szene! Wir wissen nicht genau, was ihre Sünde war; doch, veranlaßt durch einen falschen Eifer, vielleicht angeregt durch starkes Getränk (3. Mose 10, 9), taten sie etwas, was ausdrücklich verboten war. Sie brachten fremdes Feuer dar vor dem Herrn, das Er ihnen nicht geboten hatte. Es kann sein, daß sie nicht nur selbst das Feuer entzündeten, anstatt es vom Altar zu nehmen, sondern auch ein fremdes Gewürz von sich aus untermischten. Das war verboten nach 2. Mose 30, 9. 10. Waren sie zu vertraut geworden mit ihren heiligen Vorrechten? Dachten sie, an dem Plan Gottes etwas zu verbessern? Oder glaubten sie, daß es nichts ausmache, was sie taten, so lange sie es nur ernst meinten?

Wir können es nicht sagen. Aber sicherlich können wir aus dieser Begebenheit Wichtiges lernen. Wir leben in den Tagen der Gnade und nicht des Gesetzes. Deshalb tritt nicht sofortiger Tod bei denen ein, die versuchen, anders Gott zu nahen, als auf dem von Ihm selbst gewiesenen Weg. Aber der Gott, den wir anbeten, ist derselbe wie der, der zwischen den Cherubim thronte. Die, welche die höchsten Vorrechte gehabt haben, sind wahrscheinlich in der größten Gefahr der Übertretung, ähnlich wie Nadab und Abihu. Wer kann wohl ausdenken, wie viele Segnungen verloren gegangen sind wegen solcher Dinge!

4 Mose 16

17.2. Korah, Dathan und Abiram. Die nächste wunderbare Entfaltung der Majestät Gottes in Verbindung mit dem Dienst der Wohnung wird uns in dem schrecklichen Gericht gezeigt, das auf Korah und seine Rotte herabfiel. Korah war mit dem seiner Familie zuerkannten Dienst, die Geräte des Heiligtums zu tragen, nicht zufrieden, sondern trachtete »auch nach dem Priestertum«. Er wünschte Räucherwerk darzubringen und dies stand nur den Priestern zu. In seiner Empörung verbanden sich zwei Nachkommen Rubens mit ihm, des Stammes, dessen Zelte in der Nähe der Kehathiter aufgeschlagen waren, und »zweihundertfünfzig Fürsten der Gemeinde, Berufene der Versammlung, Männer von Namen« (V. 2). Als Mose zu Gott rief, daß Er Seine Macht erweisen möge, als Dathan und Abiram sich auf den Ruf Moses weigerten, hinaufzukommen, um am Eingang des Zeltes der Zusammenkunft zu stehen, und außerhalb ihrer eigenen Zelte blieben, da »tat die Erde ihren Mund auf und verschlang sie und ihre Familien und alle Menschen, die Korah angehörten, und die ganze Habe« (V. 32). Die übrigen der Rotte, »die zweihundertfünfzig Männer, die das Räucherwerk dargebracht hatten« (V. 35), kamen um, wie Nadab und Abihu umgekommen waren, »durch ein Feuer des Herrn«. Das war aber noch nicht alles. Das Volk Israel murrte gegen Mose und Aaron, und in der Plage, die folgte, starben 14700 Menschen. Die Empörung begann durch einen Mann; aber beinahe 15000 Israeliten wurden in das nachfolgende Gericht verwickelt — eine weitere ernste Unterweisung für uns im Blick auf die Majestät Gottes und den Ernst, in Seine Gegenwart zu treten.

Die nächsten drei Begebenheiten unserer Liste haben mit der Geschichte der Bundeslade zu tun und wurden bereits in Kapitel 8 erwähnt.

17. 3. Gericht fiel auf die Philister, die die Lade in ihr eigenes Land gebracht hatten.

17.4. Die Leute von Beth-Semes, die in die Lade geschaut hatten, traf das Gericht Gottes, und schließlich ereilte es

17.5. Ussa, weil er die Lade berührt hatte.

Es ist bemerkenswert, daß die Bundeslade drei 1 Samuel 5, 2-4
Tage im Tempel Dagons stand. Wir lesen, daß an zwei aufeinanderfolgenden Morgen der Götze vor ihr gefallen und beim zweiten Mal in Stücke zerbrochen war. Es ist nicht wahrscheinlich, daß die Philister sie dann im Tempel gelassen haben. Wir wissen, daß sie zuletzt gezwungen waren, sie zurückzusenden.

Wir können nicht zweifeln, daß, wie die »drei Tage und drei Nächte Jonas im Bauche des großen Fisches« ein Vorbild waren von den drei Tagen und drei Nächten, die unser Herr im Herzen der Erde zubrachte (Matth. 12, 40), es auch die drei Tage waren, die die Bundeslade im Hauses des Fischgottes zubrachte.

Die Bundeslade war zwanzig Jahre im Hause Abinadabs gewesen. Es ist wirklich traurig, daß dieses Heim zuletzt großen Kummer bekam wegen Ussas Anmaßung. Hatte die Lade durch die lange Vertrautheit ihre Heiligkeit für ihn verloren?

17.6. Der Aussatz Ussijas. Dieser wieder hat mit dem Opfern von Räucherwerk zu tun. Ussija, der König, wünschte wie Korah, der Levit, Räucherwerk darzubringen. Er war vom
Hebräer 7, 14 Stamm Juda, »zu welchem Stamm Mose nichts im bezug auf Priester geredet hatte«, und »aus welchem niemand des Altars gewartet hatte«. Ussija trachtete nach vermehrter Ehre; aber der Hohepriester widerstand ihm und sagte zu ihm: ». . . es wird dir nicht zur Ehre gereichen von
2 Chronik 26, 16-21 Gott, dem Herrn«. »Der Aussatz brach aus an seiner Stirn, angesichts der Priester im Haus des Herrn neben dem Räucheraltar.« »Sie trieben ihn eilends von dannen fort«. Aber es war nicht nötig, ihn zu treiben, denn, mit Schande bedeckt, »beeilte er sich selbst hinauszukommen«. Er blieb aussätzig bis zum Tag seines Todes.

Wir lernen von diesen drei ernsten Begebenheiten, daß es keine geringfügige Sache ist, in Gottes Gegenwart zu treten, was durch das Räuchern des Räucherwerks vorgebildet war. Gott erlaubt Menschen nicht, sich anmaßend und auf eine ihnen passend erscheinende Weise zu nahen, sondern auf dem Weg, den Er angeordnet hat.

Die anderen drei Vorfälle, die mit der Bundeslade zu tun haben, vermehren unsere Einsicht in die Macht, die in dem Herrn selbst wohnt, und die Ehrerbietung, mit welcher Er behandelt werden muß. Die Lehre entspricht der Heiligkeit Seiner Person.

17.7. Die Handschrift an der Wand. Diese letzte Begegenheit ereignete sich in Babylon, und sie ist eng mit dem Leuchter verbunden. Belsazar wollte den Tisch seines Festmahles mit den Gefäßen aus dem Tempel zu schmücken. Der heilige Leuchter stand an der Wand und ergoß sein Licht auf die Szene der Schwelgerei. Man trank Wein aus den goldenen Gefäßen des Hauses Gottes in Jerusalem und rühmte die Götzen. »In demselben Augenblick kamen Finger einer Menschenhand hervor und schrieben dem Leuchter gegenüber« das Gerichtsurteil. Daniel erklärt dann in seiner Anklage gegen Belsazar, daß dieser, indem er von den geheiligten Gefäßen Gebrauch machte, sich gegen den Herrn des Himmels erhoben habe. Das, was dem Herrn geheiligt ist, darf nicht für den Dienst der Welt benutzt werden.

Daniel 5,5

Schauen wir diese ernsten Bilder an — mit welcher Freude wenden wir uns dann zu den Worten in Hebr. 7, 24. 25: »Dieser aber . . . hat ein unveränderliches Priestertum. Daher vermag er auch völlig zu erretten, die durch ihn Gott nahen, indem er immerdar lebt, um sich für sie zu verwenden« — die als Anbeter zu Gott kommen, denn das Wort ist in Hebr. 10, 22 mit »hinzutreten« übersetzt. Die Majestät in den Himmeln ist dieselbe wie in den Tagen vor alters; wir aber haben »einen solchen Hohenpriester«, der zur Rechten des Thrones sitzt.

Hebräer 8, 1

Doch es gibt noch eine andere Reihe von helleren Bildern, die wir diesen sieben gegenüberstellen können.

17.8. Aaron, der Hohepriester, opfert in voller Annehmung am Versöhnungstage im Heiligtum die rechte Art des Räucherwerks und die rechte Art des Feuers (3. Mose 16, 12. 13). Wie um den Gegensatz zu bezeichnen, beginnt das Kapitel mit einer Erwähnung des Todes Nadabs und Ahibus.

17.9. In Lukas 1, 8-11 haben wir das Beispiel

eines Priesters der Räucherwerk darbringt. »Nach der Gewohnheit des Priestertums traf ihn (Zacharias) das Los . . . zu räuchern«, und als er das tat, »erschien ihm ein Engel des Herrn, der zur Rechten des Räucheraltars stand« — nicht, um mit Gericht zu schlagen, sondern um eine Segensverheißung zu geben. Obwohl Korah nicht opfern durfte, hatte Gott Seine erwählten Priester, die zu diesem Dienst berufen waren.

17.10. In Josua 6 lesen wir, wie die Bundeslade, die auf den Schultern der Priester um Jericho getragen wurde, dem Volk des Herrn Sieg bringt, anstatt Verwüstung und Tod wie im Falle der Philister. Die Mauern fallen in Seiner Gegenwart, wie Dagon später fiel; aber die Bundeslade brachte keinen Tod unter die, die sie trugen.

17.11. Als das Volk über den Jordan ging, war die Bundeslade in der Mitte des Flusses bedeckt mit dem Vorhang der Wohnung, den Dachsfellen und dem blauen Purpur. Es gab kein Hinsehen. Sie, die später den Tod unter die Leute von Beth-Semes brachte, brachte Israel Sicherheit.

17.12. Das Haus Obed-Edoms wurde durch die Gegenwart der Bundeslade gesegnet, wogegen das Haus Abinadabs verwüstet wurde. Wir können uns vorstellen, mit welcher Ehrerbietung und Gottesfurcht sie im Hause Obed-Edoms behandelt wurde. Sie war in dem einen Haus der Geruch vom Leben zum Leben und in dem anderen vom Tod zum Tod.

17.13. Wir lesen in Jes. 6, 1, wie »im Todesjahr des Königs Ussija« Jesaja das wunderbare Gesicht empfing. Die Anspielung war offensichtlich beabsichtigt wie im Fall von 3.

Mose 16, 1, um den Gegensatz zu betonen. Jesaja sah »den Herrn sitzen auf hohem und erhabenem Thron, und seine Schleppen erfüllten den Tempel«. Er sah die Seraphim, er hörte ihre Stimmen; und wie er sich des Gerichts erinnerte, das auf Ussija gefallen war, fühlte er, daß auch er ein Aussätziger vor Gott war. »Ich bin ein Mann von unreinen Lippen«, rief er, indem er sich selbst mit dem Aussätzigen verglich, der seinen Bart verhüllte und ausrief: »Unrein, unrein!« (3. Mose 13, 45). Aber gerade an dem Platz, wo Ussija mit Aussatz geschlagen wurde, empfing Jesaja die Reinigung durch die »glühende Kohle vom Altar«.

Jesaja 6, 5

Jesaja 6, 6

17.14. Der Ruf Gottes, der an den jungen Samuel erging, steht mit dem Leuchter der Stiftshütte in Verbindung, es heißt, daß die Stimme des Herrn zu ihm kam, als »die Lampe Gottes noch nicht erloschen war«. Welch ein Gegensatz zu der Szene in Daniel 5. Der Leuchter stand an seinem rechten Platz, und anstelle der Handschrift des Gerichts gelangte ein Ruf Gottes an Seinen jungen Knecht.

1 Samuel 3, 3

Anhang

Vorbildhafte Tätigkeitswörter

Selbst in den kleinen Einzelheiten der verschiedenen Zeremonien, die Gott befohlen hat, können wir sogar durch die angewandten Zeitwörter manche Vorschattungen des Kreuzes erkennen. Zum Beispiel ist es kein Zufall, daß, in Verbindung mit den Opfern das Blut *ausgegossen*, gewisse Dinge *zermalmt* oder *in Stücke zerbrochen* werden mußten; oder wieder, daß der Felsen *geschlagen*, und die Schlange *erhöht* werden sollte.

Auf das Zerstoßen- oder Zerschlagenwerden vieler Stoffe wurde im Lauf der Betrachtungen schon aufmerksam gemacht, aber manche andere vorbildliche Zeitwörter könnten noch erwogen werden.

Ein solches gibt uns den Schlüssel zu einer wichtigen Wahrheit in Verbindung mit dem Speisopfer, die noch nicht allgemein erwähnt worden ist. Während es durchaus wahr ist, daß es in diesem Opfer kein Blutvergießen gab (siehe Kapitel 10), wird der Tod des Herrn Jesus doch deutlich vorgeschattet. Es bildet nicht nur Sein fleckenloses Leben vor, obwohl dies die hervorstechendste Seite ist. Am Ende des Kapitels (3. Mose 2), wird die Gabe der Erstlingsfrüchte in das Speisopfer eingeschlossen. Zwischen der Beschreibung Seines Lebens in V. 1 und 2 und der Erwähnung der Auferstehung, die durch die Erstlingsfrüchte in V. 14 vorgebildet ist, muß es eine Erwähnung Seines Todes geben. In V. 6 finden wir sie in einem Zeitwort hervorleuchten. Der Kuchen oder das Brot von Feinmehl, ungesäuert, mit Öl gemengt, sollte *in Stücke zerbrochen* werden. Gebrochenes Brot! Wo könnten wir ein klareres Vorbild Seines Todes finden? Können wir Ihn nicht sagen hören, wie Er es viele Jahre später tat, als Er das Brot bei der Einsetzung des Abendmahls brach: »Dies ist mein Leib, der für euch gegeben wird«? (Luk, 22, 19). Die gewöhnliche Auslegung des Speisopfers, wie sie auch

unsere Aufstellung zeigt, ist, daß es ein Vorbild des Lebens des Herrn Jesus ist, der als Mensch Gott ein makelloses Leben führte. Das ist richtig, aber es ist nicht ganz vollständig. Es wäre richtiger zu sagen: Der Herr Jesus bietet Gott in Leben, Tod und Auferstehung ein makelloses Leben dar. In der gleichen Weise wird das für die Kuchen in 3. Mose 2, 4 gebrauchte Wort von dem Tätigkeitswort ‚durchdringen' oder ‚verwunden' hergeleitet und so haben wir eine weitere Vorschattung des Todes am Kreuz.
Im Blick auf die kommende Kreuzigung wurden die Worte von 5. Mose 21, 23 geschrieben, die in Galater 3, 13 angeführt werden: »Verflucht ist jeder, der am Holz hängt!«; »die Schrift voraussehend« (V. 8) den »Tod, den er sterben sollte« (Joh. 12,13), »indem sie ihn an ein Holz hängten« (Apost. 5, 30; 10, 39) sagt, daß »er ein Fluch für uns« würde. Mit schrecklicher Vermessenheit ging Judas, der ihn überliefert hatte . . . hin und erhängte sich« (Matth. 27, 3-5); denn gerade die Art und Weise, auf welche er Selbstmord verübte, war ein Sinnbild seines geistlichen Todes, da er sich den Fluch zugezogen hatte (Psalm 109, 17. 18). Er wurde sozusagen ein Vorläufer all derer, die sich durch die Verwerfung des stellvertretenden Todes Christi weigern, an diesem Segen Anteil zu haben.
Durch Übersehen dieser wichtigen Tätigkeitswörter haben manche versäumt, die Vollständigkeit der Bilder zu erkennen, und geleugnet, daß das Kreuz im Alten Testament enthalten sei. Doch wenn wir sie alle einmal zusammenstellen, erkennen wir die Genauigkeit bis in die kleinsten Einzelheiten. Es ist kein Zufall, daß jedes Wort durch den Heiligen Geist an seinem Platz gebraucht wird, wenn Er neu etwas »anzeigt« (Hebr. 9, 8) wie über die Art des Todes, den das Lamm Gottes erdulden sollte.

Ein Studium der levitischen Opfer

Das Opfer	bestand aus:	Gottes Teil auf dem ehernen Altar	Des Priesters Anteil	Vorbild auf den Herrn Jesus	Bezügliche Schriftstellen
Brandopfer	Farren, Böcken, Schafen, Widdern, Lämmern, Turteltauben, jungen Tauben (ohne Fehler)	Völlige Verbrennung (Räucherung)	Die Haut (3. Mose 7, 8)	In Seinem Leben und Seinem Tod vollkommen den Willen Gottes erfüllend	3 Mose 1; 3. Mose 6, 1-6 3. Mose 7,8 Ephes. 2, 1-6; Hebr. 10, 7
Speisopfer	Feinmehl, Ähren, Weihrauch, Öl, Salz	Eine Hand voll (Feinmehl und Öl), aller Weihrauch, Ganzopfer des Priesters	Alles Übrige	In Leben, Tod und Auferstehung Gott ein untadeliges Leben darbringend	3 Mose 2; 3. Mose 6, 7-16 Hebr. 7, 26
Friedensopfer (Schlachtopfer)	Männlichem und Weiblichem von Rindern und Schafen; Farren, Lämmern, Ziegen (ohne Fehler)	Die Nieren, alles Fett und das Netz auf dem Brandopfer	Brust (des Webopfers) r. Schenkel (des Hebopfers)	Indem Er durch Seinen Tod unser Friede und der Grund der Gemeinschaft wurde	3. Mose 31; 3. Mose 7, 11-13; 3. Mose 7, 28-36 s.auch 3. Mose 9, 21; Römer 5, 1; Kol. 1,20
Sündopfer Schuldopfer	Männlichem und Weiblichem von Rindern und Schaffen, Ziegen oder: Turteltauben, jungen Tauben, einem Zehntel Epha Feinmehl	Alles Fett, das Netz, die Nieren	Alles Sündopfer, von dessen Blut nichts in das Zelt der Zusammenkunft gebracht wurde	Am Kreuz für uns zur Sünde gemacht	3. Mose 4; 3. Mose 6, 17-23; (vergl. 3. Mose 5, 1-13) 2. Kor. 5,21
				Durch Seine Darbringung haftbar geworden für Sünden und Übertretungen gegen Gott und Menschen	3. Mose 5; 3. Mose 7, 1-7; Kol. 2, 13-14; 1. Petr. 2, 24a

Mose, ein Vorbild von Christus

a) »Gleich mir«

Sein Knecht (Ps. 105,26)	»Mein Knecht« (Matth. 12, 18)
Sein Auserwählter (Ps. 106,23)	»Mein Auserwählter« (Jes. 42, 1)
Der Prophet (5. Mose 18, 15-19)	Der Prophet(Joh. 6, 14; Luk. 7, 16)
Priester (Ps. 99,6)	Priester (Hebr. 7, 21. 24)
König (5. Mose 33, 4. 5)	König (Apg. 17, 7)
Richter (2. Mose 18, 13)	Richter (Joh. 5, 27; Apg. 17,31)
Hirte (2. Mose 3, 1; Jes. 63, 11)	Hirte (Joh. 10, 11. 14)
Führer(Jes. 63, 12. 13; Ps. 77, 20)	Führer (Jes. 55,4)
Vermittler (2. Mose 33, 8. 9)	Ein Mittler (1. Tim. 2, 5)
Fürsprecher (4. Mose 21, 7)	Fürsprecher (Röm. 8, 34)
Retter (Apostelg. 7, 35)	Erretter(Röm. 11, 26; 1. Thess. 1, 10)
Herrscher (Apostelg. 7, 35)	Herrscher (Micha 5,1)
»Pharao gebot all seinem Volk und sprach: Jeden Sohn, der geboren wird, sollt ihr in den Strom werfen« (2. Mose 1, 22; Apg. 7, 19)	»Herodes...sandte hin und ließ alle Knaben töten, die in Bethlehem...waren.« (Matth. 2, 13-16)
Ein schönes Kind (2.Mose 2, 2; Hebr. 11,23) »Er war ausnehmend schön« (Apostelg. 7,20) »schön für Gott« (Note)	»Jesus nahm zu an Weisheit und an Größe, und an Gunst bei Gott und Menschen« (Luk.2, 40. 52)
»Durch Glauben weigerte sich Mose ...ein Sohn der Tochter Pharaos zu heißen« (so ein Reich ausschlagend) (Hebr. 11, 24. 25)	»Der Teufel...zeigt ihm alle Reiche der Welt und ihre Herrlichkeit.« (Matth. 4, 8-10)
»Größerer Reichtum als die Schätze Ägyptens« (Hebr. 11, 26)	»Der, da er reich war, um euretwillen arm wurde.« (2.Kor. 8, 9)
»Er schaute auf die Belohnung« (Hebr. 11, 26)	»Für die vor ihm liegende Freude« (Hebr. 12, 2b)
»Durch Glauben verließ er Ägypten« (Hebr. 11, 27)	»Aus Ägypten habe ich meinen Sohn gerufen« (Matth. 2, 15b)

»Er hielt standhaft aus, als sähe er den Unsichtbaren.« (Hebr. 11, 27)	»Der mich gesandt hat, ist mit mir« Joh. 8, 29)
»Er meinte aber, seine Brüder würden den verstehen ... sie aber verstanden es nicht.« (Apg. 7,25)	»Die Seinigen nahmen ihn nicht an.« (Joh. 1, 10. 11)
»Wer hat dich zum Obersten und Richter über uns gesetzt?« (Apg. 7,27)	»Wer hat mich zu einem Richter oder Erbteiler über euch gesetzt?« (Luk. 12, 14) (Erinnerte Er sich daran, wie Mose behandelt worden war?)
»Diesen Mose, den sie verleugneten, ... diesen hat Gott zum Obersten und Retter gesandt.« (Apg. 7, 35)	»Gott hat diesen Jesus, den ihr gekreuzigt habt, sowohl zum Herrn als auch zum Christus gemacht.« (Apostelg. 2, 36)
»Mose saß an einem Brunnen.» (2. Mose 2, 15)	»Jesus nun, ermüdet von der Reise, setzte sich also an die Quelle nieder.« (Joh. 4, 6)
»Alle die Männer sind gestorben, die nach deinem Leben trachteten.« (2. Mose 4, 19)	»Sie sind gestorben, die dem Kindlein nach dem Leben trachteten.« (Matth. 2, 20)
»Mose sah ihren Lastarbeiten zu.» »Ihr wollt sie von ihren Lastarbeiten feiern lassen.« (2. Mose 2, 11; 5, 5)	»Kommet her zu mir, alle ihr Mühseligen und Beladenen, und ich werde euch Ruhe geben.« (Matth. 11, 28)
»Laß mein Volk ziehen!« (2. Mose 9,13)	»Freiheit auszurufen den Gefangenen« (Jes. 61, 1)
»Alle diese...werden...sich vor mir niederbeugen.« (2. Mose 11,8)	»Daß in dem Namen Jesu jedes Knie sich beuge« (Phil. 2, 10)
»Bis wann soll uns dieser zum Fallstrick sein?« (2. Mose 10, 7)	»Ein Stein des Anstoßes und ein Fels des Ärgernisses« (1. Petr, 2, 8)
»Er ging von dem Pharao hinaus in glühendem Zorn.« (2. Mose 11,8)	»Er blickte auf sie umher mit Zorn, betrübt über die Verstocktheit ihres Herzens.« (Mark. 3, 5)
»Rede...alles, was ich zu dir rede.« (2. Mose 6, 29)	»Ich habe nicht aus mir selbst geredet, sondern der Vater...Er hat mir ein Gebot gegeben, was ich sagen...soll.« (Joh. 12, 49. 50)

»Weil ich mit dir sein werde«
(2. Mose 3,12)

»Das ist Gottes Finger.«
(2. Mose 8, 19)

»Um Mitternacht...wird ein großes Geschrei sein.« (2. Mose 11, 4.6)

»Der Herr schlug alle Erstgeburt... es war kein Haus, worin nicht ein Toter war.«
(2. Mose 12, 29. 30)

»Unterwiesen in aller Weisheit der Ägypter; er war aber mächtig in seinen Worten und Werken.«
(Apostelg. 7, 22)

»Mose streckte seine Hand aus über das Meer, und der Herr trieb das Meer durch einen starken Ostwind hinweg.« (2. Mose 14, 21)

»Das Volk dürstete daselbst nach Wasser.» (2. Mose 17, 3)

»Noch ein wenig, und sie steinigen mich« (2. Mose 17, 4)

»Herauf, Brunnen!«
(4. Mose 21, 16-18)

»Mose brachte ihre Rechtssache vor den Herrn.« (4. Mose 27,5)

»Und der Herr tat nach dem Worte Moses.« (2. Mose 8, 13)

»Du hast Gnade gefunden in meinen Augen und ich kenne dich mit Namen.« (2. Mose 33, 17)

»Wenn Mose seine Hand erhob, so hatte Israel die Oberhand.«
(2. Mose 17, 11)

»Der mich gesandt hat, ist mit mir«
(Joh. 8, 29)

»Wenn ich aber durch den Finger Gottes die Dämonen austreibe...«
(Luk. 11, 20)

»Um Mitternacht aber entstand ein Geschrei.« (Matth. 25, 6)

»Sie werden auf mich blicken, den sie durchbohrt haben, und werden über ihn wehklagen...wie man bitterlich über den Erstgeborenen leidträgt.« (Sach. 12, 10)

»Woher diesem diese Weisheit und die Wunderwerke?«
(Matth. 13, 54; Mark. 6, 2)

»Was für einer ist dieser, daß auch die Winde und der See ihm gehorchen?« (Matth. 8, 27)

»Wenn jemand dürstet, so komme er zu mir und trinke.«
(Joh. 7, 37)

»Da hoben sie Steine auf, damit sie auf ihn würfen.« (Joh. 8, 59)

»Das Wasser, das ich ihm geben werde, wird in ihm eine Quelle Wassers werden, das ins ewige Leben quillt.« (Joh. 4, 14)

»Wir haben einen Sachwalter bei dem Vater.« (1. Joh. 2,1)

»Auf daß das Wort erfüllt würde, welches er sprach.» (Joh. 18, 9)

»Dieser ist mein geliebter Sohn, an welchem ich Wohlgefallen gefunden habe.« (Matth. 17, 5)

»Mehr als Überwinder durch den, der uns geliebt hat.«
(Röm. 8, 37)

»So waren seine Hände fest, bis die Sonne unterging.«
(2. Mose 17, 12)

»Ich stand zwischen dem Herrn und euch in selbiger Zeit, um euch das Wort des Herrn zu verkündigen.«
(5. Mose 5, 5; 2. Mose 20, 19)

»Her zu mir, wer für den Herrn ist!« (2. Mose 32, 26)

»Mirjam und Aaron redeten wider Mose.« (4. Mose 12, 1)

»Der Mann Mose aber war sehr sanftmütig.« (4. Mose 12, 3)

»Warum habt ihr euch nicht gefürchtet, wider meinen Knecht, wider Mose zu reden?«
(4. Mose 12, 8)

»Sie wurden eifersüchtig auf Mose im Lager.« (Psalm 106, 16)

»Mose wußte nicht, daß die Haut seines Angesichts strahlte.«
(2. Mose 34, 29)

»Als das Volk sah, daß Mose verzog, von dem Berge herabzukommen, da versammelte sich das Volk zu Aaron, und sie sprachen...dieser Mose... wir wissen nicht, was ihm geschehen ist.«
(2. Mose 32, 1)

»Ich nahm aus euch zwölf Männer.« (5. Mose 1, 23)

»Siebenzig Männer aus den Ältesten des Volkes«
(4. Mose 11, 16. 24)

»Siehe, das Blut des Bundes.«
(2. Mose 24, 8)

»Er lebt immerdar, um sich für sie zu verwenden.« (Hebr. 7, 25)

»Er hat am Ende dieser Tage zu uns geredet im Sohne.«
(Hebr. 1, 1)

»Wer nicht mit mir ist, ist wider mich.« (Matth. 12, 30)

»Denn auch seine Brüder glaubten nicht an ihn.« (Joh. 7, 5)

»Ich bin sanftmütig und von Herzen demütig.« (Matth. 11, 29)

»Auf daß alle den Sohn ehren, wie sie den Vater ehren.«
(Joh. 5, 23)

»Er wußte, daß die Hohenpriester ihn aus Neid überliefert hatten.«
(Mark. 15, 10)

»Sein Angesicht leuchtete wie die Sonne.« (Matth. 17, 2)

»Mein Herr verzieht zu kommen.« — »Wo ist die Verheißung seiner Ankunft?«
(Matth. 24, 48-50; 2. Petr. 3, 3. 4)

»Er bestellte zwölf, auf daß sie bei ihm seien, und auf daß er sie aussende.« (Mark. 3, 13. 14)

»Der Herr bestellte auch siebenzig andere.« (Luk. 10, 1)

»Dieser Kelch ist der neue Bund in meinem Blute.« (Luk. 22,20)

»Und so vollendete Mose das Werk.« (2. Mose 40, 33)

»Das Werk habe ich vollbracht, welches du mir gegeben hast, daß ich es tun sollte.« (Joh. 17, 4)

»Es erging Mose übel ihretwegen.« (Psalm 106, 32)

»Um unserer Übertretungen willen war er verwundet.« (Jes. 53, 5)

»Ich habe vergeben nach deinen Worten.« (4. Mose 14, 17-20)

»Gleichwie auch Gott in Christo euch vergeben hat.« (Eph. 4, 32)

»Wenn nicht Mose, sein Auserwählter, vor ihm in dem Riß gestanden hätte.« (Psalm 106, 23)

»Schwert, erwache wider meinen Hirten!« (Sach. 13, 7)

»Und es stand in Israel kein Prophet mehr auf wie Mose, welchen der Herr gekannt hätte, von Angesicht zu Angesicht, nach all den Zeichen und Wundern, die der Herr ihn gesandt hatte zu tun.« (5. Mose 34, 10.11)

»Gleichwie der Vater mich kennt, und ich den Vate kenne« (Joh. 10, 15)

»Wenn ich nicht die Werke unter ihnen getan hätte, die kein anderer getan hat.« (Joh. 15, 24)

»Nach allem, was der Herr ihm geboten hatte, also tat er.« (2. Mose 40, 16)

»Gleichwie ich die Gebote meines Vaters gehalten habe.« (Joh. 15, 10)

»Wie auch Mose treu war in seinem ganzen Haus.« (Hebr. 3, 2)

»Jesus, der treu ist dem, der ihn bestellt hat.« (Hebr. 3, 2)

»Er tat seine Wege kund dem Mose.« (Psalm 103, 7)

»Der Vater hat den Sohn lieb und zeigt ihm alles, was er selbst tut.« (Joh. 5, 20)

»Der Segen, womit Mose...die Kinder Israel vor seinem Tode gesegnet hat.« (5. Mose 33, 1)

»Und es geschah, indem er sie segnete, schied er von ihnen.« (Luk. 24, 50. 51)

»Es bestelle der Herr...einen Mann über die Gemeinde, der...sie aus- und einführe; damit die Gemeinde des Herrn nicht sei wie Schafe, die keinen Hirten haben.« (4. Mose 27, 16. 17)

»Ich werde den Vater bitten, und er wird euch einen anderen Sachwalter geben, daß er bei euch sei in Ewigkeit ... Ich werde euch nicht als Waisen lassen.« (Joh. 14, 16-18)

»Michael...streitend mit dem Teufel, hatte Wortwechsel um den Leib Moses.« (Judas 9)

»Pilatus sprach zu ihnen: ... Sichert es, so gut ihr es wisset.« (Matth. 27, 65)

»Die Kinder Israel gingen auf dem Trockenen mitten durchs Meer. Und Mirjam ... nahm das Tamburin ... und alle Weiber ... hinter ihr her mit Tamburinen.« (2. Mose 15, 19. 20)

»Und ich sah wie ein gläsernes Meer ... und die Überwinder ... an dem gläsernen Meere stehen, und sie hatten Harfen Gottes.« (Offenb. 15, 2)

»Damals sangen Mose und die Kinder Israel dieses Lied dem Herrn.« (2. Mose 15, 1)

»Und sie singen das Lied Moses, des Knechtes Gottes, und das Lied des Lammes.« (Offenb. 15, 3)

b) Gegensätze

»Das Gesetz wurde durch Mose gegeben.« (Joh. 1, 17)

»Die Gnade und die Wahrheit ist durch Jesum Christum geworden.« (Joh. 1, 17)

»Herrlichkeit«, im Verschwinden begriffen (Fußnote) (2. Kor. 3, 7)

»Herrlichkeit, die besteht« (2. Kor. 3, 8)

Wenn das Angesicht Moses leuchtete, fürchtete sich das Volk. (2. Mose 34, 30)

Wenn das Angesicht des Herrn leuchtete, liefen sie herbei. (Mark. 9, 15)

Moses erste mitgeteilte Tat ist, daß er einen Menschen erschlägt. (2. Mose 2, 12)

Christi erstes Werk in Markus ist, daß Er einen Menschen heilt. (Mark. 1, 25. 26)

Erste Plage: Wasser wird in Blut verwandelt, Zeichen eines Fluches. (2. Mose 7, 20)

Erstes Wunder: Wasser wird in Wein verwandelt, Zeichen der Freude. (Joh. 2, 1-10)

Unfähig zu erretten. (Jerem. 15, 1)

Fähig »völlig zu erretten« (Hebr. 7, 25)

Mose treu als Diener. (Hebr. 3, 5)

»Christus aber als Sohn über sein Haus« (Hebr. 3, 6)

Das Gesetz zerbrochen durch seine Hände. (2. Mose 32, 19; 5. Mose 9, 17)

Das Gesetz vollkommen bewahrt in Seinem Herzen. (Psalm 40, 8)

Mose fleht um Heilung für eine Aussätzige. (4. Mose 12, 13)

Jesus heilt einen Aussätzigen. (Matth. 8, 2.3)

Das erste Passah. (Hebr. 11, 28)

Das letzte Passah. (Luk. 22, 15)

Brot, das Leben erhielt. (2. Mose 16, 14; Joh. 6, 31. 49)	Brot, das Leben gibt. (Joh. 6, 33. 50. 51)
Willig, Stellvertreter zu sein. (2. Mose 32, 30. 34)	Der Herr tatsächlicher Stellvertreter. (1. Petr. 2, 24; Jes. 53, 4-6)
Vierzig Tage und vierzig Nächte auf dem Berg. (2. Mose 34, 28)	Der Herr vierzig Tage und vierzig Nächte in der Wüste. (Matth. 4, 2)
Ein unvollendeter Auszug. (5. Mose 3, 25-27)	Ein erfüllter Ausgang. (Luk. 9, 31)

Joseph, ein Vorbild von Christus

»Joseph ... weidete die Herde.« (1. Mose 37, 2)	Der gute Hirte. (Joh. 10, 11. 14)
Joseph hinterbrachte ihrem Vater die üble Nachrede von ihnen. (1. Mose 37, 2)	Finsternis und böse Werke. (Joh. 3, 19. 20)
Geliebt (von seinem Vater) (1. Mose 37, 3)	»Mein geliebter Sohn« (Matth. 3, 17)
Gehaßt (von seinen Brüdern). (1. Mose 37, 4.5)	»Sie haben mich ohne Ursache gehaßt« (Joh. 15, 25; Psalm 69, 4)
Man glaubte ihm nicht. (1. Mose 37, 5)	»Denn auch seine Brüder glaubten nicht an ihn.« (Joh. 7, 5)
Verneigung, Niederbeugung. (1. Mose 37, 7. 9)	»Auf daß er in allem den Vorrang habe« (Kol. 1, 18)
»Solltest du gar über uns herrschen?« (1. Mose 37, 8)	»Wir wollen nicht, daß dieser über uns herrsche.« (Luk. 19, 14)
»Seine Brüder waren eifersüchtig auf ihn.« (1. Mose 37, 11)	»Aus Neid überliefert« (Mark. 15, 10)
»Sein Vater bewahrte das Wort« (1. Mose 37, 11)	»Seine Mutter bewahrte alle diese Worte in ihrem Herzen.« (Luk. 2, 51)
»Komm, daß ich dich zu ihnen sende!« (1. Mose 37, 13)	»Ich will meinen geliebten Sohn senden.« (Luk. 20, 13)
»Hier bin ich.« (1. Mose 37, 13)	»Siehe, ich komme.« (Psalm 40, 7)
»Bringe mir Antwort.« (1. Mose 37, 14)	»Jetzt aber komme ich zu dir.« (Joh. 17, 13)
»Er sandte ihn aus dem Tale von Hebron (Gemeinschaft)« (1. Mose 37, 14)	»Die Herrlichkeit, die ich bei dir hatte.« (Joh. 17, 5. 24)
»Er kam nach Sichem.« (1. Mose 37, 14)	»Er kommt nun in eine Stadt Samarias, genannt Sichar.« (Joh. 4, 4. 5)
»Er irrte auf dem Feld umher.« (1. Mose 37, 15)	»Der Acker (das Feld) ist die Welt.» (Matth. 13, 38) — »Der Sohn des Menschen hat nicht, wo er sein Haupt hinlege.« (Luk. 9, 58)

»Ich suche meine Brüder.« (1. Mose 37, 16)	»Gekommen, zu suchen und zu erretten.« (Luk. 19, 10)
»Joseph ging seinen Brüdern nach.» (1. Mose 37, 17)	»... und geht dem Verlorenen nach« (Luk. 15, 4)
»Sie ersannen gegen ihn den Anschlag, ihn zu töten.« (1. Mose 37, 18)	Sie »hielten Rat wider Jesum, um ihn zum Tode zu bringen». (Matth. 27, 1)
»Und wir werden sehen...« (1. Mose 37, 20)	»Auf daß wir sehen« (Mark. 15, 32)
Ausgezogen. (1. Mose 37,23)	»Sie zogen ihn aus.« (Matth. 27, 28)
Die Grube. (1. Mose 37, 24)	»Die Grube des Verderbens« (Psalm 40, 2; 69, 2. 15)
»Sie setzten sich.« (1. Mose 37, 25)	»Und sie saßen und bewachten ihn daselbst.« (Matth. 27, 36)
»Zwanzig Silbersekel« (1. Mose 37, 28)	»Dreißig Silberlinge« (Matth. 26, 15; 27, 9; 2. Mose 21, 32)
Nach Ägypten. (1. Mose 37, 28. 36)	»Aus Ägypten habe ich meinen Sohn gerufen.« (Matth. 2, 14.15)
Knecht Potiphars, »ein Kämmerer des Pharao, Oberster der Leibwache«. (Psalm 105, 17; 1.Mose 39,1)	»Knecht der Herrscher« (Jes. 49, 7) Knechtsgestalt (Phil. 2, 7)
»Der Herr mit Joseph« (1. Mose 39, 2. 21. 23)	»Der Vater ist bei mir.» (Joh. 16, 32)
»Der Herr ließ alles, was er tat, in seiner Hand gelingen.« (1. Mose 39, 3)	»Das Wohlgefallen des Herrn wird in seiner Hand gedeihen.« (Jes. 53, 10)
»Alles ... gab er in seine Hand« (1. Mose 39, 4. 8)	»Der Vater ... hat alles in seine Hand gegeben.» (Joh. 3, 35)
Gesegnet »um Josephs willen« (1. Mose 39, 5)	»Gesegnet ... in Christus« (Eph. 1, 3; 4, 32)
»Er überließ alles ... der Hand Josephs.« (1. Mose 39, 6)	»Mächtig ... zu bewahren« (2. Tim. 1, 12)
»Schön von Gestalt und schön von Angesicht« (1. Mose 39,6)	»Alles an ihm ist lieblich« (Hohel. 5, 16)

In hoher Gunst. (1. Mose 39, 6)	»Jesus nahm zu ... an Gunst bei Gott und Menschen.« (Luk. 2, 52)
»Wie sollte ich dieses große Übel tun?« (1. Mose 39, 9)	»Ausgenommen die Sünde« (Hebr. 4, 15)
»Wo die Gefangenen des Königs gefangen lagen.« (1. Mose 39, 20)	»Nachdem sie ihn gebunden hatten, führten sie ihn weg.« (Matth. 27, 2)
»Man preßte seine Füße in den Stock.« (Psalm 105, 18. 19)	»Sie haben meine Hände und meine Füße durchgraben.« (Psalm 22, 16)
Zwei von Pharaos Kämmerern kamen ... »in die Feste ... wo Joseph gefangen lag.» (1. Mose 40, 2. 3)	»Es wurden aber auch zwei andere hingeführt, Übeltäter.« (Luk. 23, 32)
(Der eine erhielt eine Botschaft des Lebens.) »In noch drei Tagen wird der Pharao dein Haupt erheben und dich wieder in deine Stelle einsetzen.« (1. Mose 40, 13)	»Heute wirst du mit mir im Paradies sein.» (Luk. 23,43)
»Ich gedenke heute meiner Sünden ... daselbst war bei uns ein hebräischer Jüngling.« (1. Mose 41,9.12)	»Wir empfangen, was unsere Taten wert sind; dieser aber hat nichts Ungeziemendes getan.« (Luk. 23, 41)
»Er bediente sie.« (1. Mose 40, 4)	»Ich bin in eurer Mitte wie der Dienende.« (Luk. 22, 27)
»Warum sind eure Angesichter heute so trübe?« (1. Mose 40, 7)	»Was sind das für Reden, die ihr wandelnd miteinander wechselt, und seid niedergeschlagen?« (Luk. 24, 17)
»Gedenke meiner.« (1. Mose 40, 14)	»Dies tut zu meinem Gedächtnis.» (1. Kor. 11, 24)
»Erweise doch Güte an mir.« (1. Mose 40, 14)	»Insofern ihr es einem der geringsten dieser meiner Brüder getan habt, habt ihr es mir getan.» (Matth. 25, 40)
»Und erwähne meiner bei dem Pharao.» (1. Mose 40, 14)	»Ein jeder nun, der mich vor den Menschen bekennen wird, den werde auch ich bekennen vor meinem Vater.« (Matth. 10, 32)

»Aber der Oberste der Schenken gedachte nicht an Joseph und vergaß ihn.« (1. Mose 40, 23)	»Aber kein Mensch gedachte dieses armen Mannes.« (Pred. 9, 15)
»Und auch hier habe ich gar nichts getan, daß sie mich in den Kerker gesetzt haben.« (1. Mose 40, 15)	»Wer von euch überführt mich der Sünde?« (Joh. 8, 46)
»Sie ließen ihn ... aus dem Kerker gehen.» (1. Mose 41, 14)	»Aus dem Hause der Gefangenen ging er hervor, um König zu sein.« (Pred. 4, 14)
»Der König sandte hin und ließ ihn los.« (Psalm 105,20)	»Den Gott auferweckt hat, nachdem er die Wehen des Todes aufgelöst hat.« (Apostelg. 2, 24)
»Das steht nicht bei mir; Gott wird antworten« ... »Gott ... hat dem Pharao kundgetan.« (1. Mose 42, 16. 25)	»Der Sohn kann nichts von sich selbst tun, außer was er den Vater tun sieht.« (Joh. 5, 19)
»Einen Mann, in welchem der Geist Gottes ist?« (1. Mose 41, 38)	»Jesum, ... wie Gott ihn mit Heiligem Geist und mit Kraft gesalbt hat.« (Apostelg. 10, 38)
»Gott hat dir dies alles kundgetan.« (1. Mose 41, 39)	»Der Vater hat den Sohn lieb und zeigt ihm alles, was er selbst tut.« (Joh. 5, 20)
»Keiner ist so verständig und weise wie du.« (1. Mose 41, 39)	»In welchem verborgen sind alle Schätze der Weisheit und der Erkenntnis.« (Kol. 2,3)
»Du sollst über mein Haus sein.« (1. Mose 41, 40)	»Als Sohn über sein Haus, dessen Haus wir sind.« (Hebr. 3, 6)
»Deinem Befehl soll mein ganzes Volk sich fügen.« (1. Mose 41, 40)	»Die Herrschaft ruht auf seiner Schulter.« (Jes. 9, 6.7)
»Ohne dich soll kein Mensch seine Hand oder seinen Fuß aufheben.« (1. Mose 41, 44)	»Außer mir könnt ihr nichts tun.« (Joh. 15, 5)
»Werft euch nieder!« (1. Mose 41, 43)	»Auf daß in dem Namen Jesu jedes Knie sich beuge.« (Phil. 2, 10)
»Joseph war dreißig Jahre alt.« (Vergl. 4.Mose 4, 46. 47; 2. Sam. 5,4)	»Jesus ... ungefähr dreißig Jahre alt« (Luk. 3, 23)

»Joseph schüttete Getreide auf über die Maßen viel ... ohne Zahl« (1. Mose 41, 49)	»Den unaussprechlichen Reichtum des Christus« (Eph. 3, 8)
»Manasse: —.vergessen« (1. Mose 41, 51)	»Von der Mühsal seiner Seele wird er Frucht sehen und sich sättigen.« (Jes. 53, 11)
»Ephraim: — fruchtbar« (1. Mose 41, 52)	»Viel Frucht« (Joh. 12, 24)
»So wie Joseph gesagt hatte« (1. Mose 41, 54)	»Seine Jünger dachten daran, daß er dies gesagt hatte« (Joh. 2,22)
»Geht zu Joseph!« (1. Mose 41, 55)	»Herr, zu wem sollen wir gehen?« (Joh. 6, 68)
»Tut, was er euch sagt!« (1. Mose 41, 55)	»Was irgend er euch sagen mag, tut.« (Joh. 2, 5)
»Die Hungersnot war auf der ganzen Erde.« (1. Mose 41, 56. 57)	»Es kam eine gewaltige Hungersnot über jenes Land.« (Luk. 15, 14)
»Die Hungersnot war stark.« (1. Mose 41, 57)	»Nicht einen Hunger nach Brot, ... sondern die Worte des Herrn zu hören.« (Amos 8, 11)
»Joseph tat alles auf, worin Getreide war.« (1. Mose 41, 56)	»Die Fenster des Himmels« (Mal. 3, 10) »Als er uns die Schriften öffnete.« (Lukas 24, 27. 32)
»Alle Welt kam ... zu Joseph, um Getreide zu kaufen.« (1. Mose 41, 57)	»Mein Heil bis an das Ende der Erde.« (Jes. 49, 6)
»Joseph, er war der Gebieter ... er verkaufte. (1. Mose 42, 6)	»Segen wird dem Haupt dessen zuteil, der Getreide verkauft.« (Sprüche 11, 25)
Joseph ... »erkannte sie« (1. Mose 42, 7. 8)	»Kein anderer Name« (Apg. 4, 12) »Er kannte alle...« (Joh. 2,24. 25)
»Sie aber erkannten ihn nicht.« (1. Mose 42, 8)	»Die Welt kannte ihn nicht. Er kam in das Seinige, und die Seinigen nahmen ihn nicht an.« (Joh. 1, 10. 11)

»Joseph stellte sich fremd gegen sie und redete hart mit ihnen ... Er setzte sie drei Tage zusammen in Gewahrsam.« (1. Mose 42, 7.17)

»Und wenn sie mit Fesseln gebunden sind, in Stricken des Elends gefangen werden, dann macht er ihnen kund ihr Tun und ihre Übertretungen, daß sie sich trotzig gebärdeten; und er öffnet ihr Ohr der Zucht.« (Hiob 36, 8-10)

»Siehe, sein Blut wird auch gefordert!« (1. Mose 42, 22)

»Sein Blut komme über uns und über unsere Kinder.« (Matth. 27, 25)

»Sie wußten nicht, daß Joseph es verstand.« (1. Mose 42, 23)

»Auf ihm wird ruhen der Geist ... der Weisheit und des Verstandes.« (Jes. 11, 2)

»Ein Dolmetscher war zwischen ihnen.« (1. Mose 42, 23)

»Von dem Meinen wird er empfangen und euch verkündigen.« (Joh. 16, 13. 14)

»... Gesandte für Christus« (2. Kor. 5, 20)

»Er wandte sich von ihnen ab und weinte.«*) (1. Mose 42,24)

»Als er ... die Stadt sah, weinte er über sie.« (Luk. 19, 41)

»Joseph gebot, daß man ihre Gefäße mit Getreide fülle« (1. Mose 42, 25)

»Er ... sättigt dich mit dem Fette des Weizens.« (Psalm 147, 14)

»Aus seiner Fülle haben wir alle empfangen, und zwar Gnade um Gnade« (Joh. 1, 16)

»und ihr Geld zurückgebe, einem jeden in seinen Sack« (1. Mose 42, 25)

»Kommet, kaufet ohne Geld und ohne Kaufpreis Wein und Milch!« (Jes. 55, 1)

»und ihnen Zehrung gebe auf den Weg« (1. Mose 42, 25)

»Mein Gott wird alle eure Notdurft erfüllen.« (Phil. 4, 19)

»Und man tat ihnen also.« (1. Mose 42, 25)

»Alles traf ein.« (Jos. 21, 45; 23, 14)

»So viel sie tragen können» (1. Mose 44, 1)

»So viel sie wollten.« (Joh. 6, 11)

---

*) Es wird siebenmal erwähnt, daß Joseph weinte: 1. Mose 42, 24; 43, 30; 45, 2. 14; 46, 29; 50, 1. 17.

»Führe die Männer ins Haus...« (1. Mose 43, 16) »und richte zu« (1. Mose 43, 16)	»Nötige sie, hereinzukommen« (Luk. 14, 23) »Alles ist bereit.« (Matth. 22, 4)
»Die Männer fürchteten sich.« (1. Mose 43, 18)	»Die vollkommene Liebe treibt die Furcht aus.« (1. Joh. 4, 18)
»Sie traten zu dem Manne, der über das Haus Josephs war, und redeten zu ihm.« (1. Mose 43, 19)	»Er wird euch alles lehren.« (Joh. 14, 26)
»Anderes Geld haben wir...herabgebracht.« (1. Mose 43, 22)	»Ihr eigene Gerechtigkeit aufzurichten trachteten« (Röm. 10, 3)
»Friede euch! Fürchtet euch nicht!« (1. Mose 43, 23)	»Gott ... erfüllt euch mit aller Freude und allem Frieden im Glauben durch die Kraft des Heiligen Geistes.« (Röm. 15, 13)
»Und sie tranken und tranken sich fröhlich mit ihm.« (1. Mose 43, 34)	»Und sie fingen an, fröhlich zu sein.« (Luk. 15, 24)
»Gott hat die Missetat deiner Knechte gefunden.« (1. Mose 44, 16)	»Er wird die Welt überführen von Sünde.« (Joh. 16, 8.9)
»Joseph gab sich seinen Brüdern zu erkennen.« (1. Mose 45, 1)	»Ihre Augen aber wurden aufgetan, und sie erkannten ihn.« (Luk. 24, 31)
»Beim zweiten Mal«... (Apg. 7, 13) »waren sie bestürzt vor ihm« (1. Mose 45, 3)	»Und sie werden auf mich blicken, den sie durchbohrt haben, und werden über ihn wehklagen.« (Sach. 12,10)
»Ich bin Joseph, euer Bruder, den ihr verkauft habt.« (1. Mose 45, 4)	»Ich bin Jesus, den du verfolgst!« (Apostelg. 9, 5)
»Tretet doch zu mir her!« (1. Mose 45, 4)	»In Christus Jesus nahe geworden« (Eph. 2, 13)
»Gott hat mich ... gesandt« (1. Mose 45, 5. 7)	»Gott hat seinen eingeborenen Sohn in die Welt gesandt.« (1. Joh. 4, 9)
»Eine große Errettung« (1. Mose 45, 7)	»Welcher uns von so großem Tod errettet hat« (2. Kor. 1, 10)

»Nicht ihr ..., sondern Gott« (1. Mose 45, 8)	»Nach dem bestimmten Ratschluß und nach Vorkenntnis Gottes« (Apostelg. 2, 23)
»Säume nicht!« (1. Mose 45, 9)	»Siehe, jetzt ist die wohlangenehme Zeit« (2. Kor. 6, 2)
»Ich will dich daselbst versorgen« (1. Mose 45, 11)	»Wer zu mir kommt, wird nicht hungern« (Joh. 6, 35)
»Joseph versorgte ... das ganze Haus seines Vaters mit Brot nach der Zahl der Kinder.« (1. Mose 47, 12)	»Der Herr ist mein Hirte, mir wird nichts mangeln« (Psalm 23, 1)
»Siehe, eure Augen sehen es ..., daß mein Mund es ist, der zu euch redet.« (1. Mose 45, 12)	»Sehet meine Hände und meine Füße, daß ich es selbst bin; betastet mich und sehet.« (Luk. 24, 39)
»Berichtet meinem Vater alle meine Herrlichkeit.« (1. Mose 45, 13)	»Das Evangelium der Herrlichkeit des Christus« (2. Kor. 4, 4)
»Danach redeten seine Brüder mit ihm.« (1. Mose 45, 15)	»... daß Jesus selbst nahte und mit ihnen ging« (Luk. 24, 15)
»Kommet zu mir.« (1. Mose 45, 18. 19)	»Kommet her zu mir ...« (Matth. 11, 28)
»Laßt es euch nicht leid sein um euren Hausrat, denn das Beste des ganzen Landes Ägypten soll euer sein.« (1. Mose 45, 20)	»Vergessend, was dahinten, und mich ausstreckend nach dem, was vorn ist ...« (Phil. 3, 13. 14)
»Joseph lebt noch« (1. Mose 45, 26. 28)	»Jesus, ... von welchem Paulus sagte, er lebe« (Apostelg. 25, 19)
»Jakobs Herz erstarrte, denn er glaubte ihnen nicht.« (1. Mose 45, 26)	»Sie glaubten nicht vor Freude.« (Luk. 24, 11. 41)
»Nunmehr mag ich sterben, nachdem ich dein Angesicht gesehen habe.« (1. Mose 46, 30)	»Nun, Herr, entlässet du deinen Knecht ... in Frieden; denn meine Augen haben dein Heil gesehen.« (Luk. 2, 29. 30)
»Meine Brüder« (1. Mose 46, 31; 47, 1)	»Er schämt sich nicht, sie Brüder zu nennen.« (Hebr. 2, 11)
»Warum sollen wir vor dir sterben?« (1. Mose 47, 15. 19)	»Ich bin die Auferstehung und das Leben.« (Joh. 11,25)

»Das Geld ist ausgegangen.« (1. Mose 47, 18)	»Als er aber alles verzehrt hatte ...« (Luk. 15, 14; Mark. 5, 26)
»Nichts mehr übrig ... als nur unser Leib ...« (1. Mose 47, 18)	»Da sie nicht hatten, zu bezahlen...« (Luk. 7, 42)
	»Eure Leiber darzustellen als ein lebendiges ... Schlachtopfer« (Röm. 12, 1)
»Ich habe euch und euer Land heute ... gekauft.« (1. Mose 47, 23)	»Ihr seid um einen Preis erkauft« (1. Kor. 6, 20)
»Siehe, da ist Samen für euch und besäet das Land« (1. Mose 47, 23)	»Samen darreicht dem Säemann und Brot zur Speise...« (2. Kor. 9, 10; Jes. 55, 10. 11)
»Als die Brüder Josephs sahen, daß ihr Vater gestorben war ... entboten sie dem Joseph und sprachen: ... Ach, vergib doch. Und Joseph weinte.« (1. Mose 50, 15-17)	»So lange Zeit bin ich bei euch, und du hast mich nicht erkannt ...?« (Joh. 14, 9)
»Gott hatte im Sinn, es gut zu machen, ... um ein großes Volk am Leben zu erhalten.« (1. Mose 50, 20)	»Indem er viele Söhne zur Herrlichkeit brachte.« (Hebr. 2, 10)
»Und nun, fürchtet euch nicht ... Und er tröstete sie.« (1. Mose 50, 21)	»Euer Herz werde nicht bestürzt.« (Joh. 14, 1)
»Sohn eines Fruchtbaumes ist Joseph ...; die Schößlinge treiben über die Mauer.« (1. Mose 49, 22)	»Ich bin der Weinstock, ihr seid die Reben.« (Joh. 15, 5)
»Sohn eines Fruchtbaumes am Quell« (1. Mose 49,22)	»... wird in ihm eine Quelle Wassers werden« (Joh. 4, 14)
»Es reizen ihn und schießen, und es befehden ihn die Bogenschützen.« (1. Mose 49, 23)	»Ein Mann der Schmerzen und mit Leiden vertraut.« (Jes. 53, 3)
»Sein Bogen bleibt fest, und gelenkig sind die Arme seiner Hände, durch die Hände des Mächtigen Jakobs.« (1. Mose 49, 24)	»Dazumal redetest du ... von deinem Frommen ...: Hilfe habe ich auf einen Mächtigen gelegt.« Psalm 89, 19)
»Von dannen ist der Hirte« (1. Mose 49, 24)	»Der...wiederbrachte den großen Hirten der Schafte«(Hebr. 13, 20)

»Der Stein Israels« (1. Mose 49, 24)	»Der Stein, den die Bauleute verworfen haben, dieser ist zum Eckstein geworden.« (Matth. 21, 42)
»Die Segnungen ... werden sein auf dem Haupte Josephs« (5. Mose 33, 16; 1. Mose 49, 25. 26)	»Darum hat Gott, dein Gott, dich gesalbt mit Freudenöl, mehr als deine Genossen.« (Psalm 45, 7)
»des Abgesonderten unter seinen Brüdern.« (5. Mose 33, 16; 1. Mose 49, 26)	»Abgesondert von den Sündern« (Hebr. 7, 26)
Das Erstgeburtsrecht gehörte Joseph. (1. Chron. 5, 2)	»Der Erstgeborene unter vielen Brüdern« (Röm. 8, 29)
»... und sich nicht grämen über die Wunde Josephs« (Amos 6, 6)	»Merket ihr es nicht, alle, die ihr des Weges ziehet?«(Klagel. 1, 12)
»Ein neuer König ..., der Joseph nicht kannte« (2. Mose 1, 8)	»Gottes Weisheit ... welche keiner von den Fürsten dieses Zeitlaufs erkannt hat.« (1. Kor. 2, 7. 8)
»Das Haus Joseph soll auf seinem Gebiet bleiben« (Jos. 18, 5)	»Bleibet in mir, und ich in euch» (Joh. 15, 4)
»Josua sprach zum Hause Joseph ... und sagte: Du bist ein zahlreiches Volk und hast eine große Kraft.« (Josua 17, 17)	»Alles vermag ich in dem, der mich kräftigt.« (Phil. 4, 13)
»Ich bin ein zahlreiches Volk, soweit der Herr mich bis jetzt gesegnet hat.« (Josua 17, 14)	»Der uns gesegnet hat mit jeder geistlichen Segnung ...« (Eph. 1, 3)
»Aber die Hand des Hauses Joseph war schwer, und sie (die Feinde) wurden fronpflichtig.« (Richt. 1, 35)	»Mehr als Überwinder durch den, der uns geliebt hat« (Röm. 8, 37)